전라도 속의 작은 황해도

정농 마을의 언어와 문화

건지학술총서 14

The language and cultures of Jeongnong village

전라도 속의 작은 황해도

정농 마을의 언어와 문화

고동호 · 장승익

전북대학교출판문화원

서문

이 책은 전북 완주군에 위치한 '정농 마을'에 거주하는 노년층 화자의 구술 발화를 채록한 것이다. 정농 마을의 거주자들은 6.25 전쟁을 전후하여 황해도 일부 지역에서 월남한 실향민 또는 그 후손들이다.

약 3년 전, 필자는 우연한 기회에 실향민들이 모여 사는 마을이 전주 인근에 있다는 사실을 알게 되었다. 그전까지 실향민 마을은 인천이나 속초처럼 북한에 인접한 곳에만 존재하는 곳으로 생각해 왔다. 그런데 이 마을을 알고 난 후 조사한 바에 따르면, 6.25 전쟁 직후 남한에 형성된 실향민 정착 마을은 300여 곳에 달하였고, 1980년대에는 93개의 마을이 유지되었는데 이중 과반이 넘는 52개 마을이 이곳 전라북도에 위치해 있었다(남상준 1982). 실향민 마을 대부분은 산업화 과정을 거치면서 자연스럽게 소멸 또는 주변 마을에 흡수되는 수순을 밟았다. 결국 실향민 마을의 정체성을 유지하면서 공동체를 형성하고 있는 곳은 현재 전라북도 내에 대략 3곳 정도만 남아 있게 되었는데, 완주군 이서면 정농 마을이 그 3곳 마을 중 하나이다.

필자가 이 마을의 사용 방언을 본격적으로 조사해야겠다고 생각한 것은 다음과 같은 이유 때문이었다. 먼저, 이곳은 방언 접촉과 관련하여 기존과 다른 새로운 형태의 환경을 지니고 있는 공간이기 때문이다. 그간의 방언 접촉 연구는 상이한 두 방언의 경계에 형성되는 전이 지대에 관한 것이거나, 한 방언권 안에 이주한 개인의 언어 변화를 살펴보는 데 관심을 두고 있었다. 그런데 이 마을은 전라북도 방언권 안에 황해도 방언 집단이 들어와 있어, 기존 방언 접촉 연구에서 살펴보지 않은 새로운 접촉 양상을 보여줄 것이라는 기대가 있었다.

다음으로, 이 마을의 사용 방언을 조사하는 것은 동일했던 방언 집단이 서로 다른 환경에서 어떻게 달라지는지를 확인할 수 있는 기초 작업이 될 수 있기 때문이다. 분단 이후 황해도 방언은 평안도 방언의 영향을 크게 받은 것으로 알려져 있다. 이에 비해 이 마을의 사용 방언은 전라북도 방언의 영향을 받게 되었다. 즉 이 마을의 방언을 기술함으로써 현대 황해도 방언과 이 마을 방언을 대조 분석하는 작업의 토대를 제공할 수 있고, 그것을 통해 방언의 분화 과정이나 변화 과정에 파악할 수 있을 것이다.

마지막으로, 이러한 마을을 조사할 시간이 그리 많이 남지 않았기 때문이다. 분단 이후 벌써 65년이 넘는 세월이 흘렀다. 전쟁 당시 사춘기 또는 스무 살 남짓이었던 청년들은 이제 여든을 넘긴 할머니, 할아버지가 되셨다. 이분들의 방언 자료가 소중한 이유이다.

필자는 약 3년 동안 매월 1~2회 마을을 방문하여 꾸준히 관계를 맺고 조사를 실시하였다. 그러나 조사가 그리 순탄하지만은 않았다. 주민들께서 외부에서 온 조사자를 신뢰하기까지 적지 않은 시간이 필요했다. 또 할머니, 할아버지께서 사용하시는 말이 상스럽거나 배우지 못한 천한 말이 아니라, 정말 가치 있고 아름다운 말이라는 것을 이해시켜 드리는 데도 오랜 시간이 필요했다. 필자 스스로도 선생님께 배우러 가는 학생의 마음으로 그분들의 말을 듣고자 애를 썼다.

조사 과정에 도움을 주신 분들이 많다. 완주마을여행사업단의 이은정 팀장님, 완주 들녘교회의 이세우 목사님은 이 마을과 필자를 연결해 주셨다. 그리고 이 마을의 여성만 위원장님은 조사자가 노인회 소속 할머니, 할아버지들을 만나 뵐 수 있게 도움을 주셨다. 무엇보다도 자료 제공인으로, 때로는 조사자로 자료 수집에 기꺼이 동참해 주신 열두 분의 할머니, 할아버지께 감사를 드린다. 부디 이 책이 고단한 세월을 사셨던 이 분들의 삶에 작으나마 위안과 보상이 되기를 바랄 따름이다. 자료 제공인은 아니었지만 조사에 동참해 주셨던 박순심 할머니께서 지난해 세상을 떠나셨다. 이 할머니는 조사 초반부터 많은 도움을 주셨고, 조사 중·후반부에는 직접 조사자 역할을 수행해 주시기도 하였다. 필자의 요구와 자료 제공인의 상황을 잘 파악하고 적절하게 조사를 진행하신, 누구보다도 탁월한 조사자셨다. 삼가 할머니의 영전에 이 책을 바친다.

이 책은 전북대 출판문화원의 "2016년도 저술장려 지원사업"으로 출판되었다. 지원 대상으로 선정해 주신 익명의 심사의원들과, 편집 및 출판 과정에 도움을 주신 출판문화원 관계자들께도 감사드린다.

목차

서문 • 05
마을 소개 • 13
자료 제공인 • 14
책의 구성 및 전사 • 15

Ⅰ.피란 당시

1. 혈혈단신으로 피난길에 오르다 • 23
2. 달구지가 아까워 못 나오신 부모님 • 35
3. 무장대 형님 따라 남한까지 오다 • 42
4. 바람벽에 금(金)을 숨겨 놓고 나오다 • 46
5. 아구리 선이 장산곶을 떠받다 • 51
6. 초도에서의 곡식을 가지러 육지에 나가다 • 66
7. 어머니를 데리러 갔다 못 나오신 아버지 • 72
8. 피란 나올 땐 아이도 울지 않아요 • 82
9. 피란의 기억으로 악몽에 시달리다 • 100

Ⅱ.북한에서의 삶

1. 고향 송화에 대한 기억 • 115
2. 고향 은율에 대한 기억 • 120
3. 고향 초도에 대한 기억 • 124
4. 아버지에 대한 추억 • 129

5. 정신대에 갈 뻔하다 • 135
6. 마당질과 물레질 • 141
7. 지진이 일어나다 • 146
8. 소와 관련된 일화 • 150

III. 결혼

1. 공출을 피하려고 결혼을 서두르다 • 157
2. 얼굴도 모르고 한 결혼 • 163
3. 노래로 장모님의 마음을 얻다 • 171
4. 각시 없이는 살아도 장화 없이는 못 사는 동네로 시집오다 • 181
5. 생일에 결혼식을 올리다 • 187

IV. 정농 마을의 초기 모습

1. 정착 농원 형성 • 197
2. 담집을 짓고 살다 • 201
3. 마을에서 연극단을 꾸리다 • 211
4. 마을 형성 당시 전라도의 형편 • 220
5. 황해도민회 • 227

V. 피란 이후의 삶

1. 가족들을 먼저 보내다 • 237
1. 아이들을 가슴에 묻다 • 237

2. 남편을 먼저 보내다 • 241

2. 군산에서 피란민 생활을 시작하다 • **247**

1. 수태 고생하다 • 247
2. 군산 시내에 자리를 잡다 • 254
3. 작은아버지를 만나 도움을 받다 • 257
4. 손을 다치다 • 259
5. 땔감을 구하러 다니다 • 261
6. 무작정 전주 구경을 가다 • 267

3. 살기 위해 자원입대하다 • **272**

4. 장사로 생계를 유지하다 • **305**

1. 잉끄리 장사를 하다 • 305
2. 장사한 돈을 소매치기 당하다 • 318
3. 빵 장사를 시작하다 • 329
4. 장사에 소질을 보이다 • 333

5. 농사를 짓다 • **337**

1. 보리 농사 • 337
2. 호밀, 고구마 농사 • 340
3. 배 농사 • 342

6. 식모살이를 하다 • **354**

1. 군산에서 식모살이를 하다 • 354
2. 아이들을 두고 서울로 떠나다 • 361

VI. 기타

1. 음식 • **369**

1. 은반 • 369
2. 강태죽 • 371
3. 반대기와 부치기 • 374

2. 속설 • 379

1. 성성거미가 돌아다니면 돈이 들어온다 • 379
2. 아침부터 돈을 빌리러 오면 재수가 없다 • 383

3. 방언 • 387

1. 방언에 대한 생각 • 387
2. 방언 차이로 인한 일화 • 394

4. 술, 담배에 대한 생각 • 396

참고자료 • 404

마을 소개

'정농'은 '정착 농원定着 農園'의 줄임말로, 1950년대 초반 6.25 전쟁을 전후하여 월남한 사람들이 집단적으로 정착하여 형성된 마을이다. 자료 제공인의 말에 따르면, 마을 형성 전 이곳은 황토로 뒤덮인 곳으로, '각시 없이는 살아도 장화 없이는 못 사는' 동네였다고 한다. 이러한 황무지에 집을 짓고 농지를 개간하여 살아온 삶이 오늘에 이른다. 마을 주민 대부분은 배농사를 짓고 있으며, 그밖에 복숭아, 감, 고구마 농사도 이 마을의 주요 수입원이다.

이 마을에는 현재 130여 가구 200여 명이 거주하고 있다. 이중 1세대는 20명 가량이며, 이들 대부분은 황해도 북서부 지역에서 월남하였다. 이들 대부분은 군산항을 통해 들어와 군산 해망동 등지의 난민촌에 일정 기간 머무르다가 정부의 집단 이주 정책에 의해 현재 위치에 정착하게 되었다. 이곳 주민들은 명절이 되면 주민 모두가 모여 황해도식 만두를 빚어 먹거나 황해도민회 행사에 참여하는 등 고향의 풍습을 여전히 잘 유지하고 있으며 마을의 정체성 또한 비교적 잘 간직하고 있다.

정농 마을 주민들 대부분의 출신 지역인 송화와 운율은 황해도 서북부 해안에 위치하여 있고, 다른 방언권과의 접촉도 비교적 적은 곳이다. 이로 인해 황해도의 접촉 방언권에서 볼 수 없는 독특한 특징을 많이 가지고 있으며, 때때로 확산의 진원지가 되기도 한다(방언 연구회 2001: 411).

정농 마을의 행정 구역 명칭은 '전북 완주군 이서면 반교리'이다. 이서면은 동쪽으로 전주시 완산구, 서쪽으로 김제시 용진면, 남쪽으로 김제시 금구면, 북쪽으로 전주시 덕진구와 인접하고 있다. 소강춘(1989)의 방언 구획에 따르면 이 지역은 임실, 김제, 진안 일부 지역과 함께 전북 방언의 핵방언권으로 분류되어 있다. 정농 마을이 전북 방언의 핵방언권 안에 위치하고 있다는 점에서 이 마을 방언 조사의 의의를 찾을 수 있다.

(완주군 지도)

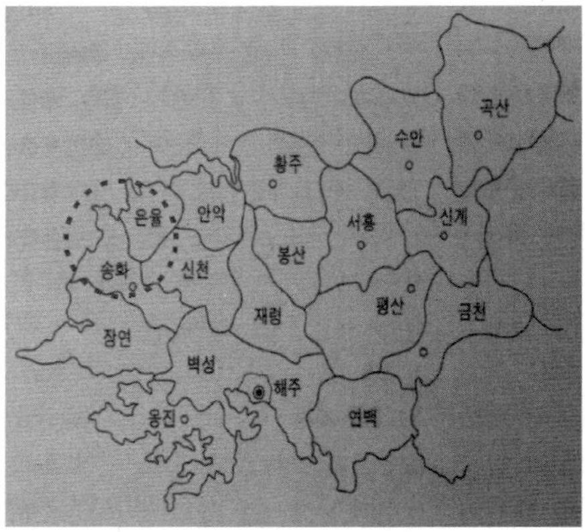

(황해도 지도)

자료 제공인

이 책에서 자료 제공인으로 삼은 대상은 정농 마을 1세대이다. 월남 당시 성인이었던 1세대는 이미 돌아가시거나 건강이 좋지 않아 조사에 거의 참여할 수 없었다. 이에 따라 월남 당시에 언어 습득이 완료될 무렵이었거나 이미 완료되었을 것으로 판단되는 분들을 자료 제공인으로 삼았다. 구체적인 인적사항은 다음과 같다.

성함	성별	출생 연도	월남 당시 연령	출생지	녹음 시간	조사 방식
최창섭	남	1934	17세	황해도 송화	22분	구술 발화
김성빈	남	1934	17세	황해도 송화	95분	구술 발화
김성호	남	1935	16세	황해도 송화	121분	구술 발화
김경휘	남	1936	15세	황해도 송화	185분	구술 발화
한영숙	여	1935	16세	황해도 송화	158분	구술 발화
배심연	여	1939	12세	황해도 은율	117분	구술 발화
여화순	여	1932	19세	황해도 송화	71분	구술 발화
안옥봉	여	1940	11세	황해도 송화	91분	구술 발화
이연옥	여	1924	27세	황해도 은율	108분	구술 발화
서인녀	여	1930	21세	황해도 은율	108분	구술 발화
한의숙	여	1937	14세	황해도 송화	55분	구술 발화
이용녀	여	1935	16세	황해도 송화	55분	구술 발화
계					1,186분	

책의 구성 및 전사

이 책은 총 6장으로 구성되어 있다. 이는 시간적 선후 관계가 아니라 주제별로 정리한 것이다. I장에서는 피란 당시에 있었던 일들을 정리하였다. 고향에서부터 이곳 남한에 오기까지의 상황을 확인할 수 있다. II장은 피란 이전 북한에서의 삶에 대한 내용이다. 고향에 대한 기억과 더불어, 고향에서 있었던 일화들을 담았다. III장은 결혼에 관한 내용이다. 자료 제공인들이 배우자를 만나 결혼하기까지의 내용이 담겨 있으며, 결혼식 절차 및 문화에 대해서도 엿볼 수 있다. IV장은 정농 마을의 초기 모습에 관한 것이다. 마을의 형성 과정 및 일화, 당시 전라도의 형편에 관한 내용을 담았다.

V장은 피란 이후의 삶을 정리하였다. 남한에 내려온 이후 현재에 이르기까지 자료 제공인들이 겪어온 삶의 이야기를 담았다. 이외에 단편적인 내용들은 VI장에 정리하였다. 이 장에서는 황해도 음식, 속설, 방언 차이로 인해 생긴 일들 등을 확인할 수 있다.

이 책은 자료 제공인의 방언형 전사 자료를 문장 단위로 제시하고, 그 아래 표준어 대역문을 붙이되, 부연 설명이 필요한 부분은 각주를 통해 제시하였다. 문장보다 더 큰 의미 단위의 구별이 필요한 곳에는 빈줄을 삽입하여 구분하였다. 방언형의 첫머리에는 해당 발화를 한 자료 제공인의 정보를 달아 두었다. 각 절에서 자료 제공인의 발화가 최초로 출현할 때는 이름 전체를, 그 이후부터는 성만 표시하였다. 대화 형식의 자료에서 두 자료 제공인의 성이 동일할 때는 성 뒤에 숫자를 붙여 구분하였다. 조사자는 [조]로 표시하였다.

방언형 전사는 음소 전사와 형태음소 전사를 절충하여 하였다. 음소 전사는 방언형의 모습을 잘 보여줄 수 있다는 점에서 장점이 있지만, 가독성이 현저히 떨어지게 되며 전산 처리를 하는 데도 어려움이 따르게 된다. 형태음소 전사는 앞서 말한 음소 전사의 단점을 보완할 수 있으나, 방언의 실제 모습을 잘 반영할 수 없다는 한계가 있다. 방언 자료에는 기본형을 설정하기 어려울 정도로 다양한 변이형들이 출현하기 때문이다. 이러한 이유로 이 책에서는 방언형을, 실현되는 대로 적되 어간과 어미를 구분하여 적는 방식을 채택하였다. 구체적인 전사 기준은 다음과 같다.

1) 현용 한글 자모를 이용하여 전사하되, 필요한 경우 'ㆆ, ='를 이용하였다. 'ㆆ'는 어문 규정에 제시된 것 이외의 환경에서 된소리로 실현되는 경우에 사용하였다(예: 이링게[이리께] '이렇게'). '='는 'ㅡ'의 y계 이중

모음 [yɨ]를 전사하는 데 사용하였다. 이 방언에서는 'ㅢ'가 고모음화하여 'ㅡ'로 실현되는 경우가 많았다(예: 인읜[inyɨn] '인연(因緣)').

2) 체언과 용언 어간이 하나의 형태로 실현되거나 거의 그러할 경우에는 다음과 같이 어간을 고정하여 전사하였다.

밧[田]: 사과밧이, 밧이여, 풀밧들.
닥[鷄]: 닥은, 닥을, 닥고기.
짛-[作]: 짛구, 짛는다구, 짛으스, 짛언.

3) 체언과 용언 어간이 여러 변이형을 보일 경우에는 소리 나는 대로 적되 어간과 어미를 구분하여 전사하였다.

흑~헉~혹[土]: 흑을, 헉으로, 혹이지.
여덥~으듭~야달~야들[八]: 열여덥이, 열으듭어, 야달 시, 열야들 살.
베-~비-[切]: 베스, 베어다가서, 빗으니까, 벼다가.

4) 조사와 어미는 소리 나는 대로 적었다.

-에서 ~ -에스 ~ -이서 ~ -이스 ~ -스 (조사 '-에서'): 북한에서, 고향에서, 집이서, 이북이스는, 여기스.
-면 ~ -먼 ~ -믄 ~ -민 ~ -문 ~ -ㄹ (어미 '-(으)면'): 만들면, 타먼, 피하믄, 하게 데민, 있어문, 가ㄹ.

5) '있-' 및 '-었-, -댔-, -겠-'등은 황해도 방언형을 고려하여 각각 '잇-, -엇-, -댓-, -겟-'과 같이 말음을 'ㅅ'으로 전사하였고, 모음 어미 앞에서 [ㅆ]가 실현되는 경우에만 '있-, -었-, -댔-, -겠-'으로 적었다. 그리고 이들 형태소의 이전 모습인 '이시-' 등이 간혹 출현하기도 하였는데 이는 '이시-'와 같이 적었다.

6) 접미사 '-하다'의 'ㅎ'은 이 방언에서 실현되지 않는 것이 일반적이나 'ㅎ'이 있는 형태로 전사하였다(예: 못하구[모다구]).

7) 사이시옷은 현행 어문 규정에 준하였으며, 구 단위에서도 경음화가 일어날 경우 사이시옷을 넣었다(예: 산골짜깃 사람들[산꼴짜기 싸람들].

8) 표기로 발음을 예측할 수 있는 경음화, 비음화, 유음화 등은 표기에 반영하지 않았다.

9) 표기로 발음을 예측할 수 없는 움라우트, 조음위치동화 등은 표기에 반영하였다.

10) 전사한 것만으로 발음 정보를 예측할 수 없는 경우에는 괄호나 각주를 통해 발음 정보를 표시하였다.

11) 운소는 따로 전사하지 않았다.

표준어 대역문은 직역을 원칙으로 하되 필요한 경우 어순이나 표현을 달리하였다. 그리고 전사 자료에는 없지만 의미 파악을 위해 필요한 내용은 괄호 안에 넣어 구분하였다. 한편, 말 섞임이나 외부 소음 등으로 녹음 상태가 좋지 않아 자료 제공인의 발화를 정확하게 확인하지 못한 경우에는 '(청취 불가)'로 표시하였다. 아울러 개인 정보에 해당하는 부분은 'OO'로 처리하였다.

각주는 표준어 대역문만으로 이해할 수 없는 어휘, 문법 등에 제시하였다. 생산적이라고 판단되는 음운, 문법 현상은 최초로 출현한 곳에 1회만 제시하였고, 비생산적이라고 판단되는 경우에는 매 출현 시마다 제시하였다. ≪표준국어대사전≫(이하 ≪표준≫), ≪우리말샘≫(이하 ≪샘≫), ≪2007 한민족 언어 정보화 통합 검색 프로그램≫(이하 ≪한민족≫)을 주로 참고하였으며, 출전은 꼭 필요한 경우에만 달았다. 기타 참고 문헌은 각주에 밝혔다.

I.
피란 당시

01
혈혈단신으로 피난길에 오르다

조 어디에서 태어나셨어요?

최창섭 나야 태어나기야 뭐 이북서[1] 태어낫죠 더[2].

나야 태어나기야 뭐 이북에서 태어났죠 뭐.

최 이북이 본고장이니까 본 본토.

이북이 본고장이니까, 본, 본토.

최 말하자문[3] 그이 원두산이라고 왈허지[4] 우리기선[5] 큰 큰 산이 있어요.

말하자면 그것이 원두산이라고 말하지, 우리에게는 큰 산이 있어요.

---

1 조사 '에서'의 방언형.

2 '무엇'의 축약형 '뭐'에서 활음이 탈락하였다. 이 자료에서는 '뭐'가 '머, 모, 무' 등으로 다양하게 나타난다.

3 어미 '-면'의 방언형. '-면 > -먼 > -믄 > -문'과 같이 활음 탈락, 고모음화, 원순모음화의 과정을 거쳤다.

4 [와러지]. '왈 + 허- + 지'로 분석할 수 있다. '말'의 /ㅁ/이 /w/로 약화되어 '왈'로 실현되었다. 이 자료에서 이 현상은 일반적으로 나타나지는 않는다.

5 '우리 + 기서 + ㄴ'으로 분석할 수 있다. '기서'의 '기'는 '에게'의 방언형으로 이전 시기의 '긔'에 소급된다.

최 거[6] 컨 산 원두산 밑에서 컨 부락이 잇엇는데 그게 백 한 이십 호나 거은[7] 될 겨요[8].

그 큰 산, 원두산 밑에 큰 마을이 있었는데 그 마을이 한 백이십 호 정도 거의 될 거예요.

최 거탠 뭐 거창히 많았을 게요[9] 호수가.

그때는 뭐 거창히 많았을 거예요, 호수戶數가.

최 근데 거으[10]서 살다가 피란 모 육이오 사변 때바터[11] 피란들 온다구[12].

그런데 거기에서 살다가, 피란 뭐 육이오 사변 때부터 피란들 나온다고.

최 이얼, 이럭저럭 단 덴 다니문서도 무 친척집에 가야 또 고렇구.

이것을, 이럭저럭 다른 곳엔 다니면서도, 뭐 친척집에는 또 가기 그렇고.

---

6 'ᅳ > 거'와 같이 저모음화가 일어났다. 이 방언에서는 /ㅡ/가 중모음화하여 /ㅓ/로 실현되거나, /ㅓ/가 고모음화하여 /ㅡ/로 실현되는 경우가 음절 위치가 관계없이 광범위하게 나타난다(한영순 1967, 황대화 2007).

7 '거의'의 방언형.

8 '거여요'가 축약된 것이다.

9 '거여요'의 축약형 '겨요'의 1음절에서 단순모음화가 일어나서 '게요'가 되었다.

10 '거기'의 방언형 '거그'에서 2음절 /ㄱ/이 약화되어 '거으'로 실현되었다. 이 방언에서는 어중의 /ㄱ/이 자주 약화되거나 탈락한다.

11 조사 '부터'의 방언형.

12 '-다고 > 다구'와 같이 고모음화가 일어났다. 이 방언에서는 /ㅗ/ > /ㅜ/가 매우 활발하게 나타나는데 특히 어미, 조사와 같은 문법 형태소에서 그 실현율이 높다.

최 므어 오래 잇치도 못하구[13].

뭐 오래 있지도 못하고.

최 밤에 야간에 말하자문 집에 와서 살다가 기냥[14] 초드[15]라고 하는 섬 잇잖아.

밤에 야간에 말하자면 집에 와서 살다가 그냥 초도椒島라고 하는 섬 있잖아.

최 네 초도 섬으로 피난들 이 다 피난들 간다고 이 즈 드들 부락 사람덜도 가고.

네, 초도 섬으로 피란들, 이 다 피란들을 간다고 이 저 다들 마을 사람들도 가고.

최 이럭저럭한다고 하는 말도 없고.

(우리 집은) 이럭저럭한다는 말도 없고.

최 그때만 해도 혼자서 나 혼자 밤 야달[16] 시쭘[17]에 이 기냥 해변가로 톺아서[18] 말하자문 달 달울동이라고 하는나나 그 부락이[19] 들어가서.

그때만 해도 혼자서, 나 혼자서 밤 여덟 시쯤에 이 그냥 해변가로 찾아서, 말하자면 달울동이라고 했나, 그 동네에 들어가서.

---

13 [모다구]. 이 자료에서 접미사 '-하-'의 'ㅎ'은 탈락하는 것이 일반적이기 때문에 유기음화는 거의 실현되지 않는다.

14 '그냥'의 황해도 방언형.

15 '황해도 송화군'에 속해 있는 섬이다. 한국 전쟁 당시 황해도 서북 지역 일대 주민들의 1차 피란지였다.

16 '여덟'의 방언형.

17 '쯤 > 쭘'과 같이 원순모음화가 일어났다.

18 '찾다'의 황해도 방언형.

19 조사 '에'의 방언형.

최 거 부락에 해변가 집 하나 잇는데 그게[20] 찾아 들어가서 잇다가 어 그게 주인이 으떻게 사람 인기 소리가 나는가 기냥 나와서 다 안내해서 다른 집으로 또 덜어가서 그 기양 살다가 하룻밤인가 잣는데.

그 동네 해변가에 집이 하나 있는데 거기에 찾아 들어가 있다가, 어 거기 주인이 어찌 인기척이 났는지 그냥 나와서 다 안내해 줘서 다른 집으로 또 들어가서 그 그냥 살다가 하룻밤 정도 잤는데.

최 초도 섬으로들 또 다 피난들 그때만 해도 육이오 사변 때니께[21] 피란들 간다고 다 초롤 초도 섬으로들 간다고 하는 바람에 거게 그 사람덜 두[22]에 따라서 기양 끼으서 들으갓엇어요[23].

초도 섬으로 또 다 피란들 (간다고), 그때만 해도 육이오 사변 때니까, 피란들 간다고 다 초도 섬으로들 간다고 해서, 거기에서 그 사람들 뒤에 따라서 그냥 끼어서 (초도에) 들어갔었어요.

조 가족들하고 상관없이요?

---

20 이 방언에서는 이전 시기 국어에서 /ㆎ/, /ㅢ/였던 것들이 /ㅔ/로 실현되는 경우가 많다(김영배 1981). 이 자료에서는 '여기, 저기, 거기' 등이 '여게, 저게, 거게' 등으로 실현되는 비율이 높다.

21 조사 '니까'의 방언형.

22 이 방언에서는 /ㅟ/가 하향 이중 모음으로 실현되는 경우가 있는데, 여기서는 활음 /y/가 탈락하여 '두'로 실현되었다.

23 이 방언에서는 과거 시제 선어말 어미 '-었-'이 '-엇-'으로 실현되는 것이 일반적이다. 이 자료에서는 '-었-'과 '-엇-'이 혼재되어 나타나는데 이는 방언 접촉에 따른 것으로 보인다. 전사 방식은, '-엇-'을 기본형으로 삼고, 모음 어미 앞에서 [었]으로 실현되는 경우에만 '-었-'으로 표기하였다.

최 예 혼자서요.

예, 혼자서요.

최 해서[24] 거기 가서 살다가 거날 그 다음다음 날인가 고향 건방에 그 배가 돌오론 피란민 이 말하자문 집을 다 놓아두고 피란 가는 사람들이 잇다고 하미서 거 배에 타구들 다 들어가는디 거게가 타구서 들어갓엇지요.

그래서 거기에 가서 살다가 그날인가, 그 다음다음 날인가 고향 근방에 그 배가 들어오는, 피란민 이 말하자면 집을 다 놓아두고 피란을 가는 사람들이 있다고 하면서 그 배에 타고들 다 들어가는데 거기에 (나도) 타고 들어갔었지요.

최 그스 그 초도라는 섬 위에 댄데 밤 열두 시 넘어서 덜어갓죠.

그래서 그 초도라는 섬 위에 (배를) 댔는데 밤 열두 시 넘어서 들어갔죠.

최 우리 살던 데서 한 삼십 리 거리가 덴데 하 달하잠 초라는 섬 거 수로를 통할라믄 거기서 한 시간 반 이상 들어가야 데요[25].

우리가 살던 곳에서 한 삼십 리 거리가 되었는데 하, 말하자면 초도라는 섬을 그 수로를 통해서 가려면 거기(고향)서 한 시간 반 이상 들어가야 돼요.

---

24 '그래서'의 방언형. 이 자료에서는 '그러-'계 접속부사와 '하-'계 접속부사가 혼재되어 나타난다.

25 이 방언에서 /ㅚ/는 원순성이 매우 미약하여 /ㅔ/로 실현되기도 한다(방언 연구회 2001).

최 근데 거긔[26] 가서 녹채라런 말이라는 데 거긔[27]가[28] 들어가서 쥔을 잡고[29] 뭐라 쥔을 잡는 것보다두 구 집, 집에 추녀 말하잠 추녀 밑 잇지여?

그런데 거기에 가서 녹채라는 마을이라는 곳 거기에 들어가서 집을 정하고, 뭐 집을 정한 것보다도 그 집, 집에 추녀 말하자면 추녀 아래쪽 있지요?

최 그으서 잠을 자는데 주인이 나와서 누구냐고 해서 그 피란 들어완[30] 이얘길 하문서 얘기하니까 그저 집으로 들어가자고.

거기서 잠을 자는데 주인이 나와서 누구냐고 해서 그 피란 들어온 이야기를 하면서 얘기하니까 어쨌든 집에 들어가자고 (해요).

최 들어갓는디[31] 그때 어데 아는 사람 없냐고도 물어요.

(집에) 들어갔는데 그때 어디에 아는 사람이 없냐고도 물어요.

---

26 하향 이중 모음으로 실현되었다.

27 하향 이중 모음으로 실현되었다.

28 조사 '에'의 방언형. 이 자료에서는 조사 '에'가 '에가'로 실현되는 경우가 많은데, '에가'의 '에'가 탈락하고 '가'만 쓰이는 경우도 많이 발견된다.

29 '주인을 잡다'는 '잠시 머물러 잘 수 있는 집을 정하다'는 의미를 지닌 관용구이다.

30 이 방언에서는 동사의 과거 시제 관형형 어미가 선행 어간의 모음에 따라 '-안 ~ -언'으로 모음조화 양상을 보인다.

31 '-는데'의 2음절에서 /ㅔ/ > /ㅣ/와 같이 고모음화가 일어났다. 이 방언에서 /ㅔ/ > /ㅣ/는 그리 활발하게 나타나지는 않는다.

최 그래서 그땐는 딴 아는 사람보단도 근 타 고때 학교 다니는 부락인데 그 그게는 학교 댕기는 저 생님 하나 알지 그 사람들을 모르잖아요.

그래서 그때는 다른 아는 사람보다도 그, 다 그때 학교에 다니던 마을인데, 거기에는 학교에 다니던 저 선생님 한 분이나 알지 그 (마을) 사람들을 모르잖아요.

최 글쎄 거그서 이런 얘기 저런 얘기하다가 말하자문 친척쭘 되는 사람을 아 아는 사람이 잇 잇냐고래서[32] 잇다고랫더니 누구냐구래서 그래 우리 컨 형수님 친정이 집이 잇다고.

글쎄 거기에서 이런 얘기 저런 얘기하다가, 말하자면 친척쯤 되는 사람 아는 사람이 있냐고 그래서 있다고 그랬더니 누구냐고 그래서, 그래 우리 큰 형수님 친정집이 있다고 (했어요).

최 그래서 그 집 안 알겠냐고 해서 아 길은 잘 모르주만[33] 얼굴은 보면 알겟다구래서 그라니까 거 그날레 밤에 또 글로도 데려다 주어서 거 집에 들어가서 말하자면 끼니들을 오 하나 거 좀 얻어먹고 거 집이서[34] 자고.

그래서 그 집을 알겠냐고 해서 아 길은 잘 모르지만 얼굴은 보면 알겠다고 그래서, 그러니까 그날에 밤에 (나를) 또 그리로 데려다 줘서 그 집에 들어가서 말하자면 끼니들을, 어, 하나 그 좀 얻어먹고 그 집에서 자고.

---

32 '있냐고 그래서'가 줄어든 것이다.

33 어미 '-지만'의 방언형.

34 조사 '에서'의 방언형.

최 말하 초도라고 하는 섬으루 그때들 많이 피난민들 일행들 다 피란들 들어간다고 해서 그 텀에 끼으서 남에 배에 끼으 타고서 들어가서 수 초 초도에 들어가서 살앗지요.

말하자면 초도라고 하는 섬으로 그때들 피란민들, 일행들이 다 피란들을 들어간다고 해서 그 틈에 끼어서 남의 배에 끼어 타고서 들어가서, 초도에 들어가서 살았지요.

조 그럼 초도가 이북에 있는 섬이에요?

최 그룽져 이런 이북서 우리 고향 동네써도 얼마 멀지 않죠.

그렇죠. 이런, 이북에서 우리 고향 동네에서도 얼마 멀지 않죠.

최 한 거리로는 한 수로꺼지[35] 다 합치먼는 육로 수로 합쳐서 집이서 한 삼십 리 거리나 데요.

거리로는 대략 수로까지 다 합치면 육로, 수로 합쳐서 집에서 한 삼십 리 거리나 돼요.

최 그이 들으가서 그러그서 살다가 거그서 한 삼 개월이나 살앗나?

거기에 들어가서 그러고서 살다가 거기에서 한 삼 개월이나 살았나?

최 글 그룽게 살다가 거으서 돌아갓지만 이승만 박사라고 그랫죠 그때는.

그, 그렇게 살다가 거기에서, (지금은) 돌아가셨지만, 이승만 박사라고 그랬죠, 그때는.

---

35 조사 '까지'의 방언형.

최 그 양반이 사람덜 다 피란민 말하자믄 지금 우리가 말하기 좋게 피란민이라고지 그때 집을 다 뜨난 사람들 으더 갈 사람 집 버리코 떠나는 사람도 있어문 다 모이라고 해서 다 모여서.

그 분이 사람들 다, 피란민, 말하자면 지금 우리가 말하기 좋게 피란민이라고 하지, 그때 집을 다 떠난 사람들, 어디 갈 사람, 집 버리고 떠나는 사람도 있으면 다 모이라고 해서 다 도여서.

최 컨 악[36] 그때만 해도 이제 이승만 씨는 큰 배를 으드게 다 타고 다니는 중이엣는가 엿던가 그 배에 타라고 해서 그 배 타구서 들으가서.

큰 악, 그때만 해도 이제 이승만 씨는 큰 배를 어떻게 다 타고 다니는 중이었는지, 었던지 그 배에 타라고 해서 그 배를 타고서 들어가서.

최 거때만 해도 거그서 초도에서 살다가 이 이남으로 오는 길 여 이젠 무 기억이 잘 안 나네우.

그때만 해도 거기에서, 초도에서 살다가 이쪽 이남으로 오는 길에 여기, 이제는 뭐 기억이 잘 안 나네요.

최 백년도 백년도 섬인가 걸로 간다구 해서 글로 하로 알은 사람도 없는데 기냥 배에 끼어 타구서 글로 내려와서이.

백령도, 백령도 섬인가? 그리로 간다고 해서 그리로 하나도 아는 사람도 없는데 그냥 배에 끼어 타고 그리로 내려와서.

---

36 '아구리 선'을 발화하다가 화제를 전환한 것으로 보인다.

최 그러다 거 백년도서 또 이쪽 이남 군산으로 간다는 소리가 있으서 할 수 없이 또 또 그 사람들 따라서 또 타구서 그때 군산에 와서 그 때 살앗죠.

그러다가 그 백령도에서 또 이쪽 이남 군산으로 간다는 소리가 있어서 할 수 없이 또 그 사람들을 따라서 또 (배를) 타고서 그때 군산에 와서 살았죠.

최 군산 배 타고 내서 거그서 그때만 해도 미군들이 거 주먹법[37]이라고 허는 거 주역밥[38] 그 주는 거 거그 한 등으씩 얻어먹구 밤새 가면서.

군산에 배타고 내려서 거기에서, 그때만 해도 미군들이 그 주먹밥라고 하는 거, 주먹밥 그 주는 것, 거기에서 한 덩어리씩 얻어먹고 밤새 가면서.

최 그때 군산에 와 가즈구 군산 무슨 마루보세이[39] 그때이만 해도 마로보세라고래요 잉 인공말[40]로 마루보세라는 회사[41] 들으스니 창꼬 컨 건물이 잇어요[42].

그때 군산에 와서 군산 무슨 마루보세이, 그때만 해도 마로보세라고 그래요, 일본말로 마루보세라는 회사에 들어서니까 큰 창고 건물이 있어요.

---

37 '주먹밥'의 방언형.

38 '주먹밥'의 발화 실수로 보인다.

39 당시 군산에 있던 일본 회사 명칭으로 보인다.

40 문맥상 '일본말'을 잘못 발화한 것이다.

41 이 방언의 /ㅚ/는 원순성이 약하여 /ㅔ/로 실현되는 경우가 많으나 여기서는 단순 모음으로 실현되었다.

42 이 방언에서는 '있-'이 '잇-'으로 실현되는 것이 일반적이다. 이 자료에서는 '있-'과 '잇-'이 혼재되어 나타나는데 이는 방언 접촉에 따른 것으로 보인다. 전사 방식은, '잇-'을 기본형으로 삼고, 모음 어미 앞에서 '있-'으로 실현되는 경우에만 '있-'으로 표기하였다.

최 창꼬 겉은 건물이.

창고 같은 건물이 (있어요).

최 한데 그때만 해두 미 일본 사람들 다 후투 후퇴하고 다 없읐으니까 창꼬가 비었응게 빈자니 거그밲이 없어서 거 빈자리를 가 얻어 주서 거게 덜어가서 창꼬이서 말하자문 공장 창고죠 창꼬 거긔[43]서 살머 살먼서 그럭저럭 살앗죠.

그런데 그때만 해도 일본 사람들이 다 후퇴, 후퇴하고 없었으니까 창고가 비었으니까, 빈 자리가 거기밖에 없어서 그 빈자리를 가서 얻어 줘서 거기에 들어가서 창고에서, 말하자면 공장 창고죠, 창고 거기에서 살면서 그럭저럭 살았죠.

최 살다가 그 패 피란민이들도 여르 사람이 뫼는[44] 중에 끼으서 어디 해망동[45]수 무슨 모 사람덜 많이 살게 해준다는 말을 덛구 골루 끼어들어가 살아서 그때 거 막 그때만 해두 막살이[46] 막이죠.

살다가 그 피, 피란민들 여러 사람이 모이는 곳에 끼어서 어디 해망동에서 사람들을 많이 살게 해 준다는 말을 듣고 그쪽으로 끼어들어가 살아서, 그때 그 막, 그때만 해도 막살이, 막이죠.

---

43 하향 이중 모음으로 실현되었다.

44 1음절의 /ㅚ/가 이중 모음으로 실현되었다.

45 군산 내항 근처에 위치한 곳으로, 항구를 통해 들어온 피란민들의 초기 거주 장소였다.

46 '막살이'는 '아무렇게나 되는대로 사는 살림살이. 또는 그런 사람'을 의미한다.

최 막 바라 바람벽[47]이라는 걸 그저 무시로[48] 가마니 쳐서 게 두러치고[49] 그런 데 들어가서 거그서 한 이삼 개월 살앗나?

막, 바람, 바람벽이라는 것을, 그저 아무 때나 가마니를 쳐서 거기에 둘러치고 그런 곳에 들어가서 거기에서 한 이삼 개월 살았나?

최 그러다가 또 거때 또 그때만 해도 사람들이 많이 뫼고 그러네 피란민들이라고 해슨 명천이 피란민들이라고도 그라는 바람에 피란민 피란민 소리 들어면서 동산촌[50]이라는 데로 또 전부 올라왓죠.

그러다가 또 그때 또 그때만 해도 사람들이 많이 모이고 그러니까 피란민들이라고 해서, 명칭이 피란민들이라고 그러는 바람에 피란민, 피란민 소리를 들으면서 동산촌이라는 곳으로 또 전부 올라왔죠.

최 해서 초 조촌 말하자믄 조촌면 그 창꼬이 들어가서 거그서 멫 개월[51] 살다가 이리저리 헐어지는 바람에 우린 이짝 농원으로 또 와서 여그서 살면서 거주하기 시작한 것이[52] 이젠 집을 다 만들어 놓고 이젠 사게 데엇죠 쭉 같이.

그래서 조촌, 말하자면 조촌면(에 있는) 그 창고에 들어가서 거기에서 몇 개월 이리저리 흩어지는 바람에 우리는 이쪽 농원으로 또 와서 여기에서 살면서 거주하기 시작한 것이 이제는 집을 다 만들어 놓고 살게 됐죠, 쭉 같이.

---

47 '바람벽'은 '방이나 칸살의 옆을 둘러막은 둘레의 벽'을 의미한다. '바람'은 중세국어의 'ᄇᆞ롬'[壁]에 소급된다.

48 '무시로'는 '특별히 정한 때가 없이 아무 때나'의 의미이다.

49 '둘러치다'는 북한에서 '빙빙 둘러서 감다'는 의미이다.

50 '전주시 덕진구 동산동, 조촌동' 일대이다.

51 [메캐월].

52 [거지].

02 달구지가 아까워 못 나오신 부모님

조 그럼 그때 부모님이랑 같이 내려오셨어요?

김성호 아 그양 형님 따라완 거야.

아 그냥 형님 따라온 거야.

김 음 부무님은 다 살아 거세두 그때가 육십 줄이라 집 지키느라 인자 몬 앗대나스.

음, 부모님은 다 살아 계셔도 그때가 육십 줄이라서 집을 지키느라 이제 못 나왔어.

김 소달구지 지키느라구 머인가 그게.

소달구지를 지키느라고, 뭔가 그것이.

조 소달구지 때문에 못 나오셨어요?

김 음, 집 지키고.

음, 집도 지키고.

김 그 대개 다 여기 완 사람들이 그두 고향에스는 그두 그릏게 못살지도 않고 잘살지도 못하고 기양 이 중산층이그든 전부.

그 대개 여기에 온 사람들이 그래도 고향에서는 그래도 그렇게 못살지도 않고 잘살지도 못하고 그냥 이 중산층이거든 전부.

김 그르게 그 머여 집 살림 그 시굴 살림이란 기 뭘 제 큰 기 소여 그 한 살림이그든 소가.

그러니까 그 뭐야 집 살림, 그 시골 살림이란 것이 뭐 제일 큰 것이 소야, 소가 그 큰 살림이거든.

김 그그 땜엔 못 왓지.

그것 때문에 못 왔지.

김 근디 너흐[53]들만 갓다 오라[54] 한 일주일만 데문 일주일 내지 한 삼 일만 피하믄 덴다 해 갖고.

그런데 "너희들만 갔다 오너라, 한 일주일만 있으면, 일주일 내지 한 삼 일만 피하면 된다."고 해서.

김 그리 갓구 그 저 아까도 얘기햇지만 그 초도가 그 피난민들 많이 살륜[55] 섬여 거기가.

그래서 그 저 아까도 얘기했지만 그 초도가 그 피란민들을 많이 살게 한 섬이야, 거기가.

---

53 이 방언에서는 /ㅢ/가 하향 이중 모음으로 실현되는 경우가 있는데, 여기서는 활음 /y/가 탈락하였다.

54 이 방언의 명령법에는 '해라체' 대신 '하라체'가 쓰이는 것이 특징적이다. 이는 서북 방언에 전반적으로 나타나는 특징으로, 이기갑(2003: 292)에 따르면 서북 방언에서 아주 낮춤의 명령법 어미는 '-으라(우)'가 쓰인다.

55 '살리다'의 방언형.

김 거기가 하튼 수천 명이 잇으 갖고.

거기에 하여튼 수천 명이 있어서.

김 하든 그게서 하튼 굶어 죽은 사람도 많아요.

하여튼 거기에서 하여튼 굶어 죽은 사람도 많아요.

김 아 삶이 수천 밍이 하디 먹을 긋 없잖아요 그기.

아, 사람이 수천 명이 하여튼 먹을 것이 없잖아요, 거기에.

김 그리 갖고는 육지로 또 이 식량 가질려 나가 밤에 배 타고 몰래.

그래서는 육지로 또 이 식량을 가지러 나가, 밤에 배를 타고 몰래.

김 나갓다 못 완 사람도 꽉 찻구 갓다 어디 용해 살아온 사람은 쌀이랑 두 멫 말 갖고구.

나갔다가 못 온 사람도 많고, 갔다가 어떻게 용하게 살아온 사람은 쌀이나 몇 말 가지고 오고.

김 그이 이북에는 즈 쌀이 여기만큼 그기 흔하들 못혀.

그 이북에는 저 쌀이 여기만큼 그것이 흔하지 못해.

김 글게 서숙 쌀 좁쌀 그놈 하이튼 멫 말 짊어지고 오먼은 그눔 갖고 기양 살다가 여그까지 와 갖구 짐 여기다 전 정착해 갖구 짐 살지만은 그 피란 나올 즉으 애기하먼 말두 못하는 거여 그때는.

그러니까 좁쌀, 좁쌀 그것을 하여튼 몇 말 짊어지고 오면 그것 가지고 그냥 살다가 여기까지 와서 지금은 여기에 정착해서 지금 살지만은 그 피란 나올 적 얘기하면 말도 못하는 거다, 그때는.

조 그럼 형님하고 두 분이 초도로 가셨어요?

김 그룽지 그리꾸는 우리 나올 즉만 해도 이케 이 배가 갖다 대문은 사람이 어 자꾸 타먼 이 배가 땅이가 다스 나오들 못혀.

그렇지, 그렇게 하고는 우리가 나올 적만 해도 이렇게 이 배를 갖다 대면 사람이 어 자꾸 타면 이 배가 땅에 닿아서 나오지 못해.

김 기 뒤이서 총소리가 나고.

그 뒤에서는 총소리가 나고.

김 그리게 배를 띠울라고 멀찌감치 갖다 놔.

그러니까 배를 띄우려고 멀찌감치 (배를) 갖다 놔.

김 긍게 사람이 여게 차네까지[56] 막 동지섣달 얼임[57]이 버적비잔데[58] 막 올라가야 혀.

그러니까 사람이 여기 차는 데까지 막 동지섣달 얼음이 버적버적하는데 막 (배에) 올라가야 해.

김 응 죽기 살기루.

응, 죽기 살기로.

김 긍기 바짝 대문은 사람이 타믄은 딱 땅이가[59] 다문은 못 강게.

그러니까 (배를 육지에) 바짝 대면 사람이 타면 (배가) 딱 땅에 닿으면 못 가니까.

---

56 '차는 데까지'가 줄어든 말이다.

57 '얼음 > 얼임'과 같이 전설모음화가 일어났다. 한영순(1967)에 따르면 이 방언에서 /ㅡ/ > /ㅣ/의 전설모음화는 선행 자음이 /ㅅ/, /ㅆ/일 때로 국한되어 있다. 그런데 황대화(2007)에서는 /ㅅ/, /ㅆ/의 환경보다 낮은 비율이지만, 연구개음이나 치음 아래에서도 /ㅡ/ > /ㅣ/가 실현되는 예가 일부 확인된다.

58 문맥상 '얼음이 부딪치는 소리. 또는 그 모양'을 의미한다.

59 이 자료에서는 조사 '에'가 '에가'로 실현되는 경우가 많다.

김 뒤서 총소리는 나지 긍게 가까스 여기[60] 차는 데까지 가.

뒤에서 총소리는 나지, 그러니까 가까스로 여기 차는 데까지 가.

김 그르믄 아짐마들두 뒤 애기 업은 글 몰라.

그러면 아줌마들도 뒤에 아기를 업은 것을 몰라.

김 거 배에 타구서는 한숨 푹 쉬구스는 머 사람이 여까지 차올라갓는디 머 애기야 말두 말두 못하지.

그 배에 타고는 한숨 푹 쉬고서는 뭐 사람의 여기까지 차올랐는데 뭐 아기야 말도 못하지.

김 긍게 그른 사정이 참 그 지금 하는 얘기지만 어트 이 해변가에는 시치가 그냥 확 깔렸어.

그러니까 그런 사정이, 참 그 지금 하는 얘기지만 어떻게, 이 해변가에는 시체가 그냥 확 깔려 있었어.

김 그기 여게 여게 말흐자먼 여 국방군 잇고 막 이 유격대라고 무장대라고 있어.

거기, 여기, 여기 말하자면 여기에 국방군이 있고 막 이 유격대라고, 무장대武裝隊라고 있어.

김 무장대가 이지 배를 갖고 가.

무장대가 이제 배를 가지고 (육지에) 가.

김 마자므 먹을 게 없으니게 식량을 가즐라고.

말하자면 먹을 것이 없으니까 식량을 가져오려고.

김 육지 가서.

육지에 가서.

---

60 자료 제공인의 목덜미 부분을 가리키며 발화하였다.

김 금 여게서 인민군이 어먼 여그서 공격하지.

그러면 여기에서, 인민군이 오면 여기에서 공격하지.

김 또 인민군들은 여기 들오믄 또 거기서 공격하지.

또 인민군들은 여기에서 (육지로) 들어오면 또 거기에서 공격하지.

김 그능게 피난민들이 이 거 해변가에 꽉 찻는디 그이 누기 총에 맞아 죽은지도 몰라.

그러니까 피란민들이 이 그 해변가에 꽉 찼는데 그것이 누구의 총에 맞아 죽은지도 몰라.

김 그롷게 여기 완 사람들이 그롷게 세상을 살았어.

그렇게 여기에 온 사람들이 그렇게 세상을 살았어.

김 글먼 지금 생각허믄 계 뚜 어려서 좀 정신 없으니게 그 겨 나왓지.

그럼 지금 생각하면 그게 또 어려서 좀 정신이 없으니까 그렇게 기어 나왔지.

조 저기 어디 백령도 이런 데 가면 고향이 멀찌감치 보일 수도 있겠네요?

김 날 좋은 날 우리도 한 이삼 년 만이 백령도 한 분씩 가는데 거기 가믄은 만향탑이 있어.

날씨가 좋은 날, 우리도 한 이삼 년 만에 백령도에 한 번씩 가는데 거기에 가면 망향탑이 있어.

김 여 저 여기 판문점 여 어드야 여게 문산 거그겉이 거기 가문 백령도 가믄 이케 재단이 있어 이북 사람 음 탑 시워 능고 그거.

여 저 여기 판문점, 여기 어디야 여기 문산, 거기같이 거기에 가면, 백령도에 가면 이렇게 재단이 있어, 이북 사람들 은 탑 세워 놓고 그것.

김 저 장산곶[61]이 판이 고향이 판이 뵌다고.

저 장산곶이 빤히, 고향이 빤히 보인다고.

김 그잇 가 술 한 잔 부어 놓구 이게 딱 부모 뫼[62]가 어딋는지 살앗는지 죽은지도 모르지.

거기에 가서 술 한 잔 부어 놓고 이렇게 딱, 부고 묘가 어디에 있는지 살았는지 죽었는지도 모르지.

김 그때 그때 육십 줄이니께 머 돌아가션 지가 오랫지.

그때 (부모님이) 육십 줄이니까 뭐 돌아가신 지가 오래겠지.

김 백 살이 머 백 살 넘엇지 이지는.

백 살이 뭐, 백 살이 넘었지 이제는.

김 우리가 아 우리가 아주 걍 십대 여만한디 팔십 줄이 데엇는디 말도 못하지.

우리가, 아 우리가 아주 그냥 십대 이만했는데 (지금) 팔십 줄이 되었는데 (부모님들은) 말도 못하지.

---

61 이 자료에서 '장산곶'은 [장산곳]으로만 실현된다.

62 하향 이중 모음으로 실현되었다.

03
무장대 형님 따라 남한까지 오다

조 내려오실 때는 어르신 내려오시고 또 누가 내려오셨어요?

김경휘 아브지 어므니 오고.
아버지, 어머니 오고.

김 하고 핀 나올 때 생각허먼 내가 열다섯 살 우리 형님 지금 여게 살지만은 열일굽 살.
그리고 피란 나올 때 생각하면 내가 열다섯 살, 우리 형님 지금 여기에 살지만 열일곱 살.

조 형님도 이 마을에 살고 계세요?

김 음 우리가 많아.
응 우리가 (가족이) 많아.

김 우리 아버지가 하이튼 팔 남매 낫고 여기 와스 어머니가 내가 열여섯 살 때 돌아가셧나 내 친부모는[63].

우리 아버지가 하여튼 팔 남매를 낳았고 여기에 와서 어머니가 내가 열여섯 살 때 돌아가셨나, 내 친모는.

김 기 새으머니를 얻고 공발라고[64] 했읏는디.

그러니까 새어머니를 얻고 (나는) 공부하려고 했었는데.

김 요는 한긍[65]이 그르니까 할 수도 읎고 구래 가지구 게 주즈앉고 군대 갓다 와 가지고 또 장가보낸가 가고 애 놓 낳다 보니까 이 그게 머 비베 소두 머 언득이 잇으야 비빈대지 비빌 자리가 없더라고.

요컨대 환경이 그러니까 (공부도) 할 수도 없고 그래서 거기에 주저앉고 군대에 다녀와서 또 장가보내니까 가고, 애 낳다 보니까, 이 그것이 비빌, 소도 뭐 언덕이 있어야 비빈다고 하지, (나는) 비빌 자리가 없더라고.

김 우리 형님은 서울에스 사슷는데 떠 머 갈라구 해두 떠 머 받아 주고 그리야지.

우리 형님은 서울에서 사셨는데 또 뭐 가려고 해도 또 뭐 받아 주고 그래야지.

---

63 문맥상 '친모'를 잘못 발화한 것이다.

64 '공부할라고'가 줄어든 것이다.

65 '환경 > 한경 > 한긍'과 같이 활음 탈락, 고모음화가 일어났다. 이 방언에서 /ㅓ/ > /ㅡ/의 고모음화가 활발하기 때문에 이중모음 /ㅕ/도 /ㅢ/로 실현되는 경우가 많다.

김 촌이 사니 편하지 멀 올라구르냐.

"촌에 사는 게 편하지 뭘 오려고 하느냐."

김 그 이 요는 비빌 디가 없으스 여기 살기 정착하기 뎃지.

그, 이, 요컨대 비빌 곳이 없어서 여기에 살게, 정착하게 됐지.

김 그 이 피란은 싹 나오고 우리 아버지가 삼대독자라 할아버지 한 분 올마[66] 몇 달 잇으믄 도루 고향으로 간다고랫으니깐 나 집 지크 있으야 덴다구 못 나왓지.

그, 이, 피란은 다 나오고, 우리 아버지가 삼대독자라서, 할아버지 한 분은, 얼마 몇 달 있으면 도로 고향으로 간다고 그랬으니까 "나는 집을 지키고 있어야 된다."하고 못 나왔지.

조 할아버지만 못 나오셨어요?

김 그릏지 엄머니 형제들 싹 나왓지 머.

그렇지, 어머니, 형제들 다 나왔지 뭐.

김 그리우 우리 큰형님이 무장대루 잇엇으.

그리고 우리 큰형님이 무장대로 있었어.

---

66 '얼마 > 올마'와 같이 원순모음화가 일어났다. 강순경(1999)에 따르면, 이 방언의 후설 평순 모음은 원순 모음으로 합류하는 경향이 강하다.

김 그르므스 무장대 가저을 두기 데믄 갸들[67] 아래로 내려오머서 다 죽인다고 미리 또 피란시켯지.

그러면서 무장대 가족을 두게 되면 인민군들이 아래로 내려오면서 다 죽인다고 (해서) 미리 또 피란을 시켰지.

김 그 바람에 우리 형제간 여 군산 왓당게.

그 바람에 우리 형제간에 여기 군산에 왔다니까.

67 '갸'는 '걔(그 아이)'의 황해도 방언형이다. 이와 동일하게 이 자료에서 '얘(이 아이)'는 '야'로, '쟤(저 아이)'는 '쟈'로 실현되는 것이 일반적이다. 여기에서 '갸'는 문맥상 '인민군'을 의미한다.

04

바람벽에 금(金)을 숨겨 놓고 나오다

한영숙 피란민이 다 우리 거 초도루 다 왔어 그 배 타고 전부.

피란민이 다 우리 그 초도로 다 왔어, 그 배를 타고 전부.

한 아 우리 집 에 우리 집이 그 동네서는 한 사십 가구 데는디 우리 집이 아마 젤로 큿을 걸요.

아, 우리 집, 에, 우리 집이 그 동네에서는, 한 사십 가구 되는데, 우리 집이 아마 제일 컸을 걸요.

한 어 근디 나는 그기 우리 마얼이 한 사백여 사십여 가구가 뎃는디 궁제이 큰 마을이엇어.

어, 그런데 나는 거기 우리 마을이 한 사백여, 사십여 가구가 됐는데, 굉장히 큰 마을이었어.

한 에 소사리 백포동 소사리 백포동이요 우리 마을이 백포동이요.

예, 소사리 백포동, 소사리 백포동이에요, 우리 마을이 백포동이에요.

한 에 백포동인디 그기스 학규 다니는 사람이 우리 나이가 한 열 명 그게 데는디 나 혼자밖에 학골 안 갔어.

예, 백포동인데 거기에서 학교에 다니는 사람이, 우리 또래가 한 열 명 그렇게 되는데 나 혼자밖에 학교에 안 갔어.

한 어 중학교 잇엇지.

어, 중학교가 있었지.

한 중학교 다니다가 육이오 터즈 갖구 내가 이 그리서 이자 공부 돗 햇지.

중학교에 다니다가 6.25 전쟁이 터져서 내가 어 그라서 이제 공부를 못 했지.

한 나밖에 없읏으 우리 마을서 학규 가는 사람.

나밖에 없었어, 우리 마을에서 학교에 가는 사람은.

한 그르고 오춘 아부지 말흐잠 우리 오춘 저기여 오춘 아부지 아덜이여 즈 이 근디 피란 나오스 가즈구 우리 집으로 오셨어 그냥.

그리고 오촌 아버지, 말하자면 (이 사람이) 우리 오촌 저기(친척)야, (이 사람이) 오촌 아버지 아들이야 저, 이 그런데 (오촌 아버지가) 피란 나오셔서 우리 집으로 오셨어 그냥.

한 우리 집 와 갖구 우리 할머니가 즈 손자대 저 조카 조카댓[68]그든.

우리 집에 와서, 우리 할머니에게 저 손자였, 저 조카, 조카였거든.

---

68 이 방언에서는 과거 시제와 관련된 선어말어미 '-댓/댔-'이 있다. 이기갑(2003)은 이 선어말 어미의 의미를 '과거, 과거 진행'으로 보고 있고, 정인호(2016)은 '객관적 회상'으로 보고 있다. 한편 출현 환경에 대해 고현철(1992)는 이 방언에서 '-댓-'이 체언 뒤에만 나온다고 하였으나 이 자료에는 '살댓는데', '잇댓지', '많댓는가'와 같이 동사, 형용사에도 두루 쓰였다.

이 방언에서는 '-댔-'이 '-댓-'으로 실현되는 것이 일반적이다. 이 자료에서는 '-댔-'과 '-댓-'이 혼재되어 나타나는데 이는 방언 접촉에 따른 것으로 보인다. 전사 방식은, '-댓-'을 기본형으로 삼고, 모음 어미 앞에서 [댔]으로 실현되는 경우에만 '-댔-'으로 표기하였다.

한 이 드 바트지[69].

(그러니까) 이 더 가깝지.

한 거 OO 언니랑 다 OO랑 그 그 양반두 머 다 우리 집 와 있읏잖아.

그 OO 언니랑, 다 OO 언니랑 그, 그 양반도 뭐 다 우리 집에 와 있었잖아.

한 그스 지금 저 동생은 실언 오춘 아부지른 우리 집으루 피난을 오시고 초두루 와서.

그래서 지금 저 동생은, 사실은 오촌 아버지는 우리 집으로 피란을 오시고, 초도로 와서.

한 근디 거리 떨어져서 동산촌으로 갓다깄어 동생은.

그런데 거기로 배치돼서 동산촌으로 갔다고 했어, 동생은.

한 군산으 와 갖구 동산촌으로 어뜨이 하이튼.

군산에 와서 동산촌으로 어떻게 하여튼.

한 나 우리두 군산으루 먼저 왔어.

나, 우리도 군산으로 먼저 왔어.

한 군산으루 그 저기 아구리 슨[70] 뭐 무언 거보고 뭐라가드만 군함.

군산으로 그 저기 '아구리 선' 뭐 뭔가 그것더러 뭐라고 하더만, 군함.

---

69 '(관계가) 가깝다'의 방언형. ≪표준≫에는 '맺고 있는 관계가 매우 가깝다'는 의미의 북한어로 '밭다'가 등재되어 있는데, 여기서는 '바트다'로 실현되었다.

70 '아가리 선(아가리-船)'을 의미한다. '아가리 선'은 미군의 수송용 함정 LST(landing ship tank)를 이르는 말인데, 이 배는 선수의 큰 문을 통해 물자, 사람, 차량 등이 탑승하게 되어 있다. 이 배의 선수에 있는 문이 큰 입과 같아서 '아구리 선'이라고 부른 것으로 보인다.

한 근디 거 아구리 선이라 그랬어 그때는 이 그랬어.

그런데 그것을 '아구리 선'이라고 그랬어 그때는, 어 그랬어.

한 그그 타구 왔어.

그거 타고 왔어.

한 근디 지금 생악 나는디 그 동생니 말야.

그런데 지금 생각이 나는데 그 동생네 말이야.

한 피난 나올 때 거 곰[71] 같은 글 이른 긋을 마이지 벽 바람벽 잇는 디 어이따 다 숨그 놓구 나왓다기 햇그든.

피란 나올 때 그 금 같은 것을 이런 것을 말이지 벽, 바람벽 있는 데 어디에다 다 숨겨 놓고 나왔다고 했거든.

한 그얼 다 숨겨 놓고 아는디 자 가스 도루 그을 찾아야 덴다그스 그글 숨여 놓고 나왓다깄으 피난 나올 때.

그것을 다 숨겨 놓고 왔는데, 이제 가서 도로 그것을 찾아야 된다고 해서 그것을 숨겨 놓고 나왔다고 했어, 피란 나올 때.

한 근디 저 그 생악 지금 나네.

그런데 저 그 생각이 지금 나네.

한 디 그고 다 어띠 없으졌응 누가 다 곰 곰 패둘 같은 그 말이즈.

그런데 그것 다 어떻게 없어졌으면 누가 다 금, 금, 패물 같은 것 말이지.

---

71 '금'의 방언형.

한 금 보석을 굼을 막 이 즈 몽땅 바람 끄 집 벽 잇는 디다가 숨겨 놓고 에 숨그 놓고 게고 피난 나왔다갰는데 못 찾았을 그 아냐.

금 보석을, 금을 막 이 저 모두 바람벽, 그 집 벽에 있는 곳에다 숨겨 놓고 에, 숨겨 놓고 그리고 피란을 나왔다고 했는데 (그 이후로) 못 찾았을 거 아니야.

한 영원히 여기 다 살구 잇으니까.

영원히 여기에서 다 살고 있으니까.

한 지금 생각나네.

지금 생각이 나네.

한 이 기중 잇는 디 다 숨겨 놓고 나앗댔어.

이 기둥이 있는 곳에 다 숨겨 놓고 나왔다고 했어.

한 으 그룹게 해 놓고 해 놧는디 진짜 그 생각을 하면 지금 생각나네 그거.

어 그렇게 해 놓고 해 놨는데 진짜 그 생각을 하면 지금 생각이 나네, 그것이.

한 그 금이 어뜨게 생겼을까.

그 금이 어떻게 생겼을까.

05
아구리 선이 장산곶을 떠받다

배심연 음 나올 때야 머 우리 거게 운열[72]이라는 데 거이 골산[73]이 있으.

음 (피란) 나올 때야 뭐, 우리 거기(고향) '은율殷栗'이라는 곳에 거기에 골산이 있어.

배 산이 있어요 큰 산이.

산이 있어요, 큰 산이.

배 어 골산에 거기가 인문군대들 소굴이댓어.

어, 골산에, 거기가 인민군들 소굴이었어.

배 인민군대들이 거 미 거거에는 인미군대덜만 있엇는 디야.

인민군들이 그 밑, 거기에는 인민군들만 있던 곳이야.

---

72 '황해도 은율군'이다. 이 마을 1세대는 대부분 송화군, 은율군 출신이다.

73 '골산(骨山)'은 '나무나 풀이 없이 바위와 돌만으로 된 산'을 의미한다.

배 그래 갖고는 인문군대들이 골산에스 이제 내룐다구[74] 우리 거게로 동네루 이젠 내룐단믄 도망가스 이제 또랑 큰 또랑에나 어디 쪼꾸만 집 겉은 디를 이기 그런 디두 이제 집들 이지 쪼꾸난 집들이 잇는 디 있으.

그래서는 인민군들이 골산에서 이제 내려온다고 우리 거기, 동네로 이제 내려온다고 하면 도망가서 이제 도랑, 큰 도랑에나, 어디 조그만 집 같은 데를, 이것이 그런 곳에도 이제 집들이 이제 조그만 집들이 있는 곳이 있어.

배 그른 데 에딴 디 그런 디 가스 숨어 잇고.

그런 곳, 외딴 곳, 그런 곳에 가서 숨어 있고.

배 음 그땐 나락 나락 벼서 이케 줄가리[75]가 아니라 발가리[76] 이룷게 논이다가 두문두문 이룷게 싸스[77] 낫는디.

음, 그때는 벼, 벼를 베서 이렇게 줄가리가 아니라 낟가리로 이렇게 논에다가 드문드문 이렇게 쌓아서 놨는데.

---

74 '내려오다'가 줄어들어 '내료-'로 실현되었다. '내려오- > *내레오- > 네리오- > 네료-'와 같은 과정을 거쳤다.

75 '줄가리'는 '볏단의 이삭 쪽을 위로 하여 맞대고, 뿌리 쪽은 띄워서 줄을 지어 세우는 가리'이다. 주로 벼를 말릴 때 쓰는 방법이다.

76 '발가리'는 '낟가리'의 방언형이다. '낟가리'는 '낟알이 붙은 곡식을 그대로 쌓은 더미' 또는 '나무, 풀, 짚 따위를 쌓은 더미'를 의미한다. 즉 '줄가리'는 '건조(乾燥)'를 위한 것인 반면 '발가리'는 '저장(貯藏)'을 위한 것이라는 점에서 차이가 있다.

77 '쌓아서'가 줄어든 말이다.

배 음 이릏게 나락을 벼스 다 싸서 낫는데 인민군대들 온다 하믄 도망가 갖구스넌 그 논이루 들으가 갖구스는 그글 다 이릏게 싹싹 골로 들으가스 숨켜[78] 잇고[79].

음, 이렇게 벼를 베서 다 쌓아서 놨는데 인민군들이 온다고 하면 도망가서는 그 논으로 들어가서는 그것(발가리)을 다 이렇게 싹싹 (벌려서) 그리로 들어가서 (몸을) 숨기고 있고.

배 으 글루 들으가스 숨어 잇고.

어, 거기로 들어가서 숨어 있고.

배 그릏잖으머 큰 똘[80] 똘 그런 디루 이지 가서 숨어 잇고.

그렇지 않으면 큰 도랑, 도랑 그런 곳으로 이제 가서 숨어 있고.

배 그러 그렁하므스 그러다 이제 일로 피란 내려 왓지.

그러, 그렇게 하면서 그러다가 이제 여기로 피란 내려 왔지.

배 그 이 우리 아부지는 그때 피란 다니다가 아이칸 어뚷게 갑자기 그케 아파 갖구선 돌아가셔서 우리 아부지 둘두 읎는 친구 아자씨가 피란 나왓다가 음 아내 데릴라[81] 그 아자씨는 자슥이 없었어 아내 데릴라 왓다가 우리두 그때 데리구 왓지.

그, 이, 우리 아버지는 그때 피란 다니다가 하여간 어떻게 갑자기 그렇게 아파서 돌아가셔서, 우리 아버지의 둘도 없는 친구 아저씨가 피란 나왔다가, 음 아내를 데리러, 그 아저씨는 자식이 없었어, 아내를 데리러 왔다가 우리도 그때 데리고 왔지.

---

78 '숨기다'의 황해도 방언형.

79 '-어 있다'가 '동작 지속'의 의미로 사용되었다.

80 '도랑'의 방언형.

81 어미 '-(으)러'가 이 방언에서는 대부분 '-을라'로 실현된다.

배 우리드 그 아자씨가 데리고 오는데 어데 막 바다에 평평 빠져.
우리도 그 아저씨가 데리고 오는데 어디에 막, 바다에 푹푹 빠져.

배 바다에 빠지는디 물이 이룧게 싹 씨, 써[82] 나갓으니까 이 빠지는디 우리 동생 일굡[83] 살 먹은 건 난 열두 살 먹고.
바다에 빠지는데, 물이 이렇게 다 빠져 나갔으니까 이 (물이) 빠지는데, 우리 동생 일곱 살 된 것, 나는 열두 살 되고.

배 그리 갖구스는 거기를 이제 어데만큼 들으가니꺄[84] 섬이 잇드라고.
그래서는 거기를 이제 어디만큼 들어가니까 섬이 있더라고.

배 섬이 잇는데 거어 가니께 거 산에들 또 아자씨 둘이가 숨어 잇어 갖고 엄 망 머리에두 이만큼 길으나구 셤[85]두 길으나구[86] 한 아자씨 가니께 거거아 건너와 있어 거 아자씨들두.
섬이 있는데 거기에 가니까 거 산에 또 아저씨 두 명이 숨어 있어서, 어 막 머리도 이만큼 길고, 수염도 자라고, 한 아저씨가 (우리가) 가니까 거기에 건너와 있어, 그 아저씨들도.

---

82 '써다'는 '밀물이나 밀린 물이 물러 나가다'는 의미이다. 이 자료에서는 '써다', '씨다' 등으로 실현된다.

83 '일곱'의 황해도 방언형.

84 어미 '-니까'가 '-니꺄'로 실현되었다. 김영황(1982)에 따르면, 황해남도 일부 지역에서 의문형 어미 '-니까, -습니까'가 '-니꺄, 습니꺄'로 실현된다. 여기에서의 어미 '-니꺄'는 의문형 어미가 아님에도 이와 같이 실현되었다.

85 '수염'의 황해도 방언형.

86 '자라나다'의 방언형.

배 여 거 아자씨들이 음 그전이는 이케 부싯돌이라구 이룽게 나이타 여게[87]는 나이타가 아니로구 돌로 이룽게 부싯돌이라구 켜 갖고 담배를 피우댔어.

여기 그 아저씨들이, 음 그전에는 이렇게 부싯돌이라고 이렇게 라이터, 거기에서는 라이터가 아니고 돌로 이렇게 부싯돌이라고 켜서 담배를 피웠어.

배 핸데 그륵해서 그 아자씨들이 담배를 펴우다가스는 신호를 하드라고.

그런데 그렇게 해서 그 아저씨들이 담배를 피우다가는 신호를 하더라고.

배 또 고 조만침이 섬이 또 잇는디 거 큰 섬에는 들으갈라믄 이지 배가 나와야 들으가지 그렇잖음 못 들으가 여기는 걸어스 들으갓는디.

또 그 저만치에 섬이 또 있는데 그 큰 섬에는 들어가려면 이제 배가 나와야 들어가지 그렇지 않으면 못 들어가, 여기(이 섬)는 걸어서 들어갔는데.

배 그래 갖구스는 그 컨 섬에를 이제 곰염[88]이라는 섬이를 이지 그 부싯돌 치켜 갖고 신호를 하니까 아척[89]에 인제 밝웅게 나오는 그야 배가.

그래서는 그 큰 섬에, 이제 곰염이라는 섬에 이제 그 부싯돌을 켜서 신호를 하니까 아침에, 이제 (날이) 밝으니까 배가 나오는 거야.

---

87 피란했던 섬을 의미한다.

88 [곰념]. '곰염'은 대부분 /ㄴ/첨가가 실현된다.

89 '아침'의 황해도 방언형.

배 기서 배 어 다 그니께 훈하니 밝응게 이제 밤이 들으 몰래 들으갔는데 훤하니 밝은가 배가 나와.

그래서 배, 어, 다 그러니까 훤하게 (날이) 밝으니까, (이 섬에는) 이제 밤에 들어, 몰래 들어갔는데, 훤하게 밝으니까 배가 나와.

배 그래스 우리가 거때 타구슨 거 섬에 들으강게 또 다 거그 그때만 해두 무장대들이죠 무장대들이 다 조사하구 다 그르드마 게 무장대들.

그래서 우리가 그때 (배를) 타고 그 섬에 들어가니까, 또 다 거기에 그때만 해도 무장대들이죠, 무장대들이 다 조사하고 다 그러더구먼, 거기 무장대들이.

배 그땐 우리 육지스 잇을 때는 그땐 치안대들 쪽에스 아부지랑이 치안대 데 갖구스는 저갯는데 나중에 그 인공들 와스 저기항게 그냥 근 우리 거 첨에는 무 저기한 사람들 거 인공 못데게 굴던 사람들 이제 빨갱이들 다 무 죽이기도 하고 또 우 같이 또 죽기두 하고 다 그랬어.

그때는, 우리가 육지에 있을 때에는, 그때는 치안대治安隊들 쪽에서 아버지랑이 치안대가 돼서는 저기했는데, 나중에 그 인민군들이 와서 저기하니까 그냥, 그 우리 그 처음에는 뭐 저기한 사람들, 그 인민군, 못되게 굴던 사람들, 이제 빨갱이들을 다 뭐 죽이기도 하고 또 어 같이 죽기도 하고 다 그랬어.

배 그때만 해도 그러는디 거기 덜으와스 섬에가 잇는데 뭐하 먹고 없고.

그때만 해도 그러는데, 거기(섬)에 들어와서 섬에 있는데 뭘 해 먹을 것이 없고.

배 으 머 보따리에다 옷 다 싸 갖고 들으오고 쌀 준 갖구 들으왓지.

어, 뭐 보따리에다 옷을 다 싸서 들어오고, 쌀 (몇) 줌 가지고 들어왔지.

배 이지 잠깐[90] 머 이제 피난 나왓다가슨 이제 갈라고 이제 햇는데 여까장[91] 내려왓지.

이제 잠깐 뭐 이제 피란 나왔다가 이제 (고향에) 가려고 이제 했는데 여기까지 내려왔지.

배 그래서 우리 어머니가 거 저 무장대들 밥을 그 무장대들이 잇는 디서 거기서 밥을 해 주구 이지 우른 밥을 얻어먹고 잇엇지.

그래서 우리 어머니가 그 저 무장대들에게 밥을, 그 무장대들이 있는 곳에서 거기에서 밥을 해 주고 이제 우리는 밥을 얻어먹고 있었지.

배 밥을 얻어먹고 잇는데 하루는 그냥 저녁때바람[92] 데니께 아 그르자 참 저기 물이 씨니께 인민군대가 둘이가 들으왔어.

밥을 얻어먹고 있는데 하루는 그냥 저녁때쯤 되니까, 아 그러자 참 저기 물이 빠지니까 인민군이 두 명이 (섬에) 들어왔어.

배 둘이가 들우완데 이제 거 바다가 조개가 그케 많아 갖고 피란 둘우완 사람들이 조개 캐스 먹엇거든.

두 명이 들어왔는데 이제 그 바다에 조개가 그렇게 많아서 피란 들어온 사람들이 조개를 캐서 먹었거든.

---

90 '잠깐'의 방언형.

91 조사 '까지'의 방언형.

92 문맥상 '쯤'의 의미로 사용되었다. '바람'이 이러한 의미로 사용되는 용례는 발견하지 못했다. 다만 ≪한민족≫에 이와 유사한 형태로 '바루(평안)' '발레(황해 옹진)' 등이 보고되어 있다.

배 조개 캐스 이젠 저갯는데 들으왔는데 고 어뚷게 무장대들한테 잽혔어[93].

조개를 캐서 이제 저기했는데, (인민군 두 명이) 들어왔는데 그 어떻게 무장대들에게 잡혔어.

배 잽혀 갖고 나 사람 쥑이는 거 그늘 그날 첨 봣네.

잡혀서, 나는 사람 죽이는 것을 그날, 그날 처음 봤네.

배 막 몽치[94]로 때리다가 저기하니께 나중으는 퀀총으로 쏴스 쥑이드라고.

막 몽둥이로 때리다가 저기하니까 나중에는 권총으로 쏴서 죽이더라고.

배 긍게 그그 지 피란민들 조개 그 까묵구 껍데기 내부리는 디 그이따 갖다가 묻어 버리드마.

그러니까 거기에 저 피란민들이 조개 그 까먹고 껍데기를 내버리는 데 거기에다 갖다가 묻어 버리더구먼.

배 그르그스는 인지 미칠 있으이께 또 골산에서 또 머야 박개포 박개포 막 쏘는 고야.

그러고서는 이제 며칠 있으니까 또 골산에서 또 뭐야 박격포, 박격포를 막 쏘는 거야.

배 쏘 갖구스는 그때 사람들이 다 죽은 사람 잇고 이지 산이 높응게 이지 이런 디가 가스 저이 저 산 윺으로 가서.

쏴서는 그때 사람들이 죽은 사람이 있고, 이제 산이 높으니까 이제 이런 곳에 가서 저기 저 산 옆으로 가서.

---

93 '잡히- > 잽히-'와 같이 움라우트가 일어났다.

94 '몽치'는 '짤막하고 단단한 몽둥이'를 의미한다.

배 이불이 있는 대롤 씨 디집으씨구 잇으라가스 이불 다 머 피란 나우머서두 이불 갖구 왔응게 이불 씨구선 잇다가서는[95] 제 날이 밝응게 거때는 이제 어데스 큰 군함이 왔어.

이불이 있는 대로 쓰, 뒤집어쓰고 있으라고 해서, 이불 다 뭐 피란나오면서도 이불을 가지고 왔으니까 이불을 쓰고 있다가, 이제 날이 밝으니까 그때는 이제 어디에서 큰 군함이 왔어.

배 제 그어니께 거 우선 이제 부상자들만 먼저 실으 날르구 아 이지 안다천 사람들은 또 나중에 실으 날라 갖고 거 초돗 섬이라는 데 가서 음 삼 개월 삼 개월이 아 삼 일 삼 일 동안 솔괴[96]로 이케 집을 짛고[97] 살다가스는.

이제 그러니까 그 우선 이제 부상자들만 먼저 실어 나르고, 아 이제 안 다친 사람들은 또 나중에 실어 날라서 그 초도 섬이라는 곳에 가서 음 삼 개월, 삼 개월이 아니, 삼 일 삼 일 동안 솔가지로 이렇게 집을 짓고 살다가.

배 이제 여게 군함이 그때 와 갖구스는 타구 내료다가스 장산곶도 또받아 갖고 으 장산곶을 뜨받아 갖구스는 여기 군산 거제도로 간다으드니 군산 앞바다이다 갖다 놨으니께.

이제 여기에 군함이 그때 와서 타고 내려오다가 장산곶도 떠받아서, 어 장산곶을 떠받아서는 여기 군산, (원래) 거제도로 간다고 하더니 군산 앞바다에다 갖다 놨으니까.

---

95 이 자료에서는 어미 '-다가'가 '-다가서'와 같이 실현되는 경우가 많다.

96 '솔가지'의 황해도 방언형.

97 '짓다'의 방언형. 이 자료에서는 '짓다'가 대부분 '짛다'로 실현된다.

배 대아 놓구는 구물[98] 구물 치어 놓구스는 보따리들 다 거지 겉은 보따리를 다 걸로 굴리고 거 타고 거때 내렛댓지.

(배를) 대 놓고는 그물, 그물을 쳐 놓고는 보따리들, 다 거지 같은 보따리를 다 거기로 굴리고 그것(그물)을 타고 그때 내렸었지.

배 그러 갖구스는 군산에 와서 고 군산 공설 운둥장에 이제 첨에는 비료 창끄에 피란민들.

그래서 군산에 와서 거기 군산 공설 운동장에, 이제 처음에는 비료 창고에 피란민들을 (수용했어).

배 비료 창끄가 잇드만 그 해망동.

비료 창고가 있더구먼, 그 해망동에.

배 비료 창끄이가 잇는디 그게다 갖다 피란민들을 다 갖다 저이해스거그서 하룻밤 자구스는 그 담날 이제 거 공슬 운둥장 그 글루다 실으다가스는 마 피란민들 머 거때 무 지짜 싯지두 못하구 다 머 이두 많을 때지 그때는.

비료 창고가 있는데 거기에다 피란민들을 다 저기해서 거기에서 하룻밤을 자고 그 다음날에 이제 그 공설운동장 그리로 실어다가, 뭐 피란민들 뭐 그때는 뭐 진짜 씻지도 못하고 다 뭐 이도 많을 때지, 그때는.

배 거 이 약을 다 뿌려 주그 저기하는데.

그 이 약을 다 뿌려 주고 저기하는데.

---

98 '그물'의 황해도 방언형.

배 우리 작은아부지는 이지 먼즈 피란 와 갖고 군산 아루꾸르[99] 공장에 다니시드라고.

우리 작은아버지는 이제 먼저 피란을 와서 군산 알코올 공장에 다니시더라고.

배 으 이 술 만드는 아루꾸르 공장 으 술.

어, 이 술을 만드는 알코올 공장, 어 술.

배 그 공장에 다니므스 저기 우리 피란민들 거그다 갖다 풀이까 작은아부지가 나오셨어.

그 공장에 다니면서 저기 우리 피란민들을 거기에 갖다 푸니까 작은아버지가 나오셨어.

배 그리 갖고 가족이나 이제 왔는가 하구선 찾아다니시드라고.

그래서 가족이나 이제 왔는가 하고서는 찾아다니시더라고.

배 그래서 보니께 작은아부지 거때 만나 갖구 우리는 피란 와스도 고생은 안 햇제.

그래서 보니까 작은아버지야, 그때 만나서 우리는 피란 와서도 고생은 안 했지.

배 작은아부지가 그 공장 헤사에 댕겼으니까 작은아부지 만나 갖고.

작은아버지가 그 공장, 회사에 다녔으니까, 작은아버지 만나서.

배 하구 우리 사춘 오빠하구 우리 오빠하구는 또 인민군대 안 나갈라고 먼저 피란 나오고 그래 갖고 여 여그스 다 만낫지.

그리고 우리 사촌 오빠하고 우리 오빠는 또 인민군에 안 나가려고 먼저 피란 나오고 그래서 여, 여기에서 다 만났지.

---

99 '알코올(alcohol)'의 일본어 차용어 'アルコール'를 발화한 것이다.

배 군산스 만나은 게 아니라 우리 오빠는 곰염 우리는 곰염 슴에 돌아갓는디 도쫌 슴이라는 데서 들으가 있다가 우리 왓다는 소식을 덛구 걸루 또 나완 게야 오빠는.

군산에서 만난 것이 아니라 우리 오빠는, 곰염 우리는 곰염 섬에 들어갔는데, (오빠는) 도쫌 섬이라는 곳에서 들어가 있다가 우리가 왔다는 소식을 듣고 거기로 또 나온 거야, 오빠는.

배 해스 오빠는 그때 만나고 우리 사춘 오빠랑 작은아부지는 군산 와스 만나구 그륵햇다니께.

그래서 오빠는 그때 만나고 우리 사촌 오빠랑 작은아버지는 군산에 와서 만나고 그렇게 했다니까.

조 은율이라는 지역은 바닷가예요?

배 운율서 많이 둘으와야 데 많이 걸으 들우와야 바닷가예 믈어.

은율에서 많이 들어와야 돼, 많이 걸어 들어와야 바닷가야, 멀어.

배 그도 그 피란 도망들 올라니께 어뚷게 밤새도록 글어 갖구 그뤃게 저기햇지.

그래도 그 피란, 도망들 오려니까 어떻게 밤새도록 걸어서 그렇게 저기했지.

배 그 운율스 쪼끔 더 이게 운열이라는 디는 운열 시내고 시낸디 거기서 이뤃게 보므는 골산이라는 디 있어.

그 은율에서 조금 더, 이것이 은율이라는 곳은 은율 시내이고, 시내인데 거기에서 이렇게 보면 골산이라는 곳이 있어.

배 긍게 그 골산이라는 데 봉산 골산이 잇는데 거기가 게 인민군대들 소굴이댔으.

그러니까 그 골산이라는 곳, 봉산, 골산이 있는데 거기가 그 인민군들의 소굴이었어.

배 인민군대들이 그냥 거이서 내룐다믄 다 어들르 도망가스 숨키고[100] 그랬으.

인민군들이 그냥 거기에서 내려온다면 다 어디로 도망가서 숨고 그랬어.

조 장산곶에 받쳤으면 배가 안 부서지나요?

배 안 뿌스지고 문을 문에 문을 못 열으 갖구슨 문으로 못 내리고.

안 부서지고 문을 못 열어서 문으로 못 내리고.

배 긍게 구물을 어 구물을.

그러니까 그물을, 어 그물을 (타고 내려왔지).

배 뿌스지진 않고 이지 문을 이제 거게 아리청 디 지하이도 있고 이 청 이지 우리는 워에가 타구 밑이스들 다 탓는데 거 문을 못 열 못 열어 갖구스는 응 응 그링게 열리는.

(문이) 부서지지는 않고, 이제 문이 이제 거기에 아래층 밑, 지하에도 있고, 이 층 이제 우리는 위에 타고 (다른 사람들은) 밑에 다 탔는데 그 문을 못 열어서, 응 그러니까 (원래는) 열리는데.

---

100 '숨키다'는 '숨기다'의 황해도 방언형으로, '숨다'의 사동사이다. 여기에서는 '숨키다'가 '숨다'의 의미로 사용되었다.

조 원래는 열리는데 받쳐서 안 열렸어요?

배 응 열리는 머리[101] 고거 또받아 갖구 거그 떠받아 갖구 문을 못 열구스는 구물을 그냥 이룽게 커 이룽게 바오락지[102]가 이렇게 닥 굵드마.

응, 열리는 머리 부분 그것을 (장산곶에) 떠받아서 거기를 떠받아서 문을 못 열고는 그물을, 그냥 이렇게 커, 이렇게 줄이 이렇게 딱 굵더구먼.

배 거 음 굵은 구물을 이룽게 떤 거 그놈을 이룽게 깔드라구.

그 음 굵은 그물을 이렇게 뜬 것 그것을 이렇게 깔더라고.

배 까닝께 걸루 다 거거 타구 내렛지.

(그물을) 까니까 거기로 다 그것을 타고 내렸지.

조 그 배에는 사람들이 많이 탔겠네요?

배 머 엄청 많이 타지.

뭐 엄청 많이 타지.

배 보몬은 비행기들도 다 멫 대씩 실읏드마.

보면 비행기도 다 몇 대씩 실었더구먼.

배 거 어드이 딴 데 딴 배들 케 그룽게 큰 배들은 비행기두 멫 대씩 다 실었어.

그 어떤 다른 곳, 다른 배들, 이렇게 그렇게 큰 배들은 비행기도 몇 대씩 다 실었어.

---

101 '선수문(船首門)'을 의미한다.

102 '바오라기'의 방언형. '바오라기'는 '바의 동강' 즉, '굵은 줄의 일부'를 의미한다.

배 오 피란 나오므서 보니께 비행기두 그릏게 많이 실읏드라고.

어, 피란 나오면서 보니까 비행기도 그렇게 많이 실었더라고.

배 게누 배는 사람이 그릏게 많이 탓댓지.

그러니까 배에는 사람이 그렇게 많이 탔었지.

조 배가 두 번 왔다 갔다 했어요?

배 한 번에 이렇게 와 갖고 또 거 담에 이제 또 더 들으갓으두 또 실으 오구 멫 븐 다 실으 왓는가 봐.

한 번에 이렇게 와서 또 그 다음에 이제 또 뭐 들어갔어도 또 실어 오고 몇 번을 다 실어 왔는가 봐.

배 아 거이께 피란민들이 많이 내류왓지.

아, 그러니까 피란민들이 많이 내려왔지.

배 그러 군 군산에로 어데로 므 거제도로 머 안 간 디가 없어 피란민들 그때는.

그러고 군산으로 어디로, 뭐 거제도로 뭐 안 간 곳이 없어, 피란민들이 그때는.

배 에 피란민들 안 간 디가 없어.

예, 피란민들이 안 간 곳이 없어.

06
초도에서 곡식을 가지러 육지에 나가다

여화순 초둣 슴에 들으왓다가서 초둣 슴에 저사니[103] 배 타구스 고 곡식 가지라 많이 댕겻어요.

초도 섬에 들어왔다가 초도 섬에 배를 타고 (육지로) 곡식을 가지러 많이 다녔어요.

여 친정아부지가 잇그니 하고 가스나무리[104] 밤에 남자들만 여슷 가는 디가 따란 느 내가 한자 따라 나갓네.

(육지 친정집에) 친정아버지가 있겠거니 하고 가서는 밤에 남자들만 여섯 명이 가는 데에 따라 내가 혼자 따라 나갔네.

---

103 자료 제공인에 따르면 '저사니'는 '말하고자 하는 내용이 막 떠오르지 않거나, 말로 표현하기 껄끄러운 경우'에 사용한다. 이로 미루어 볼 때, '저사니'는 '거시기'의 황해도 방언형이라고 판단된다. '저사니'가 '거시기'의 방언형으로 보고된 바는 없으나, '메사니'가 황해도 인접 지역인 평안도에서 '거시기'의 방언형으로 제시되어 있다. 이 자료에서는 '저사니, 저스니, 저시니' 등으로 다양하게 실현된다.

104 ≪한민족≫에 따르면 '-서나무리'는 '-어서'의 방언형으로, 평안도 방언과 황해도 방언에 주로 나타난다. 예: '-서라무네, -서라무니'(평남), '-설라무네'(평북), '-설랑, -어설라무네, -어슬레'(황해 옹진). 이 자료에서는 '-스나무리, -서나리, 스나리, 슨나

여 따르 나갓드니 아니 그 하이튼 즈 갯빈장[105]으스 우린 개 찍스 살앗으요.

따라 나갔더니 아니 그 하여튼 저 모래사장에서, 우리는 바닷가 쪽에서 살았어요.

여 하니께 집이끄장[106] 갓다가스 이민군대 온다니께 그냥 다 하이튼 다 띠는데 그 남자들 따라갈라니께 내가 따라갈 수가 이쎄요?

그러니까 집에까지 갔다가 인민군이 온다고 하니까 그냥 다 하여튼 다 뛰는데 그 남자들을 따라가려니까 내가 다라갈 수가 있어요?

여 못 따르니게 저만침[107] 가머 또 가구 즈만치 가오 가믄 또 가고.

못 따라가니까 저만큼 가면 또 가고, 저만큼 가고, 가면 또 가고.

여 한디 그 배 찍시 가니께 다 와 싫구 잇어.

그런데 그 배 쪽에 가니까 다 와서 (짐을) 싣고 있어.

리' 등이 출현한다. 흥미로운 것은 '-나(무)리'가 '-어서'뿐만 아니라, '서'로 끝나는 다른 어미(-면서, -다가서)에서도 나타난다는 점이다. 예 헤지므스나리(헤어지면서), 살다가슨나리(살다가). 그리고 제한적이기는 하나 '-고' 아래에서도 나타나는 경우가 있다. 예: 가죠나리(가지고). 이와 같은 사실로 미루어, '나(무)리'는 일부 어미 뒤에서만 출현하는 일종의 보조사일 가능성이 있다.

105 자료 제공인은 '갯빈장'이 '바닷물이 빠져 나간 후 드러나는 땅', 즉 썰물일 대 드러나는 '모래사장'이나 '갯벌' 모두를 통칭하는 말이라고 하였다 여기에서는 편의상 '갯빈장'을 '모래사장'으로 해석하였다.

106 조사 '까지'의 방언형.

107 조사 '만큼'의 방언형.

여 하구선 그룽게두 가구 한 분은 또 겨어 아부지 잇그니 하구 가니께 조카두 가 아이 잇는데 개만 잇구 그 이주 이줄 시켰어유 거기스 다.

그러고서는 그렇게도 가고, 한 번은 또 거기에 아버지가 있겠거니 하고 가니까, 조카도 안 가 있는데, (친정집에 가 보니까) 개만 있고, 그 (사람들을 강제로) 이주, 이주를 시켰어요, 거기에서 다.

여 이주시크스 나가소 읎어 가니께.

이주시켜서 나가서 없어, (친정집에) 가니까.

여 집에 가스 아부지 잇그니 하구 찾으니께.

집에 가서 아버지가 있겠거니 하고 찾으니까.

여 하이튼 우리 오 나 그때는 나이가 얼마 안 무어서 무수라 안 햇는가 우리 오빠는 같이 갓는디 거 무수서 집에 못 들으가갓단디 나는 간 거여.

하여튼 우리 오, 나는 그때는 나이를 얼마 안 먹어서 무서워하지 않았는지, 우리 오빠는 같이 갔는데 그 무서워서 집에 못 들어가겠다는데 나는 간 거야.

여 고이 가스 아부지 잇는가 바 가구서 아부지, 아부지 하고 찾으니께 없는 거여.

거기에 가서 아버지가 있는가 봐서 "아버지, 아버지." 하고 찾으니까 없는 거야.

여 한데 시방 고 우리기는 섬 있어요.

그런데 지금 그 우리에게는 섬이 있어요.

여 거 나료믄 섬이가 와스 배를 요만 쪼꾼헌[108] 비를 타고 나갔는데 배를 하니께 이 집에 자니 영감은 알아 고향엣 사람인데 배를 물릇이니께 사람 살류아 하는 그여.

거기에서 내려오면 (있는) 섬에 와서 배를, 이만한 조그만 배를 타고 나갔는데 배를 타니까, 이 집의 자네 영감은 알아, 고향 사람인데 배를 무르니까 "사람 살려요." 하는 거야.

여 해스 보니께 오늘 즈낙에 다 이주시크서 저는 거게 거그 섬이가 들어와 잇다가 초돗 섬엘 들울라구 거기 있다간데 발두 붓구[109] 맨발 붓구 추어서 고 우들들 떨어.

그래서 보니까 오늘 저녁에 다 이주시켜서, 자기는 거기에 거기 섬에 들어와 있다가 초도 섬에 들어오려고 거기에 있다고 하는데 발도 벗고, 맨발 벗고 추워서 그 우들우들 떨어.

여 그런 걸 우리 조카이가 옷을 붓어서 고거 하이튼 메칠 만에 찾아왓을글 옷두.

그런 것을 우리 조카 아이가 옷을 벗어서, 그거 하여튼 며칠 만에 찾아왔을걸, 옷도.

---

108 '조그맣다'의 방언형.

109 '붓- + -구'와 같이 분석할 수 있다. '붓-'은 '벗다'의 의미로, '벗- > 븟- > 붓-'와 같이 고모음화, 원순모음화가 일어났다.

여 그륵햐스[110] 주구서 그 사람 와스 여그 와스 살앗는디 저 제주도 가슨나우리[111] 잘 산다가드만 죽읏는가 살앗는가 몰라 그릏게 우리 배루 실으 왓댓는데.

그렇게 해서 (옷을) 주고 그 사람이 와서 여기에 와서 살았는데, 저 제주도에 가서 잘 산다고 하더구먼 (지금은) 죽었는지 살았는지 몰라, 그렇게 우리 배로 실어 왔었는데.

여 에 물에 그 빠지질 안하구 거 가서 섬에가 들와스 잇언 거야 인지 배를 만나문 초도 섬으로 들올라고.

예, 물에 그 빠지지 않고 거기에 가서 섬에 들어와서 있었던 거야, 이제 배를 만나면 초도 섬으로 들어오려고.

여 만날라고 햇는디 우리가 나와서 그 사람 살륜 그지 그릏게서.

만나려고 했는지 우리가 나와서 그 사람을 살린 거지, 그렇게 해서.

조 남한으로 피란 오실 때는 고향에 일찍 다시 가실 줄 아셨죠?

여 그게 아 일주일만 이시므[112] 잇다 나간다고 함스이 그그 와 잇은 거여.

그것이 아 일주일만 있으면 있다가 나간다고 하면서 거기에 와 있었던 거야.

---

110 이 방언에서는 '하- + -어'가 '햐'로 실현되는 경우가 많다. 황대화(2007)에도 '햤다(했다), 햐봐(해봐)' 등이 제시되어 있다.

111 '-나무리'의 변이형.

112 '있-'의 고어형인 '이시-'가 실현되었다.

여 하므서이 그깐 글 초돗 섬이가 와스 인자 마에지만 솔나무 꼭 산이 나무 다 짤라스 집 짓구[113] 이룽게 집 짛구 살안 거여, 거이서 초돗 슴에서.

그러면서 그까짓 것을, 초도 섬에 와서 이제 말했지만 소나무 꼭, 산의 나무를 다 잘라서 집을 짓고 이렇게 집을 짓고 산 거야, 거기에서 초도 섬에서.

여 우린 초돗 섬이스 그창하니 살았으 그릭하구.

우리는 초도 섬에서 거창하게 살았어, 그렇게 하고.

여 초돗 섬에스 오래 살앗지.

초도 섬에서 오래 살았지.

여 그릫게 해 가주구 즈사니 살아도 물도 없어서 물 그어 아에 새븍잠을 안 자야 물 질으다[114] 밥을 묵구 살앗는디.

그렇게 해서 거시기 살아도 물도 없어서, 물 그것은 아예 새벽잠을 안 자야 물을 길어다가 밥을 (해서) 먹고 살았는데.

여 하구 그때 무장대들두 많이 고생햤어.

그리고 그때 무장대들도 많이 고생했어.

여 그땟 산에 즈 나댕기누라구 육지 나가 댕기느라구 고생히였어.

그때 산에 저 나다니느라고, 육지에 나다니느라고 고생했어.

113 [짇꾸]. 이 자료에서는 '짓다'가 '짛다'로 실현되는 것이 일반적인데 여기에서는 '짓다'로 실현되었다.

114 /ㄱ/구개음화가 실현되었다. 김영배(1981)에 따르면 이 방언에서 /ㄱ/구개음화는 나타나지 않는데, 이 자료에서 이러한 실현형이 출현한 것은 방언 접촉에 따른 것으로 보인다.

07
어머니를 데리러 갔다 못 나오신 아버지

조 몇 살에 피란 나오셨어요?

안옥봉 저으? 열시, 열세 살 먹으스 나왔으여.

저요? 열세, 열세 살 먹어서 나왔어요.

안 아무드 없어요.

아무도 없어요.

안 나 혼자 나왔어요 큰집에 놀러 앗다가.

나 혼자 나왔어요, 큰집에 놀러 왔다가.

안 고향에서 우리 친정 큰집에 어려스 큰집에 놀르 갓댔으요 놀로 놀로 갓댓는디.

고향에서 우리 친정 큰집에, 어려서 큰집에 놀러 갔었어요, 놀러, 놀러 갔었는데.

안 아부지는 즈 그때만 해두 내가 처자이니께 큰아이[115]니까 안 밑이루 남동생 셋 있읏거등요.

아버지는 저 그때만 해도 내가 처녀이니까, 큰아기니까 안, 밑으로 남동생 세 명이 있었거든요.

안 긴디 큰집에 놀라 갓는디 그 다루지라는 데서 큰옴만네 큰딸이 시글루 시집갓댔어요.

그런데 큰집에 놀러 갔는데 그 다루지라는 곳에서 큰엄마네 큰딸이 시, 그리로 시집을 갔었어요.

안 핸디 애기 나라 왓댔어요.

그런데 아기를 낳으러 (큰집에) 왔었어요.

안 개스 큰집에 애기 본다가믄스 갓댓지.

그래서 큰집에 아기를 본다고 하면서 갔었지.

안 갓는데 아 총소리가 자꾸 나니께 어특해요.

갔는데, 아 총소리가 자꾸 나니까 어떻게 해요

안 그땐 인제 굴루 가야 덴다구 하니께 집에두 못 가구 글로 다루지루 가야 덴다구.

그땐 이제 그리로 가야 된다고 하니까 집에도 못 가고 그리로 '다루지'로 가야 된다고.

조 다루지가 어디예요?

---

115 '큰아기'의 방언형. '큰아기는' '다 큰 처녀'를 이르는 말이다.

안 고향이 이북서요 이붂서 거 다루지라는 동네가 있어요.

고향에, 이북에서요, 이북에 그 '다루지'라는 동네가 있어요.

안 개서 걸로 갓드니 아부지는 초도 미리 가 있읎으.

그래서 그리로 갔더니, 아버지는 초도에 미리 가 있었어.

안 인민군대 안 나갈라고 도망가 있읎어요.

인민군대에 안 나가려고 도망가 있었어요.

안 우리 집에가 안 잇고.

우리 집에 있지 않고.

안 으 그래 가지구 큰엄마네 집에 갓다가슨 그룷게 피란 간다가니께 큰아부지가 너 집에 가단 죽으니께 그냥 우리랑 같이 걸루 가자 가므 너이 으메랑 다 올 긋이다러고 다루지루 갓잖아요.

어, 그래 가지고 큰엄마네 집에 갔다가 그렇게 피란을 간다고 하니까, 큰아버지가 "너 집에 가다가는 죽으니까 그냥 우리랑 그리로 가자. 가면 너희 어머니랑 다 올 것이다." 이러고 다루지로 갔잖아요.

안 가 가지구스는 어뚷게 그서 또 배 타구 초도로 가라니께.

가서는 어떻게 거기서 또 배를 타고 초도로 가라고 하니까.

안 그래스 초도루 왓는디 아부지는 군대 안 갈라니께 이북으 저 초도가 와 있읎어요.

그래서 초도로 왔는데 아버지는 군대에 안 가려니까, 이북에 저 초도에 와 있었어요.

안 개스 그 담날 아부지를 찾았어요 거게 가서.

그래서 그 다음날 아버지를 찾았어요, 거기에 가서.

안 찾아야 우리가 살 그 아네요.

찾아야 우리가 살 거 아니에요.

안 개스 친중아부지를 찾아서 인자 갓는디 아부지가 거기스 집을 얻으 놓구 살드라구요.

그래서 친정아버지를 찾아서 이제 갔는데 아버지가 거기에서 집을 얻어 놓고 살더라고요.

안 간디 큰아부지가 아이만 너 아이 데리구 갔으요 당신하구 다섯이.

그런데 큰아버지가 아이만 네 아이 데리고 갔어요, 당신하고 다섯 명이.

안 긴디 동생네 딸 하나 또 눈님네 아들 하나 당신네 딸 둘 그릉게 데리구 왓댔어요.

그런데 동생네 딸 한 명, 또 누님네 아들 한 명, 당신네 딸 두 명 그렇게 데리고 왔었어요.

안 근디 거기 오니께 어 피란들 동네 사람들은 다 왓는데 우리 옴마이[116]가 안 왓잖아요.

그런데 거기에 오니까, 어, 동네 사람들은 피란들을 다 왔는데 우리 어머니가 안 왔잖아요.

안 그릉게 아부지가 엄마이 안 왓다고 이북으루 들으가쎄요.

그러니까 아버지가 어머니 안 왔다고 이북으르 들어갔어요.

안 아부지가 엄마이 데레곤다구 가 가지우 못 나우구 말았어여.

아버지가 어머니 데리고 온다고 가 가지고 못 나오고 말았어요.

---

116 '어머니'의 황해도 방언형.

안 그링게 혼자에 데그 말앗죠.

그러니까 혼자 되고 말았죠.

안 하이구 이분 감기는 꼬 으기 즈 장질부산지[117] 그그 앓안 그 같애요.

아이고 이번 감기는 꼭 저 장티푸스인가 그거 앓은 것 같아요.

안 다리가 후들후들 뜰리므스 으지릅디여.

다리가 후들후들 떨리면서 어지럽데.

안 그긋두 앓았으여 그 초두 피란 나와스.

그것(장티푸스)도 앓았어요, 그 초도에 피란을 나와서.

안 에 그거 앓아 가지구스 머리두 다 빠지구 그땐 딱 죽는지 알앗댄디 그래두 살앗으.

예, 그것을 앓아서 머리도 다 빠지고 그땐 딱 죽는 줄 알았었는데, 그래도 살았어.

안 그때는 어티게 또 앓앗느지 몰라요 어르서 앓아서.

그때는 또 어떻게 앓았는지 몰라요, 어려서 앓아서.

안 가지군 그 병은 진짜 사람 많이 죽으 나가댓으요.

가지고 그 병으로 진짜 사람이 많이 죽어 나갔어요.

안 근디 어사[118]도 없이 그냥 낫읏다니깨요 약도 없이 예.

그런데 의사도 없이 그냥 나았다니까요, 약도 없이, 예.

안 피란 도중이라.

피란 도중이라서.

---

117 '장질부사(腸窒扶斯)'는 '장티푸스'를 의미한다.

118 '의사'의 방언형.

안 그링게 거 집이서 아부지가 방을 얻으 놓고 살댓는데 아브지가 고향으루 가족 데릴라 간다므스 가서 고 사람들이 잽흐스 못 왓잖아요.

그러니까 (초도의) 그 집에서 아버지가 방을 얻어 놓고 살았는데, 아버지가 고향으로 가족을 데리러 간다면서 가서, 그 사람들이 잡혀서 못 왔잖아요.

안 못 오니께 혼자 됏지요.

(아버지가) 못 오니까 혼자가 됐지요.

안 아부지만 있읎으믄 좋았을 판인디.

아버지만 있었으면 좋았을 텐데.

안 그래 가지구 거기스 아브지가 없으니께 거 사과 여 두는 움 잇잖아요 굴 같이 생견 데 사과 여 늫는.

그래서 거기에서 아버지가 없으니까 그 사과를 넣어 두는 움막이 있잖아요, 굴 같이 생긴 곳, 사과 넣어 놓는 (곳이요).

안 글루 가 살아라드라그요.

그리고 가서 살라고 하더라고요.

안 개스 거기가 살아므스 병 나스 죽는 지 알앗드니 고생하라그 이게 살았으요.

그래서 거기에서 살면서 병이 나서 죽는 줄 알았더니 고생하라고 (그랬는지) 이렇게 살았어요.

안 시방은 진짜 펜안해요.

지금은 진짜 편안해요.

안 아푸지만 않으믄 아무 긋두 안 하니까.

아프지만 않으면 아무 것도 안 하니까.

안 근디 자꼬 아퍼 싸스 그르지.
그런데 자꾸 아파서 그렇지.

조 초도에서는 얼마나 사셨어요?

안 에 초도스 멫 달 안 살앗 을마 안 살았을 그여.
예, 초도에서 몇 달 안 살았, 얼마 안 살았을 거야.

안 한 일 년 살앗나.
한 일 년 살았나.

안 그르그 피란 나오다가 그 배가 즈 오다 즈 장산곶 뜨받을 때 그때 왔오요.
그리고 피란을 나오다가 그 배가 오다가 저 저기 장산곶을 떠받을 때 그때 왔어요.

안 예 그때 오는 긋두 이 아래충으로 안 가구 우리는 제일 삼층으로 꼭대기루 올라가 있엇어요.
예, 그때 오는 것도 (배에서) 이 아래층으로 안 가고 우리는 제일 삼층으로, 꼭대기로 올라가 있었어요.

안 그 답답하 사람 느무 많아스 훤한 디가 잇자구 우이로 올라가 잇댓지.
그 답답한, 사람이 너무 많아서 훤한 곳에 있자고 위로 올라가 있었지.

안 한디 비가 어트게 오는가 그냥 그 소 이불 보따리 갖구 오든 거 이불 다 이케 뒤집으 씨고 있읏잖에 비 안 맞을라고.
그런데 비가 어떻게 (많이) 오는지 그냥 그 소, 이불 보따리, 갖고 오던 그 이불을 다 이렇게 뒤집어 쓰고 있었잖아, 비를 안 맞으려고.

안 아 그륵하다가스 뭐이 창 하는디 떠받언 디 보니께 그냥 머 전깃줄 이우 햇든 거 다 얼기성기 끊어지구 즈 소수 가든 사람은 다츠서 피 나고 뭐 난리네 그냥.

아 그렇게 하다가 뭔가가 '창'하는데, 떠받은 곳을 보니까 그냥 뭐 전깃줄이고 했던 것이 다 얼기설기 끊어지고, 저 서서 가던 사람은 다쳐서 피가 나고 뭐 난리네 그냥.

안 그래 가지구 군산 와 가지구스는 군산스는 구물 타구 내리 왓잖아요 배이서.

그래서 군산에 와서는 군산에서는 그물을 타고 내려 왔잖아요, 배에서.

안 문을 못 여니께요 받아 갖구.

문을 못 여니까요, (장산곶을) 받아서.

안 해 아지구 보따리 쪼끔씨 있든 근 다 이훃게 집으 던지구서는 그그 타고 쪼끄매씨니께 타구.

그래서 보따리 조금씩 있던 것은 다 이렇게 집어 던지고서는 그것 (그물)을 타고, 조그맸으니까 타고 (내려 왔어요).

조 장산곶을 받았을 때 다치지는 않으셨어요?

안 에 다치진 않앗댔어요 우리는 그 우에가 있어서.

예, 다치지는 않았었어요, 우리는 그 (배) 위에 있어서.

안 아리 내리 갔으믄 사람 많으께 사람한데 츴을랑가도 몰트디 그두 우에로 올라갓댔어요.

아래에 내려 갔으면 사람이 많으니까 사람한테 쳤을지도 모르는데, 그래도 위로 올라갔었어요.

안 해 가지구 큰아비지가 당신네 딸 둘 조카딸 아들 하나 딸 하나 데리그 나와스 군산스 살다 군산스 어트게 다른 데르 배치데스 간디 나는 넘에 집 살으니께[119] 굶진 않는디 큰아부지는 볼이 볼지를 못하니께 그때 시라기 밥 해 잡숫대요.

그래서 큰아버지가 큰아버지 딸 두 명, 조카딸, 아들 한 명, 딸 한 명을 데리고 나와서 군산에서 살다가, 군산에서 어떻게 다른 곳으로 배치돼서 갔는데 나는 남의 집에 사니까 굶지는 않았는데 큰아버지는 벌이, 벌지를 못하니까 그때 시래기 밥을 해 잡수셨대요.

안 이 해 잡숫구 그그 치해스 돌아갔어요.

이 (시래기밥을) 해 잡수고 그것이 체해서 돌아가셨어요.

안 치해스 돌아가는 그 근 나 이는 쥔아저씨가 그두 다 장니 치러 주구다 해줬어요.

체해서 돌아가신 것을, 그런데 내가 있는 (집의) 주인아저씨가 그래도 장례를 치러 주고 다 해줬어요.

안 그 아자씨가 그러두.

그 아저씨가 그래도 (다 해줬어요).

안 해 가지구 애들은 인자 여기가 살으라 저기가 살으라 인자 다 햇는디.

그래서 (큰아버지네) 아이들은 이제 "여기에 살아라, 저기에 살아라."라고 했는데.

안 그 저 OO네 아들은 나허구 동갭인디 생일이 좀 앞스대스 오빠댔으여.

그 고모네 아들은 나하고 동갑인데 생일이 좀 앞서서 오빠였어요.

---

119 이 자료에서는 '살다, 만들다, 알다, 팔다, 벌다' 등의 어간 말음 'ㄹ'이 매개모음 어미와 만날 때 탈락하지 않는 것이 일반적이다.

안 근 남자라 고아운으루 들으가 가지구 고아운에스 살다가 해 즈 공군으루 갓드마요 군인을.

그런데 남자라서 고아원으로 들어가서 고아원에서 살다가 저 공군으로 갔더구먼요, 군인을.

안 해 가지구 여게 찾아 오댄디 나허구 동갭인디.

그래서 여기에 찾아 왔는데, 나하고 동갑인데.

안 긴디 작년에 저이 집이스 저게 형광등이 무 으그라져서[120] 그거 사다리 갖다 놓구 곤치다가[121] 늠어져 갖구 하늘나라 갔으여.

그런데 작년에 자기 집에서 저기 형광등이 뭐 고장나서 그것을 사다리 갖다 놓고 고치다가 넘어져서 하늘나라에 갔어요.

안 에이 집이스두 고런 수두 잇디요.

아이고 집에서도 그런 수도 있더라고요.

---

120 '고장 나다'의 황해도 방언형.

121 '고치다'의 황해도 방언형.

08

피란 나올 땐 아이도 울지 않아요

조 고향이 어디신지요?

이연옥 고향이 이북이지 이북 즈 황해 저 황해도 울률군[122].

고향이 이북이지, 이북에 저 황해, 저 황해도 은율군.

이 에 울률군스 울률군 동골이라는 디스 살았어요.

예, 운율군에서, 운율군 동골이라는 곳에서 살았어요.

이 그그는 우리 시집이지.

거기는 우리 시집이지.

이 우리 동 우리 집으는 고분골 고분골 시집은 동골.

우리 동, 우리 집은 고분골, 고분골, 시집은 동골.

---

122 은율 출신 화자들은 보통 ㄴ첨가를 통한 [은늄, 운녈]로 발음하는 반면 이 화자는 유음화를 보여주는 것이 특징이다.

이 그룽게 아 열여덥이 나스 시지 완디 물 알아요.

그렇게 아 열여덟 살이 되어서 시집을 왔는데 뭘 알아요.

이 예 해스 시집 와 갖구 살다가 그때 인공 들우와 갖고 다 여니[123] 사람들 잡아가잖아요.

예, 그래서 시집을 와서 살다가, 그때 인민군이 들어와서 다 아무 사람들이나 잡아가잖아요.

이 아 제도 없는 사람들도 잡아간다스 미슈[124] 갖구 나 등이는 사난아이[125] 업고 우리 시아주배[126] 하나 데리고 그륵하고 나왔어요.

아 죄도 없는 사람들도 잡아간다고 해서 무서워서 내 등에 사내아이를 업고 우리 시아주비 한 명 데리고 그렇게 하고 나왔어요.

이 하고 즈 그전이 밤에 빨개이들이 보까바 게 또랑으루 새까마니 우티[127]를 입으야지 허야믄은 베잖아요[128] 게 새까마니 다 입으라고 해스.

그리고 저 그전에 밤에 빨갱이들이 볼까봐, 거기 도랑으로 새까맣게 옷을 입어야지, 하야면 보이잖아요, 그러니까 새까맣게 다 입으라고 해서.

---

123 '여느'의 황해도 방언형. '여느'는 '그 밖의 예사로운, 다른 보통의'의 의미인데, 여기서는 문맥상 '아무'의 의미로 확장되어 쓰였다.

124 '무섭다'의 황해도 방언형.

125 '사내아이'의 황해도 방언형.

126 '시아주비'의 방언형. 이 자료에서는 '시아주배, 시아재' 등으로 실현되며 '시동생'을 의미한다.

127 '옷'의 방언형. 이 자료에서는 '우티, 우태' 등으로 실현된다.

128 '베다'는 '보이다 > 뵈다 > 베다'와 같이 음운 축약, 비원순모음화가 일어났다.

이 그 피란 나올 땐 아이두 안 울어요 이블 포대기 푹 디집어씨구서 새까마니 그읭게 또랑으루 오는 그야.

그 피란 나올 때는 아이도 안 울어요, 이불 포대기를 푹 뒤집어쓰고서 새까맣게 그렇게 도랑으로 오는 거야.

이 또랑으로 오는디 아이 그 금산포라는 디서 소리가 나그든.

도랑으로 오는데 아니 그 금산포라는 곳에서 소리가 나거든.

이 그 빨개들이 소리 낭게 겁이 나니께 아이고 즈 사람들 만나므 어디 우리 다 죽는다 우리 다 죽어 한짱 그러는디 거 배 타는 디를 들우왔어요.

그 빨갱이들 소리가 나니까 겁이 나니까 "아이고 저 사람들 만나면 어떻게 우리 다 죽는다. 우리 다 죽어." 한창 그러는데 그 배를 타는 곳에 들어왔어요.

이 배 타는디 아 갖고 한디 또 저만칙 배가 또 우리 저 밧[129] 끄트믈 마당 끄트므리만치 이시니께 그글 또 글으가야 데잖아요 가 가 강을.

배를 타는데, 아 그래서, 그런데 또 저만치에 배가 또 우리 저 밭 끄트머리, 마당 끄트머리만큼 있으니까 거기를 또 걸어가야 되잖아요, 가, 가, 강을.

이 아일 업구스 글 그그 가는데 여그드 물이 여기 차 여게 차는디.

아이를 업고 그것을, 거기까지 가는데 여기도 물이 여기(까지) 차, 여기(까지) 차는데.

이 개 그 배가 배 탓즈 탓죠.

그래 그 배, 배를 탔죠, 탔죠.

---

129 이 자료에서는 '밭'이 대부분 '밧'으로 실현되었다.

이 배 타구스는 제 속도[130]라는 디루 들으갔으요 어 숙도.

배를 타고서 이제 석도席島라는 곳으로 들어갔더요, 어 석도.

이 슥도 들으가스 거그스 하룻밤 잔다고 간냥 앉구시 이룽게 새웠죠.

석도에 들어가서 거기에서 하룻밤을 잔다고 그냥 앉아서 이렇게 (밤을) 새웠죠.

이 자다가 또 그게가 곰욤이댓구나.

자다가 또, 거기가 곰염 섬이었구나.

이 곰염이스 첨에 곰음 들으가고 그 댐연[131] 또 그 댐날 아츰이는 석도루 들으가구.

곰염 섬에서, 처음에 곰염 섬에 들어가고 그 다음엔 또 그 다음날 아침에는 석도로 들어가고.

이 석도 들으가야 그놈들이 못 온대요.

석도에 들어가야 그놈들이 못 온대요.

이 그 빨개들은 곰욤은 글으 들운대요 물 씨믄은.

그 빨갱이들이 곰염 섬은 걸어 들어온대요, 물이 빠지면.

이 어 글으 들우와서 다 잡아간대야.

어, 걸어 들어와서 다 잡아간대.

---

130 석도(席島). '황해도 송화군 풍천읍'에 위치한 섬이다. 이 자료에서는 '석도~숙도~속도~슥도' 등으로 실현된다.

131 '댐 + 여 + ㄴ'으로 분석할 수 있다 '댐'은 '다음'의 황해도 방언형이다. 그리고 조사 '에'가 '여'로 실현되는 것이 특징적이다.

이 가주 미슈서 죽갔어[132] 그냥.

그래서 무서워 죽겠어 그냥.

이 그서 또 그 댐날 아침이 또 석도로 간다감스 거게 또 큰 섬이거든요. 속도는.

그래서 또 그 다음날 아침에 또 석도로 간다고 하면서, 거기는 또 큰 섬이거든요, 석도는.

이 글루 들으가스 그스 살림하댓지

거기로 들어가서 거기에서 살림했지.

이 이케 즈하구난 또 얼마 있다가 또 우리 영감이 들, 영감이 들왔어.

이렇게 저기하고는 또 얼마 있다가 또 우리 남편이 들, 남편이 들어왔어.

이 영감이 들우와 갖고 머 산골로 가 갖구 그찍이는 머 집 짆는다구 소나무 다 끆으다가 게 기둥 세우구[133] 소나무 짤르다가 이케 지중말[134] 한다고 험서 지중말하구여.

남편이 들어와서 뭐 산골로 가서 그쪽에는 뭐 집을 짓는다고 소나무를 다 꺾어다가 거기에 기둥을 세우고 소나무를 잘라다가 이렇게 용마루를 올린다고 하면서 용마루를 올리고요.

---

132 '죽- + -갔- + -어'로 분석할 수 있다. '-갔-'은 '-겠-'의 방언형이다. 이기갑(2003)에 따르면 '-겠-'은 황해도 방언에서 '-갓-'으로 실현되는 것이 일반적이다. 이 자료에서는 '-갓-, -갔-, -겠-, -겄-' 등이 혼재되어 나타나는데 이는 방언 접촉에 따른 것으로 보인다. 전사 방식은, '-갓-'을 기본형으로 삼고, '-갔-'으로 실현되는 경우에만 '-갔-'으로 표기하였다.

133 1음절의 /ㅅ/이 구개음으로 실현되었다.

134 '용마루'의 황해도 방언형. ≪한민족≫에 '지정말'이 제시되어 있는데, 이 자료에서는 고모음화형인 '지중말'로 나타난다.

이 비 오믄 새구.

비가 오면 새고.

이 인디 그 그기스 살다가스 또 한 달쯤 살엇나?

그런데 거기에서 살다가 또 한 달쯤 살았나?

이 그 슥도스 한 달씸 살다가 저 이 이남으로 와야 산대야 또 일루 와야 산다기스.

그 석도에서 한 달쯤 살다가 저 이 이남으로 와야 산대, 또 이리로 와야 산다고 해서.

이 또 큰 배가 들왔어요.

또 큰 배가 들어왔어요.

이 배가 들와서 그그셔[135] 우리 시아재랑.

배가 들어와서 거기에서 우리 시아주비랑 (같이 타고 왔어요).

이 아이고 그스 아이 읍구 들어왓는디 우리 즈 머 농사 짛구 산대요 또.

아이고, 그래서 아이를 업고 들어왔는데 우리는 저 무슨 농사를 짓고 산대요, 또.

이 하스 이 이쯔 무야 일로 왓지.

그래서 이 이쪽, 뭐야, 이리(정농 마을)로 왔지.

이 이리로 와 갖구선 내 무 그때 무 집이나 잇댓나?

이리로 와서는 내가 뭐 그때 뭐 집이나 있었나?

이 철 천막들 다 짛으스 그 살다가슨나리.

천, 천막들을 다 지어서 거기에서 살다가.

---

135 3음절의 /ㅅ/이 구개음으로 실현되었다.

이 살 그 시방 농사 또 이 집을 떠 여글 떠 여기 산글이댓으 여기 사람 못 댕게요[136].
살다, 그 지금 농사 또 이 집을 또 여기를, 또 여기가 산골이었어, 여기에 사람이 못 다녀요.

이 해주 여기다가 집을 여기 그냥 낭통[137]이댓으 여기 낭퉁인데 그글 다 헐워스.
그래서 여기에다가 집을 (지었어요), 여기는 그냥 비탈이었어, 여기가 비탈인데, 그것을 다 헐어서.

이 우리 아자씬 또 냉중 또 들우왔어요 우리 작은 아자씨는 에.
우리 아저씨는 또 나중에 또 들어왔어요, 우리 작은 아저씨는 예.

박순심 아자씨가 여기스 말씀하시는 아저씨는 시아재예요.
아저씨가 여기에서 말씀하시는 아저씨는 시아주비예요.

이 시아재 우리 시아재 시아재는 냉중 들으온디 우리 어머니 우리 영감이 그때게 즈 속도 잇으므스 데릴라 간다그르스 제 엄마 데릴라 간다그 험서 그 우리 지 컨애이는 또 거기 띠어놓구 왓댓그든 내가.
시아주비, 우리 시아주비, 시아주비는 나중에 들어왔는데 우리 어머니, 우리 영감이 그때 거기 저 석도에 있으면서 (시어머니를) 데리러 간다고 그래서 자기 엄마를 데리러 간다고 하면서 그 우리 저 큰아이도 또 거기(육지)에 놔두고 왔었거든 내가.

---

136 '다니다'의 황해도 방언형.

137 자료 제공인은 '낭통'이 '비탈'을 의미한다고 하였다.

이 띠으 놓고 왓는디 그 아이랑 다 이시니께 데릴라 간다 흠스 갓는디 그때두 거거스 빨개이가 있응게 숨어 댕겻잖아요.

떼어놓고 왔는데 그 아이랑 다 (육지에) 있으니까 데리러 간다고 하면서 갔는데 그때도 거기에서 빨갱이가 있으니까 숨어 다녔잖아요.

이 숨어 댕겻는디 그 밤이 또 그그 데리구 왔어.

숨어 다녔는데 그 밤에 또 그 사람들을 데리고 왔어.

이 데리구 오는디 배를 타고는 그릉했으이 얼마나 무섭대.

데리고 오는데 배를 타고는 그렇게 했으니 얼마나 무서웠겠대.

이 우리 큰아이가 그 배가 쬐끄만 배댄가바.

우리 큰아이가, 그 배가 작은 배였나봐.

이 자우 바람 불어 갖구 이룽게 휘층휘층하니께 아이 옵은 사람들 뛰락[138]얼 내라고 햇디야.

자꾸 바람이 불어서 이렇게 휘청휘청하니까 아이 업은 사람들에게 띠를 내라고 했대.

이 띠를 걸르[139] 달라니께 띠를 글르 줏지.

띠를 풀어 달라고 하니까 띠를 풀어 줬지.

이 그르니께 우리 큰애가 내 띠 줘 내 띠 줘 하믄스 자꾸 울므스 왓디여.

그러니까 우리 큰애가 "내 띠 줘, 내 띠 줘." 하면서 자꾸 울면서 왔대요.

이 배가 이룽게 흔들링게 뮈승게.

배가 이렇게 흔들리니까 무서우니까.

---

138 문맥상 아이를 업을 때 쓰는 '띠', '포대기'의 의미이다.

139 '끄르다'의 방언형. '글르- > 걸르-'의 과정을 거쳤다.

이 으서 한끼 속도으스 살댓으여.
그래서 함께 석도에서 살았어요.

조 그럼 어머니께서는 남편분과 함께 나오셨던 거예요?

이 아 그스 나는 그 즈 염천이라는 데 가 있읏그든.
아 그래서, 나는 그 저 염천이라는 데에 가 있었거든.

이 으 빨개들 미수 갖구 우리 동생니 집이가 가 있었어 우리 아저씨랑.
어, 빨갱이들 무서워서 우리 동생네 집에 가 있었어, 우리 아저씨랑.

이 가 있는디 배 트라 나 나오라구 지빌[140] 있어.
가 있는데 배 타러 나, 나오라고 기별이 있어.

이 그저 야 우리 배 배 타라 나가자 으러니까 우리 아자씨 쌀 나 낭똥아지[141]에 넘우 집이서 쌀을 둣 말, 두 말을 퍼스 우리 아이씨 지우구 난 또 밥을 또 양재기대 이만치 허곤 아 반찬을 안 가지구 밥만 가지구 갔어.
그래서 "야, 우리 배, 배 타러 나가자." 그러니까 우리 아저씨가 쌀을 주머니에 남의 집에서 쌀을 두 말, 두 말을 퍼서 우리 아저씨에게 지우고 나는 또 밥을 또 양재기에다 이만큼 하고는 반찬을 안 가지고 밥만 가지고 갔어.

---

140 /ㄱ/구개음화가 실현되었다.

141 문맥상 '보따리' 또는 '주머니'의 의미이다.

이 언지 머 반찬 장만을 해 배가 떨 텐디.

언제 뭐 반찬 장만을 해, 배가 뜰 텐데.

이 이스 여갰으믄 즈 군사님네 집이가 아리만 햐 배 탈 디가.

여기서, (우리가) 여기에 있으면 저 권사님네 집 아래만큼 돼, 배를 탈 곳이.

이 근디 나는 양재기다 밥을 하나 이구 아이 업고 그륵하구.

그런데 나는 양재기에다 밥을 가득 이고 아이를 업고, 그렇게 하구.

이 아 가서 간디 우리 영감이 또 맨즈[142] 가 가 갓댓어. 저 석도를.

아 가서, 갔는데 우리 영감이 또 먼저 가, 가, 갔었어, 저 석도에를.

이 갓는디 우리 엄마이가 또 밥을 쌀을 또 가지괐어.

갔는데 우리 어머니가 또 밥을, 쌀을 또 가지고 왔어.

이 야 이그 큰아이헌티 가주구 가는디 내 가까 그르길래.

"야, 이거 큰아이한테 가지고 가는데 내가 갈까?" 그러기에.

이 어므니 그 가지구 가지 말구 여기스 나랑 석도 갑시다 저 갑시다 그랭께.

"어머니 그거 가지고 가지 말고 여기에서 나랑 석도에 갑시다. 저기 갑시다." 그러니까.

이 안디야 즈샌니[143] 아이가 이시니께 가야 디야 우리 OO이.

"안 돼. 저기 아이가 있으니까 가야 돼. 우리 OO이."

이 OO이를 띠 놓구 할매가 왓댔응게.

OOO를 떼어 놓고 할머니가 왔었으니까.

---

142 '먼저'의 황해도 방언형. 이 자료에서는 '맨즈, 맨지, 맨주' 등으로 실현된다.

143 '저사니'의 변이형.

이 그 즈 아들 쌀 가질라 쌀 주라 왓댔어.

그 저 아들에게 쌀을 가지러, 쌀을 주러 왔었어.

이 개 옴마이 그그 이구 가다 빨개이들한디 잽흐믄 으뜩할라고 그링께.

그래서 "어머니, 그거 이고 가다가 빨갱이들한테 잡히면 어떻게 하려고." 그러니까.

이 안 데 느는 멘지 들으가라 들으가믄은 애비가 또 데리르 오갓으니께 나는 이그 애비 갖다 주우 갈라 집으루 아 잇는 디루 그래서.

"안 돼. 너는 먼저 들어가라. 들어가면 아비가 또 데리러 올 테니까 나는 이거 아비에게 갖다 주고 가련다. 집으로. 아이 있는 곳으로." 그래서.

이 움마이 조심해여 그 빨개들 만남 큰일 낭게 조심해요 우리들은 인지 갑니다 슥도로 긍께.

"어머니 조심해요. 그 빨갱이들 만나면 큰일 나니까 조심해요. 우리들은 이제 갑니다, 석도로." 그러니까.

이 그려 시방 서루 울므스 헤지 헤지므스나리 우리 갓는디.

"그래." 지금 서로 울면서 헤어지, 헤어지면서 우리는 갔는데.

이 아 잘 잘 디가 잇웃간?

아 (그곳에) 잘 곳이 있었관데?

이 넘 불 때는 디 즈 굴뚝 모캐[144] 그그스 앉그 잇웃지.

남이 불을 때는 곳 저 굴뚝 모퉁이 거기에서 앉아 있었지.

144 '모퉁이'의 황해도 방언형.

이 그기 앉구스리[145] 잇는디 그를 때는 아이두 안 울어요.

거기에 앉아 있는데 그럴 때는 아이도 안 울어요.

이 에 꼭 붙들구 즞 먹으니께.

예, 꼭 붙들고 젖을 먹으니까.

이 기스 꼭 안그 잇는디 아니 그근 뭔 사내들이 이렇게 예 많읍디다이.

그래서 (아이를) 꼭 안고 있는데 아니 거기에는 무슨 남자들이 이렇게, 예, 많습디다.

이 그 우리 동네스느 그 피라 그 빨개이들 잇응게 몽땅 서루 섬[146]으루 간 그야.

그 우리 동네에서는 그 피란, 그 빨갱이들이 있으니까 몽땅 서로 섬으로 간 거야.

이 머 사내디 겁나게 많아.

뭐 사내들이 아주 많아.

이 흐이 야 즈 즈 남자들 바라야 우리 동네 하나드 없댄디 여그 많다야.

"아이고 야, 저기 저 남자들 봐라. 우리 동네에는 하나도 없었는데 여기는 많다."

이 그럼스 우리 시아재랑 쑹얼쑹얼[147]하므스 그그 저 밤을 새우구서[148] 아침 일으낭께 한참 씨굴씨굴허는디 아니 우리 영감이 나타나.

그러면서 우리 시아주비랑 쑹얼쑹얼하면서 거기에서 밤을 새우고 아침에 일어나니까 한참 시끌시끌한데 아니 우리 남편이 나타나.

---

145 '나무리'의 변이형.

146 /ㅅ/이 구개음으로 실현되었다.

147 '쑹얼쑹얼'은 북한에서 '마음에 들지 아니하여 남이 알아듣지 못할 정도로 자꾸 혼잣말을 하는 모양'의 의미로 쓰인다.

148 1음절의 /ㅅ/이 구개음으로 실현되었다.

이 그 그기가 잇다가 어키 찾어왔어.

그, 거기에 있다가 어떻게 (우리를) 찾아왔어.

이 아마 기블을 듣읏는가[149] 바 배 들왓다구.

아마 기별을 들었나 봐, 배가 들어왔다고.

이 게 해스 저 천막 쳔 디루 그 글루 가야 덴디야 거기 피난민들 이싱게.

그렇게 해서 저 천막 친 곳으로, 그 곳으로 가야 된대, 거기에 피란민들이 있으니까.

이 하구 쌀자루는 그거 우리 씨고머니가 멘주 와 살댔어.

그리고 쌀자루는, 거기에 우리 시고모님이 먼저 와 살았어.

이 한디 쌀자루는 그 집이 맽겻시다.

그런데 쌀자루는 그 집에 맡겼습니다.

이 고무 이그 쌀 먹지 마쇼이 우리가 먹으야 우리가 먹으야 딩게[150] 고무 이 쌀 묵으믄 안 데.

"고모 이거 쌀 먹지 마세요. 우리가 먹어야, 우리가 먹어야 되니까 고모 이 쌀 먹으면 안 돼."

이 야 안 묵어 왜 니 쌀을 므냐? 그릏햐.

"야, 안 먹어. 왜 네 쌀을 먹냐?" 그렇게 말해.

---

149 이 방언에서는 '듣다'가 정칙 활용을 하는 것이 특징적이다(곽충구 1992).

150 '디- + -ㅇ게'와 같이 분석할 수 있다. 어간 '디-'는 '되- > 데- > 디-'의 과정을 거쳤다.

이 해스 또 을마 잇다 한 열흘 잇다가 고무네 집에 쌀 둣는디 찾아라 가얏다 그람스 왔으.

그래서 또 얼마 있다가, 한 열흘 있다가 "고모네 집에 쌀을 (맡겨) 뒀는데 찾으러 가야겠다."그러면서 (고모네 집에) 왔어.

이 고모 쌀 줘 했께 야 우리가 내가 다 먹엇다야.

"고모 쌀 줘." 하니까 "야 우리가, 내가 다 먹었다."

이 아니, 아니 얼마나 턱마갔어[151].

아니, 아니 얼마나 어이없겠어.

이 아니 고모 먹지 말라는디 우리는 어득할라고 우리으 굶어 죽으야갓네 그니께.

"아니, 고모. 먹지 말라고 했는데, 우리는 어떻게 하라고 우리는 (이제) 굶어 죽어야겠네." 그러니까.

이 그름 어득하냐 배고픈디 그믄 쌀 두거 안 믁냐?

"그럼 어떻게 하냐? 배가 고픈데 그럼 쌀을 두고 안 먹냐?"

이 으이드 그냥 빈 몸으로 왓지 으득히야.

아이고, 그냥 빈 몸으로 왔지, 어떡해.

이 그릏하구 살다가 즈 곰 슥도 그 좁디다 산글루 가스 집을 짛구 살자그므서 살자구 하므서 집 이릏게 솔꽈이 나 솔꽈 나무 끆으다가지 막 짛구스는 하룻밤 구들장 놓구 하룻밤 자구 일로 왓어요.

그렇게 하고 살다가 저기 곰, 석도 그 좁다란 산골로 가서 집을 짓고 살자고 하면서, 살자고 하면서 집을 이렇게 솔가지, 솔가지 꺾어다가 막 짓고는 하룻밤 구들장 깔고, 하룻밤 자고 여기로 왔어요.

---

151 '턱무하갔어'가 줄어든 말이다. '턱무하다'는 '어이없다'의 황해도 방언형이다(정원수 2002).

이 여기 와야 산다구 해서.

여기에 와야 산다고 해서.

이 어 으으 그 지븡 말허 솔가지루 덮으 갖고 어.

어, 어, 그 지붕 말하자면 솔가지로 덮어서, 어.

조 하룻밤만 주무시고 오셨어요?

이 하머이 그 하룻밤 자구 왔다니께.

그럼 그 하룻밤만 자고 왔다니까.

이 하구 우리 사춘 아님[152]이랑은 고사리 끊으르 즈 산으르 올라간디 빨리 소 나랑 갓는디 빨리 오라고 소리 질러.

그리고 우리 사촌 동서와는 고사리를 꺾으러 저 산으로 올라갔는데 빨리 소리, 나랑 갔는데 빨리 오라고 소리를 질러.

이 왜 그르잉께 아 이남으루 가야 산디야 빨리 와.

"왜?" 그러니까 "아, 이남으로 가야 산대. 빨리 와."

이 기 저 이남으루 간디야? 그릉께.

"그 저 이남으로 간대?" 그러니까.

---

152 '사촌 동서'의 황해도 방언형. '아님'은 '동서', 특히 '손아래 동서'를 의미한다. 이 방언에서 '손위 동서'를 '성님'이라고 불렀다는 자료 제공인의 말에 따른다면, '아님'은 '아우님'이 줄어든 말로 보인다.

이 어 빨리 와 즈그 배 배 왓다 그러글래 고사를 끊은 글 다 집으 내구서 뛰으 내리왔어요 하구 어 배 놓치까 바.

"어 빨리 와. 저기에 배 왔대." 그러기에 고사리 꺾은 것을 다 집어 내버리고서 뛰어 내려왔어요, 그리고, 어, 배를 놓칠까 봐.

이 그글 타구서는디 물미 나 갖구 나는 아이 젖 믁으니께 끼구스 멀미 나스 여마큼씩 밥 등으리 줍디다 어 주믁밥 한 사람 앞에 하나씩 주는디 나는 못 묵갓으 멀미 나 갖고.

그것을 타고서는 멀미가 나서 나는 아이 젖을 먹이니까 (아이를 옆에) 끼고 멀미가 나서, 이만큼씩 밥 덩어리를 줍디다, 어 주먹밥, 한 사람 앞에 하나씩 주는데 나는 못 먹겠어, 멀미가 나서.

이 저 우리 어머니보고 즈 제랑 이그 다 먹으시오 난 못 믁갓시다.

저 우리 어머니에게 "저 제 거랑 이거 다 드세요. 난 못 먹겠습니다."

이 너 젖 믹이는디 하나두 굶으믄 어뜩하냐.

"너는 젖을 먹이는데 하나도 (안 먹고) 굶으면 어떡하냐."

이 자이 메수꾸서 자꾸 못 묵어요.

"장이 메스꺼워서 자꾸 못 먹어요."

이 그룽하고 잇는디 그 장산곳 받앗잖아 배가 으 군햄이.

그렇게 하고 있는데 그 장산곶을 받았잖아, 배가, 어 군함이.

이 근디 아리를 다 내리가리야.

그런데 아래로 다 내려가래.

이 내리가라으는디, 아 배가 그냥 탕 하니께 사락들이 다 자빠짓잖아.

내려가라고 하는데 아 배가 그냥 '탕' 하니까 사람들이 다 자빠졌잖아.

이 이게 줄르 적 씨우구 가댓는디 나닌 그래두 가운디 끼싱게 나느 안 다쳣어.

이렇게 줄을 쭉 세워서 갔는데 나는 그래도 가운데 끼어 있으니까 나는 안 다쳤어.

이 난 가운데 낑게 안 다치구 우리 옴마이는 중특 바루 칫으니께 다리르 다치구 앞이 슨 사람들은 많이 다칫으요.

나는 가운데 끼었으니까 안 다치고 우리 어머니는 중턱에 바로 치였으니까 다리를 다치고, 앞에 선 사람들은 많이 다쳤어요.

이 많이 다쳐 머 머리 끼지구 머 으디 끼지구 다 햇다겄어.

많이 다쳐서 뭐 머리가 깨지고, 뭐 어디가 깨지고 다 그랬다고 그랬어.

이 야 나는 재수 좋다.

"야, 나는 재수가 좋다."

박 그니까 업언 애기 하나만 데리구 나오셧고만요?

그러니까 업은 아기 하나만 데리고 나오셨구먼요?

이 으.

어.

박 OO이는 못 데리고 나오고?

OO이는 못 데리고 나오고?

이 ○○이 데리구 나왔지 그쪽에.

○○이 데리고 나왔지, 그때.

이 항게 내가 띠 걸러 주니께 띠 달라구 소리 질릇다가잖아 배 타구스.

그러니까 내가 띠를 풀어 주니까 띠 달라고 소리를 질렀다고 했잖아, 배 타고서.

09 피란의 기억으로 악몽에 시달리다

이용녀 나 고향에스 피란 나왼 얘기나 한번 하지.

내가 고향에서 피란 나온 얘기나 한번 하지.

이 나 어느 날인가 막 집 앞에스 총소리가 나드라구요.

내가, 어느 날인가 막 집 앞에서 총소리가 나더라고요.

이 그래서 대 우리 고향이는 토방 잇구 대문이 잇구 해쎄요.

그래서 대문, 우리 고향에는 토방이 있고 대문이 있고 했어요.

이 그스 대 음 긍게 토방 그럼 그릏지.

그래서 대문, 음, 그러니까 토방, 그럼 그렇지.

이 그 봉당[153]이라는 봉당 잇구 대문이 잇는디.

그 봉당이라는, 봉당이 있고 대문이 있는데.

---

153 '봉당'은 '안방과 건넌방 사이의 마루를 놓을 자리에 마루를 놓지 아니하고 흙바닥 그대로 둔 곳'을 의미한다.

한의숙 봉당이 머여?

봉당이 뭐야?

이 여그 방문 열구 나가므 여긋 사람들은 거실이라가잖아 지금 근디 이북이스는 거 봉당이라가구 문특이 또 이룽게 높았어 방 둔특이.

여기 방문을 열고 나가면 여기 사람들은 거실이라고 하잖아 지금, 그런데 이북에서는 그것을 봉당이라고 하고 문턱이 또 이렇게 높았어, 방문턱이.

이 그르 그룽게 햇는디 막 총스리가 나서 인저 우리 엄마하구 나하구 우리 아부지는 어데 가고 없었어.

그러, 그렇게 했는데 막 총소리가 나서 이제 우리 엄마하고 나하고, 우리 아버지는 어디 가고 없었어.

이 나하구 잇다가스 그 대문으로 새로 보니까 우리가 말하자믄 저기 머야 저 데부뚝[154] 잇는 데서 살앗어.

나하고 있다가 그 대문으로 (그) 사이로 보니까, 우리가 말하자면 저기 뭐야 저 둑이 있는 곳에서 살았어.

이 대부뜩이 잇댓어 우리 집 앞에가 냇가리 있고.

둑이 있었어 우리 집 앞에, 냇가가 있고.

---

154 '둑'의 방언형. ≪한민족≫에 따르면 '데:부둑'이 강원과 전북의 방언형이고, 유사한 형태로는 '데:보'(경기), '데:부'(경기, 충북) 등이 있다. 이 자료에서는 '데부뚝, 데부뜩, 데구뜩' 등으로 다양하게 나타난다.

이 근 저 살아슨 내아다 보니까 양쪽 군인이 막 엎어지구서 대구뚝이가 엎어지구스 총을 막 쏴 대는 그야.

그 저 살아서는 내다 보니까 양쪽 군인이 막 엎어져서 둑에 엎어져서 총을 막 쏴 대는 거야.

이 그리 갖고 무스서 엄마가 대문을 꼭 닫고 있응게 군인이 우니 군인이 돌으와 우리 동네가.

그래서 무서워서 엄마가 대문을 꼭 닫고 있으니까 군인이 어느 군인이 들어와, 우리 동네에.

이 들어오드니 막 피란을 나가라가는 그야.

들어오더니 막 피란을 나가라고 하는 거야.

박순심 국군이지?

국군이지?

이 요그 그럼 우리 요그 국군이 음 국군이 요기 잇으믄 죽는다고 피란을 나가래.

여기, 그럼 우리 여기 국군이 음, 국군이 여기에 있으면 죽는다고 피란을 나가래.

이 그래스 우리 아부지두 거때 없는디 엄마카[155] 나카 우리 동생 쪼꾸만 그 하나 업구서 저 동니 사람들을 쫓아 피란을 왔어.

그래서 우리 아버지도 그때 없는데 엄마하고 나하고 우리 동생 조그만 것 하나 업고 저 동네 사람들을 따라 피란을 왔어.

---

155 공동격 조사 '와'의 황해도 방언형.

이 얼마 걸어오니까 댓바당[156]이 잇는 그야.

얼마 (동안) 걸어오니까 갯벌이 있는 거야.

이 갯바당[157]에가 그 물이 빠지야 우리가 글으드쓰 섬으로 들어가잖아.

갯벌에 그 물이 빠져야 우리가 걸어서 섬으로 들어가잖아.

이 거 섬이 곰염 섬이라갰어 곰염.

그 섬이 곰염 섬이라고 했어, 곰염.

이 그래 갖구 거기를 가니까 곰염 섬이라는 델 가니까 여 물만 씨면은 걸으 들으가.

그래서 거기를 가니까, 곰염 섬이라는 곳에 가니까, 여기는 물만 빠지면 걸어 들어가.

이 물만 씨믄 글으 들으가니께 오른들은 걸으 들으가고 애들은 고게 므 갯바당에도 골씨[158]가 잇드라고.

물만 빠지면 걸어 들어가니까 어른들은 걸어 들어가고 애들은, 거기 뭐 갯벌에도 깊은 골이 있더라고.

---

156 '갯벌'의 방언형인 '갯바당'의 발화 실수로 보인다.

157 '갯벌'의 방언형.

158 '골씨'는 '골보다 깊고 두멍보다는 얕은 바다'의 의미이다. '골'은 '파도의 작용으로 조간대 해안이 침식되어 육지 쪽으로 파인 고랑'으로, '밀물 때는 바닷물이 밀려들어 오고, 썰물 때는 육지 쪽 물이 배수되는 곳'을 의미한다.

이 고기만 배를 태와서 근녀[159] 주구서는 걸으스 들으가니까 거 곰염섬이 이짝이서 보는 우리 들어가는 쪽에가 집이 있어.

거기만 배를 태워서 건너게 해 주고서는 걸어서 들어가니까 그 곰염섬이 이쪽에서 보는, 우리가 들어가는 쪽에 집이 있어.

이 거그 가스 잇으니께 이 구 인민군들이 보구서 막 떠 총을 쏘아 대는 그야.

거기에 가서 있으니까 이 군, 인민군들이 (우리를) 보고서 막 또 총을 쏴 대는 거야.

박 아 사람들이 근너가니께.

아, 사람들이 건너가니까.

이 그럼 총 막 쏴.

그럼 총을 막 쏴.

이 그리스 거 덩[160]을 넘으서 인자 그 뒷등으로 갓잖아.

그래서 그 산등성이를 넘어서 이제 그 산등성이 뒤로 갔잖아.

이 뒷등으로 가 갖구서 먹을 긋이 읎으니께 또 그리 덩을 넘으서 총 쏸 우리 들으간 디를 조개를 캐라 나오는 그야.

산등성이 뒤로 가서 먹을 것이 없으니까 또 그 산등성이를 넘어서 총을 쏘던, 우리가 들어간 곳에 조개를 캐러 나오는 거야.

---

159 '근니- + -어'로 분석할 수 있다. 어간 '근니-'는 '건네- > 근네- > 근니-'의 과정을 거쳤다.

160 '등'의 방언형. '등'은 북한에서 '산등성이'의 의미로 쓰인다.

이 왜 피란민들 먹구 살으라고 그릏게 조개가 많덨는가.

피란민들 먹고 살라고 왜 그렇게 조개가 많았는지.

이 조개가 을마나 많은지 몰라 무슨 숟가락으구 꼬쟁이만 갖구 가스 이릏게 들쓱들쓱 캐먼은 조개가 나와.

조개가 얼마나 많은지 몰라, 무슨 숟가락하고 고챙이만 갖고 가서 이렇게 들썩들썩 캐면 조개가 나와.

이 조개가 나오는데 그글 갖다 먹는데 우리 아부지가 나중에 무슨 저게 둘이서 갯물[161]을 근너 왔다고 하므슨 우리 아부지가 찾아 왔어 거겔.

조개가 나오는데, 그것을 갖다 먹는데, 우리 아버지가 나중에 무슨 저기 두 명이서 갯물을 건너 왔다고 하면서 우리 아버지가 찾아 왔어, 거기에.

이 그리스 만낫잖아 곰염 섬이서.

그래서 만났잖아, 곰염 섬에서.

이 만나스 을마나 살앗는간 몰르죠 어렷읏웅게.

만나서 얼마나 살았는지는 모르죠, 어렸었으니까.

이 근디 인민군이 저낙만 묵그 해 질만 하믄 그게 앉구들 잇으믄 둥 너머르 막 총을 쏘는 그야.

그런데 인민군이, (피란민들이) 저녁만 먹고 해가 질만 하면, (피란민들이) 거기에 앉아들 있으면, 산등성이 너머로 막 총을 쏘는 거야.

---

161 갯물'은 '강이나 내에서 흘러드는 바닷물'을 의미한다.

이 쏘믄 총소리가 뿅뿅 하믄서 나가.

(총을) 쏘면 총소리가 '뿅뿅' 하면서 나가.

이 그 소리를 듣구서는 인자 움막으로들 다 또 들으가지.

그 소리를 듣고서 이제 움막으로 다 또 들어가지.

이 그카구 잇는데 어늬[162] 날인가 을마 살앗는데 인민군들이 물이 씨니께 그루 들으완 그야 글루 섬 우리 피란 간 데루.

그렇게 하고 있는데 어느 날인가 얼마 (동안) 살았는데 인민군들이 물이 빠지니까 거기로 들어온 거야, 거기로, 섬 우리가 피란 간 곳으로.

이 들으와 갖구 움막에 잇는 사람들은 다 끌구 나가구 움막이스 그 총소리 듣구서 도망 도망간 사람은 그리다가 지레라는 기 잇잖아.

들어와서 움막에 있는 사람들은 다 끌고 나가고 움막에서 그 총소리를 듣고서 도망, 도망간 사람은 거기에다가 지뢰라는 것이 있잖아.

이 지레라는 기 있어 무인가 나 거 거 소리만 듣었어.

지뢰라는 것이 있어, 무엇인지 나 그, 그 소리만 들었어.

이 으 지레를 문트이다 놓구 갔응게 돌오다 그걸 밟안 그야들.

어 지뢰를 문틈에 놓고 갔으니까 돌아오다 (사람들이) 그것을 밟은 거야.

이 밟아 갖구 사람두 많이 죽구 나 어릴 때 생각해두 사람두 많이 죽구 많이 다치고 했으 거게서.

밟아서 사람도 많이 죽고 나 어릴 때 생각하면 사람도 많이 죽고 많이 다치고 했어, 거기에서.

---

162 하향 이중 모음으로 실현되었다.

이 그릿는디 그 담날 아침이 배를 타라 나오라개스 가니까 또 남자들은 배도 못 타기 햐.

그랬는데 그 다음날 아침에 배를 타러 나오라고 해서 가니까 또 남자들은 배도 못 타게 해.

이 일, 여그스 죽은 사람 다츤 사람 다 어뚷게 처치해야 인자 타구 가라는 그야.

일찍, 여기에서 죽은 사람, 다친 사람들을 다 어떻게 처치한 후에 이제 타고 가라는 거야.

이 그릉게 또 남자들은 그거 다 하라 가는데 우티는 갯빈장이가 종일 앉구 잇읏어[163] 배를 같이 타구 가야니께.

그러니까 또 남자들은 그것을 다 하러 가는데 우리는 모래사장에 종일 앉아 있었어, 배를 같이 타고 가야 하니까.

이 큰 배를 갖다 대구 큰 배가 으 바닷가까지는 믓 돌오잖아 으가 얕으니께.

큰 배를 가져다 대고, 큰 배가 여기 바닷가까지는 못 들어오잖아, 여기가 얕으니까.

이 저 멀리 대구 쪼끄만 배로 실르[164] 가 사람을 실으서 인자 갖다 큰 배다 실는 그야 실으 갖구서.

(배를) 저 멀리 대고 조그만 배로 실어 가, 사람을 실어서 가져다 이제 큰 배에다 싣는 거야, 실어서.

---

163 '-고 있다'가 '상태 지속'의 의미로 쓰였다.

164 '실리- + -으'와 같이 분석할 수 있다. '실리다'는 '싣다'의 사동사인데, 여기에서는 '싣다'의 의미로 사용되었다.

이 인자 얼마 잇다 아부지가 오니게 그릏게 타구들 인자 오 피란 간 곳이 어디냐 하믄 초도르 갔어.

이제 얼마 있다가 아버지가 오니까 그렇게 타고들 이제 어, 피란 간 곳이 어디냐 하면 초도로 갔어.

이 초돗 섬이다 다 내리놓드라구.

초도 섬에 다 내려놓더라고.

이 초돗 섬에스 잇다가스 그기스 뚜 움막을 치구 살앗지.

초도 섬에 있다가 거기에서 또 움막을 치고 살았지.

이 살다가서 먹을 게 없응게 둥글매[165]두 다 그때 캐 묵웃네 으 둥글매두 다 캐 먹읏어.

살다가 먹을 것이 없으니까 둥굴레도 다 그때 캐 먹었네, 어, 둥글레도 다 캐 먹었어.

이 그 둥글매 캐 믁다가스 인자 또 큰 배를 갖다 대구 피란 가자구 인자 큰 배루.

그 둥굴레를 캐 먹다가 이제 또 큰 배를 갖다 대고 피란 가자고, 이제 큰 배로.

이 그때는 아구리 슨이라그 햇어.

그때는 '아구리 선'이라고 했어.

165 '둥굴레'의 방언형.

이 그때 그글 타구서 오 오는디 우리 앞 앞슨 배가 반개[166]가 꼈으니께 장산곶을 뜨받앗다가드만.

그때 그것을 타고 오, 오는데 우리 앞, 앞에 가던 배가 안개가 껴 있으니까 장산곶을 떠받았다고 하더구먼.

이 장산곶을 뜨받앗다니께 우린 그땐 못 오구 어따 또 갖다 풀어 놓냐믄 백년도다 갖다 풀어 낫어.

장산곶을 떠받았다고 하니까 우리는 그때 못 오고 어디에 또 갖다 풀어 놓았냐면 백령도에다 갖다 풀어 놨어.

이 우리 그 큰 뱃 사람들 백년도다 다 거 갯반장[167]이다 풀어 놓니께 거기서 몰라 내 생각[168]으로는 한 일주일 잇은 그 같은디 일주일 드 잇읏는가 어찐가.

우리 그 큰 배에 있던 사람들을 백령도에 다 그 모래사장에 풀어 놓으니까, 거기에서 몰라 내 생각으로는 한 일주일은 있었던 것 같은데 일주일을 더 있었는지, 어땠는지 (몰라).

이 배를 타라 또 인자 배를 타라 우리가 그스 인자 배를 큰 배를 탕게 그때 아구리 슨을 타니께 어드로 왓냐믄 그땐 군산으로 왔어.

배를 타라고, 또 이제 배를 타라고 (해서), 우리가 그래서 이제 배를 큰 배를 타니까, 그때 '아구리 선'을 타니까 어디로 왔냐면 그때는 군산으로 왔어.

---

166 문맥상 '안개'의 의미이다.

167 '갯빈장'의 변이형.

168 1음절의 /ㅅ/이 구개음으로 실현되었다.

이 그기슨 주믁밥을 뱃속으슨 주믁밥을 해 주드만.

거기에서는 주먹밥을, 배 안에서는 주먹밥을 해 주더구먼.

이 그글 먹고 주믁 저게 군산까지 와 갖고 군산에스 또 메칠 잇다 완 것이 삼리 여 대부뚝에가 왔어 대부뚝에다 갖다 놨어.

그것을 먹고 주먹, 저기 군산까지 와서 군산에서 또 며칠 있다가 온 것이 삼례 여기 둑에 왔어, (우리를) 둑에 갖다 놨어.

이 그스 거그스도 또 움막을 치고 살안 거야 멫 집이서.

그래서 거기에서도 또 움막을 치고 산 거야 몇 집이서.

이 몇 집이스 살다가서 또 거 동니로 저기 배치되아 갖고 동네서 방을 하나 주어서 인자 거그스 살앗그드.

몇 집이서 살다가 또 그 동네로 저기 배치돼서 동네에서 방을 하나 줘서 이제 거기에서 살았거든.

이 그기스 살다가서 저기하니께 여기가 농언이 시는 그야.

거기에서 살다가 저기하니까 여기에 농원이 서는 거야.

이 그래스 그때 열로 와스 여그까 여그스 여때 사는 그야 지금 우리는.

그래서 그때 여기로 와서 여기까지, 여기에서 여태 사는 거야 지금, 우리는.

이 긍게 피란을 한 군데만 댕견 것이 아니라.

그러니까 피란을 한 군데만 다닌 것이 아니라.

박 곰염으로 초도로.

곰염으로, 초도로 (갔구먼요).

이 어 그럼.

어 그럼.

박 섬을 다 둘렀고만.

섬을 다 돌았구먼.

이 백년으로 백년도로 그렇게 갖군 군산 와스 근산을 그때 생각하믄 지금 공슬 운동장이라그 했을 그야 아마 거기스 마당에스 거 운둥장에스 얼마 살앗지.

백령도로, 백령도로 그렇게 해서 군산에 와서 군산을, 그때 생각하면 지금 공설 운동장이라고 했을 거야 아마, 거기에서 마당에서 그 운동장에서 얼마 (동안) 살았지.

이 살다가스 완 긋이 삼네 대부뚝으루 와스 그기스 막 치구 살고.

(거기에서) 살다가 온 것이 삼례 둑으로 와서 거기에서 움막을 치고 살고.

이 또 동네로 가서 방 하나 얻어서 살다 여 농원 신다고 하스 농원이 와서 그 천막 속에스들 살고 그룽해스 여까지 완 그야.

또 동네로 가서 방을 하나 얻어서 살다가 여기에 농원이 선다고 해서 농원에 와서 그 천막 속에서들 살고 그렇게 해서 여기까지 온 거야.

이 그럼 근디 기기 뭐 멫 년을 디아서 흘른지 몰라.

그럼, 그런데 그것이 뭐 몇 년이나 흐른지 몰라.

이 우리 진짜 고향어서 핵교 쪼끄맸을 때 들으갓는디 뱅기[169]만 뜨믄 아가시[170] 뜸불이나 굴 속으로 다 들으가라 해서 하르에두 몇 번씩 들으간 그야 거기들.

우리 진짜 고향에서 학교에 어렸을 때 들어갔는데 비행기만 뜨면 아카시아 덤불이나 굴 속으로 다 들어가라고 해서 하루에도 몇 번씩 들어간 거야, 거기에들.

이 근디 진짜 너머 그때 무습든 생각이 지금 인자 꿈을 안 꾸지 거때 한 열대야섯 살 열여슷 살 이룷게 고룷게 먹읏을 때 웰마나 꿈에스 악마가 저게 햇는지 몰라 시달룻는지 꿈 속이서.

그런데 진짜 그때 너무 무섭던 생각이, 지금은 이제 꿈을 안 꾸지 그때 한 열대여섯 살, 열여섯 살 이렇게 그렇게 먹었을 때는 얼마나 꿈에서 악마가 저렇게 했는지 몰라, (내가 얼마나) 시달렸는지 (몰라), 꿈 속에서.

이 그룷게 해스 피란 나와스 여으까지 지끔 와스 지금 인자 팔십이나 다 믁엇네.

그렇게 해서 피란 나와서 여기까지 지금 와서 지금 이제 팔십이나 다 먹었네.

---

169 '비행기'의 방언형.

170 '아카시아'의 방언형.

II.

북한에서의 삶

01
고향 송화에 대한 기억

김경휘 우리 황해도 내가 풍천읍에 고향이오.

우리 황해도, 내가 풍천읍이 고향이에요.

김 그에 고을이그든.

거기가 고을이거든.

김 옛날에 원님이 살앗고 성두 싸즌[1] 긋이 있어 우리 고향이가.

옛날에 원님이 살았고 성도 쌓인 곳이 있어, 우리 고향에.

김 그리니게 바닷가하고 한 십 리나 즈 가차운[2] 평이고.

그러니까 바닷가하고 한 십 리나 저 가까운 편이고.

김 그 더 그 아래 그 같은 면 우린 풍천읍이지만 옛날에 그깃 사람들이 읍 읍 해.

그 더 그 아래 그 같은 면, 우리는 풍천읍이ㅈ 만 옛날에 거기 사람들이 읍, 읍이라고 해.

---

1 '싸즈- + ㄴ'으로 분석할 수 있다. '싸즈-'는 '쌓아지-'가 줄ㅇ 든 것이다.

2 '가깝다'의 방언형.

김 시장도 오일장이 스구 그랫으니까 으기 산네같이.

시장도 오일장이 서고 그랬으니까, 여기 삼례처럼.

김 그리 가지구 그그 바닷가에스 이제 해물 같은 그 껄구 와 가지구 그게서 팔구 오일장 슷으니까.

그래서 거기 바닷가에서 이제 해물 같은 것을 끌고 와서 거기에서 팔고, 오일장이 섰으니까.

김 그랫그등 하고 차두 다니고.

그랬거든, 그리고 차도 다니고.

김 디 거게가 원님이 살아 가지고 원님이 살드 여그 말하자믄 뭐이나 원님이 살든 그 집보구 머라고 하나 여스들은?

근데 거기에 원님이 살아서 원님이 살던, 여기서 말하자면 뭐라고 하나, 원님이 살던 그 집더러 뭐라고 하나? 여기에서는?

김 그때 무라고 햇는데 하이고 머라고 해요.

그때 뭐라고 했는데, 아이고 (아무튼) 뭐라고 해요.

김 음 지금은 므 많이 쓰지 않는 말이라 잊어 버릿는데 그긋이 상당히 많았어요 고게가.

음, 지금은 뭐 많이 쓰지 않는 말이라서 잊어 버렸는데 그것이 상당히 많았어요, 거기에.

김 온님이 살앗던 고자이니까 원 고을이니까 기 성두 잇고 그릿으니까.

원님이 살았던 고장이니까, 원님이 (있는) 고을이니까, 거기에 성도 있고 그랬으니까.

김 그리데 일정 때 일본든놈[3]이 와 가지구 그 이 말하자 원님이 살던 거 바루 옆에다가 게 긍치가 좋으니까 남쪽으루 기 머라고 말하 신사 참배[4] 그거 이렇게 하늘 즌 자 같이 이룽게 이룽게 해 가지우 이룽게 여 그거 잇고 이룽게 가는.

그런데 왜정 때 일본 사람이 와서, 그 이 말하자면 원님이 살던 곳 바로 옆에다, 거기가 경치가 좋으니까, 남쪽에서 그 뭐라고 말하, 신사神祀, 그것을 이렇게 하늘 천天자 같이 이렇게 이렇게 해서 이렇게 여기에 그것이 있고 이렇게 가는 것을 (만들었어요.)

김 거 우리 학교 다닐 때 그그 가스 절하구 그랬으니까.

그 우리 학교 다닐 때 거기에 가서 절하고 그랬으니까.

김 일증 때 내 일증 때 이 학는 때 해방뎃으니까.

왜정 때, 내가 왜정 때 2학년 때 해방됐으니까.

김 아 어 가기구게고 배우고 다 그기 일본말도 쪼 쫌 알아 알아 내가 오 일본 만두 알아.

아, 어 '가, 기, 구, 게, 고' 배우고 다 그 일본말도 조금 알아, 알아 내가, 어, 일본 말도 알아.

---

3 '일본 놈들'의 발화 실수이다.

4 문맥상 '신사참배를 하는 곳'으로 '신사(神祀)'를 의미한다.

김 근디 즈 그그이 신사참배두 하구 그랫지 지금 근디 그게가 신사빼[5] 잘 지읏고.

그런데 저 거기에서 신사참배도 하고 그랬지, 지금 그런데 거기에 신사를 (그 옆에) 잘 지었고.

김 지금 시바 그그 만들믄은 계단을 상당히 이키 높은 데가지 계단을 수십 개 올라가스 이께 짜 합장하고 절하 이케 만들으 낫데 일분늠들이.

지금 시방 그것을 만들면 계단을 상당히 이렇게 높은 데까지 계단을 수십 개 올라가서 이렇게 짝 합장하고 절하고 이렇게 만들어 놨데, 일본 사람들이.

김 그리 대개 거 신사참배 거 옆에는 걔들이 무얼 많이 심읏냐믄은 이이 저거 저것두 많이 심읏지만은 이 지금 머야 벚꽃 나무 많이 심읏지만은 운행나무는 꼭 심엇어 양쪽으루 하나식 음 은행나무 은행.

그리고 대개 그 신사 그 옆에는 그 사람들이 무엇을 많이 심었냐 하면, 이 저거 저것도 많이 심었지만 이 지금 뭐야 벚나무를 많이 심었지만, 은행나무는 꼭 심었어, 양쪽으로 하나씩, 음 은행나무, 은행.

김 여기 지금 은행나무 많잖아.

여기에 지금 은행나무가 많잖아.

김 공게 일분놈들이 오면써 은행나무를 많이 보급핸 걸루 알아.

그러니까 일본 사람들이 오면서 은행나무를 많이 보급한 것으로 알아.

---

5 '신사참배'를 빨리 발화한 것이다.

김 그스 많아즌 글루 알아.

그래서 많아진 것으로 알아.

김 옛날에도 물론 은행나무가 잇읏겟지만 옛날에.

옛날에도 물론 은행나무가 있었겠지만, 옛날에.

김 은행나무가 암놈만 심게 디면 안 달린다구 그르잖아.

은행나무가 암나무만 심게 되면 (열매가) 안 달린다고 그러잖아.

김 숫놈이 심으서 마즈 바라다 보구 잇으야 좀 어르 좀 거리가 잇지만 은 즈 그도 심어 놔야 달리지 암놈만 데는 저이 은행나무는 안 달린다구 하드라우 그 미집데 있으면은.

수나무를 심어서 마주 바라 보고 있어야 좀 어느 좀 거리가 있지만 저 그래도 심어 놓아야 (열매가) 달리지 암나무단 (있는) 데는, 저기 은행나무는 (열매가) 안 달린다고 하더라고, 그 밀집돼 있으면.

김 그마만큼 그 암놈 숫놈을 그 무 그이 찾는다고 하드라구 은헝나무가.

그만큼 그 암나무가 수나무를 그 뭐 그것이 찾는다고 하더라고, 은행나무가.

김 큰나게[6] 아름드이 큰 것 잇읎으 고향에.

크게 아름드리 큰 것이 있었어, 고향에.

김 여그 말호자믄 신사참배하는 그늠들이 그 어 거 지면서 갖다 심은 긋이 큿읏으.

여기에, 말하자면 신사참배하는 그 사람들이 그 어 그것을 지으면서 가져다 심은 것이 컸었어.

---

6 '크다'와 '겁나게'를 같이 발화한 것이다.

02 고향 은율에 대한 기억

배심연 운율 무 생각나는 기래[7] 운율 시장에 옴마 따라스 시장에 잘 갓는데 운율 한 분 갔다가 여그스 비행기 와 갖구 비행기 폭격 하는 바람에 죽을 뻔하구스는 그때는 그룷게 뮤섰어.

은율 뭐 생각나는 것이, 은율 시장에 엄마 따라서 시장에 잘 갔는데 은율에 한 번 갔다가 여기에서 비행기가 와서 비행기가 폭격하는 바람에 죽을 뻔하고는, 그때는 그렇게 무서웠어.

배 뱅기만 뜻다 하믄 그냥 어디든지 숨고 그룷게 무슷는데.

비행기만 떴다 하면 그냥 어디든지 숨고 그렇게 무서웠는데.

배 아이고 거기서 겪은 일을 생각흐머 진짜 나이는 어려두.

아이고 거기에서 겪은 일을 생각하면 진짜 나이는 어려도.

---

7 '기 + 래'로 분석할 수 있다. 이기갑(2003)에 따르면 '래'는 서북 방언권에서 쓰이는 주격 조사이고, 황해도 방언의 주격 조사는 '라'이다. 이 자료에서는 '래, 라' 두 형태가 제한적으로 출현하였다. 한영순(1967)에 따르면 이 주격 조사형은 대명사 및 기타 명사 아래로 국한되어 나타난다.

조 인공 전에도 생각나세요? 전쟁 나기 전에도 생각나세요?

배 인공 전에 머 생각 나야 머 고때 뭐 그때는 다 편안히 살 때니께 별루 머 학교나 다니구.

인공 전에 뭐 생각이, 나야 뭐 그때 뭐 그때는 다 편안히 살 때니까 별로 뭐 학교나 다니고.

배 학교두 고 인공 때는 더 망 저기 넞게 보냇어.

학교도 그 인공 때는 더 막, 저기 늦게 보냈어.

배 내가 그렇게 잘 아 이케 애기 때 아파스 그르니께 우리 부모님들이 아홉 살이나 데스 이지 엿는디[8] 늦게 들으갓드던.

내가 그렇게 잘 아, 이렇게 아이 때 아프고 그러니까 우리 부모님들이 아홉 살쯤 돼서 이제 (학교에) 넣었는데, (학교에) 늦게 들어갔거든.

배 그러 인공 돌아오니께 머 공부야 무 방공 구데[9] 그런 디만 들어가스 숨구 비행깃 소리만 나므 숨구 그르니께 으 공부두 진짜 못 햇지 공부두 못 하고.

그러고 인공이 닥치니까 뭐 공부야 뭐 방공호라는 그런 곳에만 들어가서 숨고 비행기 소리만 나면 숨고 그러니까 이 공부도 진짜 못 했지, 공부도 못 하고.

---

8 '넣다'의 황해도 방언형.

9 '구덩이'의 방언형. '구덩이 > 구뎅이 > 구데'와 같이 움라우트, 비모음화가 실현되었다.

배 우리 오빠가 으 운율 고급 고등학교 이제 거기 다니다 나오고 우리 집 아저씨두 또 고동학교 즘 다니고.

우리 오빠가 어 은율 고급 고등학교 이제 거기에 다니다가 나오고 우리 집 아저씨도 또 고등학교 좀 다니고.

배 그 오빠한디 많이 배오고 또 시집 와스 또 남픈한떼도 또 배오고.

그러니까 오빠한테 많이 배우고 또 시집 와서 또 남편한테도 또 배우고.

배 개 학교는 못 댕겻지 학교는 모 음 그래.

그래서 학교는 못 다녔지, 학교는 뭐 음 그래.

배 학교는 머 진짜 일 학는도 제대로 못 나왔으.

학교는 뭐 진짜 일 학년도 제대로 못 나왔어.

배 개 이제는 다 여그 와스 머 잇으먼은 학교두 다 댕기구 그 저게 할 판인데 모 없이니께 그때 동생만 이지.

그래 이제는 다 여기에 와서 뭐 있으면 학교도 다 다니고 그 저렇게 할 판인데, 뭐 없으니까 그때 동생만 이제.

(조) 동생은 뭐 어머니께서 키우다시피 했겠네요.

배 우리 동생은 우리 머 남매 증말.

우리 동생은 우리 뭐 남매 정말.

배 또 나허구 긍게 오 년 층아[10]이지.

또 나하고 그러니까 오 년 차이지.

---

10 '나이 차이'의 방언형. '층하(層下)'에서 파생된 말로 보인다. 이 자료에서는 '층아, 칭아' 등으로 실현된다.

배 일곱 살, 열두 살잉게 오 년 칭아여.

(피란 당시에 동생이) 일곱 살, (내가) 열두 살이니까 오 년 차이야.

배 그게 낭 내가 오데 가먼 그냥 나를 쫓아 다니구 그 귀찮게 고.

그렇게 그냥 내가 어디에 가면 그냥 나를 쫓아 다니고 그 귀찮게 그.

배 그릉게 지금두 그렇게 내가 므 여스 농사 지스 좀씩 다 부쳐 주구러믄 우리 어머니 겉은 누님이라구 해 우리 어머니 겉은 누님이라구.

그러니까 지금도 그렇게 내가 뭐 여기에서 농사 지어서 조금씩 다 부쳐 주고 그러면 우리 어머니 같은 누님이라고 해, 우리 어머니 같은 누님이라고.

03
고향 초도에 대한 기억

조 원래 고향이 초도세요?

한의숙 에 초도 섬에 내가 어려슨 긴 내 자랑이 아니여 우리집이가 그 만짝 있이 살앗다는 결론이지.

예, 초도 섬에 내가 어려서는, 이것은 내 자랑이 아니야, 우리집이 그 만큼 부자로 살았다는 결론이지.

한 저 육지스 피란들 많이 오잖아.

저 육지에서 피란들을 많이 오잖아.

한 많이 오게 데믄 이렇게 그시기하게 데믄 오머니 이 없는디 먹을 거 없어서 그라먼 쌀두 퍼다 줬어.

많이 오게 되면 이렇게 저기하면 어머니 없는데 먹을 것이 없어서 그러면 쌀도 퍼다 줬어.

한 몰래 쌀두 퍼다 주구.

몰래 쌀도 퍼다 주고.

한 우리 앞이 앞집이서 밥 인지 도토리 겉은 거 줏으다[11] 인제 거른 걸루 먹잖아 그때 그르믄 그구이 또 먹구 싶어서 쌀 밥 잇는 그 다 퍼다 주구 그거 한 사발쓱 갖다 묵구 그랬어 나는.

우리 앞에, 앞집에서 밥을, 이제 도토리 같은 것을 주워다 이제 그런 것으로 먹잖아 그때, 그러면 그것이 또 먹고 싶어서 쌀, 밥 있는 것 다 퍼다 주고 그거(도토리) 한 사발씩 갖다 먹고 그랬어, 나는.

한 그래 갖고 오무니가 너 때문에 참말 네 기집아 때문에 못 살갓다 나보고 그랬어 자꾸 퍼다 주기를 좋아한다고.

그래서 어머니가 "너 때문에 정말, 너 (같은) 계집아이 때문에 못 살겠다." 나더러 그랬어, 자꾸 퍼다 주기를 좋아한다고.

한 깃는디 그고 안 퍼다 주스 뭘 할 기야 다 푸다 주길 잘햇지.

그랬는데 그것을 안 퍼다 주면 뭘 할 거야, 다 퍼다 주기를 잘했지.

한 철두 없엇지만 어낙 주기두 좋아했어 나는.

철도 없었지만 워낙 주기도 좋아했어, 나는.

한 음 안씨러우니께 자꾸 퍼다 주고.

응, 안쓰러우니까 자꾸 퍼다 주고.

한 학교 댕길 적에두 저 녹사동스 사는 OO이라구 갸가 가난햇그등.

학교에 다닐 적에도 저 녹사동에 사는 OO이라고 그 아이가 가난했거든.

한 선생한티 요록 하고 매를 맞는디 왜 맞 느 왜 맞냐 그렁께 수업료가 없대.

선생님에게 이렇게 하고 매를 맞는데, 왜 맞, "너 왜 맞냐?"고 하니까 수업료가 없대.

---

11 '줏- + -으다'와 같이 분석할 수 있다. '줏다'는 '줍다'의 방언형이다.

한 핸디 나는 수업료 물구서 돈 그때 육백 언인가 칠백 언인가 돈 남앗댓으 여기가.

그런데 나는 수업료를 내고서 그때 돈으로 600원인가, 700원인가 돈이 남았었어, 여기에.

한 갯는디 돈이 너 수업료 없냐 그르니까 없대.

그랬는데 (친구에게) "돈이, 너 수업료가 없냐?" 그러니까 없대.

한 개스 구 돈을 다 틀어서 개를 줌서 이그 가즈고 가스 내고 모즈라는 근 엄마보구 달라고스 내라 그람스 내가 개를 주엇거덩.

그래서 그 돈을 다 털어서 그 아이에게 주면서 "이거 가지고 가서 (수업료를) 내고 모자라는 것은 엄마더러 달라고 해서 내라." 그러면서 내가 그 아이에게 줬거든.

한 주엇더니 우리 어머니가 죽일 놈으 기집애 살 놈으 기집애 집이 오니께 막 야단하니까 돈 내노라고 하니게 돈이 없다고 하니까.

줬더니 우리 어머니가 "죽일 놈의 계집애, 살 놈의 계집애." 집에 오니까 막 야단을 치니까 돈 내 놓으라고 하니까, 돈이 없다고 하니까.

한 개서 내중에 아브지가 나보고 돈 느 으따 씃냐 그래서.

그래서 나중에 아버지가 나더러 "돈을 너 어디에 썼냐?" 그래서.

한 그 애길 햇드니 어 잘햇다 착한 디 썼으잉게 잘햇다 그랬어.

그 얘기를 했더니 "어 잘했다. 착한 곳에 썼으니까 잘했다." 그랬어.

한 해서 어 아브지가 잘 그시기햇구나 그때 그게 부모를 잘 타구나야 데갓드라구.

그래서 어 아버지가 잘 저기했구나 그때, 그것이 부모님을 잘 타고나야 되겠더라고.

한 내 기게 냄 정말 여그 와 가즈구 알지만은 가난하게 살며서 영감 돈 못 벌구지[12], 아이 두 아이르 가리킬라니까 심들지[13].

내가 그것이 내가 정말 여기에 와서 알았지만 가난하게 살면서 영감은 돈을 못 벌지, 두 아이를 가르치려니까 힘들지.

한 그래두 고등학규는 나와야지 다른 근 못 대겨두 고 고등학균 나와야 네히들이 밥을 먹구 살지.

그래도 고등학교는 나와야지, 다른 것은 못 다녀도 고, 고등학교는 나와야 너희들이 밥을 먹고 살지.

한 그래 갖구 거시갰는디 지금 생각하믄 잘 생각했어.

그래서 거시기했는데 지금 생각하면 잘 생각했어.

박순심 아니 그르구 애들이 많앗드라면 더 힘들었을 텐데 둘뿐이라 그래도 즘.

아니, 그리고 애들이 많았더라면 더 힘들었을 텐데 둘뿐이라 그래도 좀.

한 궁게 우리 딸내미가 아까두 실으다 주머서 아니 느 바쁜디 나왔냐 그니께 아 오머니가 바쁜디두 나를 길러 줏는디 이게 일이야여 그러드라구.

그러니까 우리 딸이 아까도 나를 (동네에) 실어다 주면서 "아니, 너 바쁜데 나왔냐?" 그러니까 "아 어머니가 바쁜데도 나를 길러 줬는데 이게 일이에요?" 그러더라고.

---

12 문맥상 '(돈을) 벌다'의 의미이다.

13 /ㅎ/구개음화가 실현되었다.

한 그릉스 시다 주구 갓는데 참 딸이 너무나 잘하고 아들두 너무나 잘하고 고맙고 내가 핸 건 부모루스 할 노릇을 못햇는디.

그러면서 실어다 주고 갔는데 참 딸이 너무나 잘하고 아들도 너무나 잘하고, 고맙고, 내가 한 것은 부모로서 할 노릇을 (다) 못했는데.

박 그때 그만큼만 하지 더이상 어트게 해.

그때 그만큼만 하지 더이상 어떻게 해.

박 다 먹고 살기드 힘든데 머.

다들 먹고 살기도 힘든데 뭐.

한 자식들은, 자식들은 즈룹게 헌다 허니께 감사허지.

자식들은, 자식들은 저렇게 한다고 하니까 감사하지.

04
아버지에 대한 추억

조 고향에서는 어떻게 사셨어요?

안옥봉 그양 옴마가 해주는 대루 밥만 먹엇죠 머.

그냥 엄마가 해주는 대로 밥만 먹었죠, 뭐.

안 그때만 해두 어링게 머 밥할 중이나 알댔으어?

그때만 해도 어리니까 뭐 밥할 줄이나 알았겠어요?

안 그니께 엄마가 해 주는 긋만 먹고.

그러니까 엄마가 해 주는 것만 먹고.

안 고향이서는 저그 사과밧이 있읐어요 좀.

고향에서는 저기 사과밭이 있었어요, 조금.

안 과수운이 있었어요.

과수원이 있었어요.

안 하고 아부지는 기술이 좋아 갖고 기계 곤치는 그 새총 갖고 그냥 총 사냥 댕기고 지 그른 거 하댔어요.

그리고 아버지는 기술이 좋아서 기계를 고치는 거, 새총을 가지고 그냥 사냥을 다니고, 이제 그런 것을 했어요.

안 아 그 총까지 다 뺏들렸어요[14], 그 인민군들한티.

아 그 총까지 다 빼앗겼어요, 그 인민군들에게.

안 우리 집이 꺼 아부지 없는 새에 와 가지구 다 내야 노라개스 다 뺏들렸어요.

우리 집의 것을 아버지가 없는 사이에 와서 다 내 놓으라고 해서 다 빼앗겼어요.

안 아부지 사진까지 다 뺏들으 갔으요 그 사람들이.

아버지 사진까지 다 빼앗아 갔어요, 그 사람들이.

안 갖고 옴마이 쥑인다가드니 그도 어트게 살류 났웃댓으요.

그래서 어머니를 죽인다고 하더니 그래도 어떻게 살려 놨었어요.

안 해 가지구 피란 나온 댐이 가족 데릴라 간다므스 가 가지구스는 이자 그 사람들[15]이 아부지가 그그 순 그 기술이 있는 그 아니께 근가 수리주합 책임자를 맽기 놓드래요 거기서.

그래서 (아버지가) 피란을 나온 다음에 가족을 데리러 간다면서 가서는, 이제 인민군들이 아버지가 그 손 기술이 있는 것을 알아서 그랬는지 수리조합의 책임자를 맡겨 놓더래요, 거기에서.

---

14 '빼앗기다'의 방언형.

15 '인민군'을 의미한다.

안 하니께 집이 왓다갓다 핸 모냥여.

그러니까 (아버지가) 집에 왔다갔다 한 모양이야.

안 핸디 그르 가적 또 어트게 애길 하나 또 낫대요 딸을 나 놧대요.

그런데 그렇게 해서 또 어떻게 또 아기를 하나 낳았대요, 딸을 낳아 놨대요.

안 딸을 나 놧는디 그게스 무 아브지가 자주 댕기니께 그 인민군들이 빨개들이 즈 영박면이라는 디 잇디요 예 영브면 잇는디 우리 동네스 백 리 덴다가대요 예 글루 이주 보내드래 옴마이는.

딸을 낳아 놨는데, 거기에서 뭐 아버지가 자주 (집에) 다니니까 그 인민군들이, 빨갱이들이 저 영박면이라는 곳이 였어요, 예, 영박면이 있는데 우리 동네에서 백 리가 된다고 하대요, 예, 그곳으로 어머니를 이주 보내더래.

안 자 아부지 자주 못 댕기게 할라구.

자, 아버지가 자주 (집에) 못 다니게 하려고.

안 그룹게 보낸 그 보구 큰음마가 피란 나왓대.

그렇게 보낸 것을 보고 큰엄마가 피란을 나왔대.

안 하구 내가 둘쨋 동생 동생이 셋이댓그등요.

그리고 내가 둘째 동생, 동생이 셋이었거든요.

안 둘쨋 동생은 빨개니 그 아이들이 그 비행기 폭격핸 그 안 터즌 그를 우리 동생이기다 떤졋대요.

둘째 동생은 빨갱이들이 비행기가 폭격한 것 (중에) 안 터진 것을 우리 동생에게 던졌대요.

안 그래 가지구 그기스 죽읏대요.
그래서 거기에서 죽었대요.

안 큰음마 있을 즉에 죽읏다고 그 얘기 연락은 듣읏댔으요.
큰엄마가 있을 적에 죽었다고 그 얘기, 연락은 들었었어요.

안 하군 몰르죠.
그리고는 모르죠.

안 인자 캄캄 소식 큰음마가 일 는을 잇읏으니까 알지.
이제 소식이 캄캄하죠, 큰엄마가 (고향에) 일 년을 (더) 있었으니까 알지.

안 거 안이는 큰음마두 살림 못 믿으니께 못 나왓다가 일 년 잇다 나왓어요.
그 전에는 큰엄마도 살림을 못 믿으니까 (피란을) 못 나왔다가 일년을 (더) 있다 나왔어요.

안 무장대 그그 쫓아 댕기니까 할무니가 혼자라 그 짬에 끄스 나왓대요.
(큰어머니가) 무장대 그거 쫓아다니니까 할머니가 (큰어머니) 혼자라서 그 틈에 껴서 (피란을) 나왔대요.

조 여기 피란 오실 때는 금방 다시 들어가실 줄 알고 오셨지요?

안 아 열다슷 밤만 자믄 돌온다고 엄마이가.
아, 열다섯 밤만 자면 (집으로) 돌아온다고 어머니가 (말했어요).

안 긍게 큰옴마랑 쫓아 갓다가 열다슷 밤만 자믄 온다가므스 완 것이 기냥 이렇게 뎃죠.
그러니까 큰엄마랑 쫓아 갔다가 열다섯 밤만 자면 온다고 하면서 온 것이 그냥 이렇게 됐죠.

안 그닝게 초도 와스두 고사리를 아이 즉이라 거기가 고사리 만디요.

그러니까 초도에 와서도 고사리를, 아이 적이라 거기에 고사리가 많더라고요.

안 쌂아스 말른 그 이른 글로 두 통가리[16]해 낫댓으요.

(고사리를) 삶아서 말린 것을 이런 것으로 두 덩어리해 놨었어요.

안 해 낫든 거 군산 와스 다 팔아 먹었어요.

해 놨던 것을 군산에 와서 다 팔아 먹었어요.

안 에 그리가 아부지가 집에 그르게 한 분씩 오므는 생슨들이 이게 갖고 오먼은 막 우리게스야 머 냉장고가 어드가 잇어요 시룽 잇잖아 부읔에.

예, 그리고 아버지가 집에 그렇게 한 번씩 오면 생선들을 이것을 가지고오면 막, 우리 쪽에야 뭐 냉장고가 어디에 있어요, 시렁 있잖아, 부엌에.

안 시룽 매믄 여그다 달으 매 두믄 그 쭈끼미랑 같은 그 낙지 같은 그 달으 매 노믄은요 밤에 나가믄 반작반작반작 불이 빛이 나요 그룽게 나고.

시렁에 매면, 여기에 달아서 매어 두면 그 쭈꾸미 같은 것 낙지 같은 것을 달아 매어 놓으면요, 밤에 나가면 반짝반짝 불빛이 나요, 그렇게 나고.

안 한 븐씩 그룽게 오믄 젊은 청년들이 우리 아부지보고 이발해 달라고 오고 뭐 만들어 달라고 허고.

(아버지가) 한 번씩 그렇게 오면 젊은 청년들이 우리 아버지더러 이발해 달라고 오고, 뭐 만들어 달라고 하고.

---

16 '덩어리'의 방언형.

안 손재간이 좋으니께 그라댔어요.

(아버지가) 손재간이 좋으니까 그랬어요.

안 긍게 사춘 언니네가 언니가 시집가므서 우리 아브지 사진을 가지갓댓는가봐 요만흔 거.

그러니까 사촌 언니네가, 언니가 시집가면서 우리 아버지 사진을 가져갔었나 봐, 요만한 거.

안 짐 독 징뭉사 저 여니 사진으 독사진이드마.

증, 독, 증명사, 저 보통 사진의 독사진이더구먼.

안 하니께 사진 갖구 저 봉채[17] 갖구 피란 나완 거여 그 형부가 으.

그러니까 사진을 가지고, 모두 다 가지고 피란을 나온 거야, 그 형부가. 어.

안 해드니 거기스 사진은 잇는디 나 주면 맨날 보구 운다구야 안 주드니 결혼하니께 줬으 우리 형부가.

그러더니 거기에 사진은 있는데 나에게 주면 매일 보고 운다고 안 주더니 결혼하니까 줬어 우리 형부가.

17 자료 제공인에 따르면 '봉채'는 '모두 다'를 의미한다.

05
정신대에 갈 뻔하다

박순심 집사님 피란 나올 때 몇 살에 오셨어요?

집사님 피란 나오실 때 몇 살에 오셨어요?

서인녀 나 수물한 살 때.

나 스물한 살 때 (피란 나왔어).

서 고럼 아주 꽃 같은 각시 때 왓지.

그럼, 아주 꽃 같은 각시 때 왔지.

조 그러면 시집을 가신 후에 남한으로 피란 나오신 거예요?

서 열야들[18] 살에 그때는 열일구 열야들 데믄 아가시 과년 닷다고 얼룽 시집 주라구들 다 하들 때에요 그때는 그땟 시월에.

열여덟 살에 (시집 갔어요), 그때는 열일곱, 열여덟 살이 되면 아가씨 과년瓜年됐다고 얼른 시집 보내라고들 다 하던 때예요 그때는, 그때 세월에.

---

18 [여랴들]. /ㄴ/첨가가 실현되지 않았다.

이연옥 그쪽이 그 으자들 공출간다그 그 시집 줬어 다 갔어.

그때 그 여자들 공출을 간다고 그 시집을 보냈어, 다 (시집)갔어.

서 그 우르 내 우에 또래 처녀들은 정신대 다 끌려갓잖아요.

그 위로, 내 위 또래 처녀들은 정신대에 다 끌려갔잖아요.

서 인지 그 댐엔 우리들 갈라구 이지 오정 세그리 학교루 우리들 추르 갖구슨낭 즈 훈련 당기다가 팔울 십오일 해방이 데앗으 일본 정치 때.

이제 그 다음에는 우리들이 가려고 이제 오정 세거리에 (있는) 학교로 우리들을 추려서는 저 훈련을 다니다가 8월 15일에 해방이 되었어, 왜정 때.

서 그래 갖구 그길 안 가게 생겻댓으요 내가.

그래서 거기(정신대)를 안 가게 되었었어요, 내가.

조 참 다행이시네요.

서 에 그으 갈라구 모집 다 햐 가지구 훈련시키다가스 해방데앗글 머하이고.

예, 거기에 가려고 모집을 다 해서 훈련시키다가 해방되었어, 뭐, 아이고.

이 그 쪽이 큰애기 큰 그 있으믄 다 보내댔어 한다구 시집들 일찌가니 줏다구.

그때 처녀 큰 처녀가 있으면 다 (정신대를) 보냈어, 그런다고 시집들 일찌감치 보냈다고.

서 그럼 그 드 일찌가니들 주기 데앗댓지 그때.

그럼, 그래서 더 일찌감치 (시집을) 보내게 되었겠지 그때.

이 그 아 시집갓다 와시두 즈 OO 제 공부하르 댕겼어 뚜 공부하르 댕기라그스 일분말 배우르.

그, 아, 시집갔다 와서도 저 OO는 자기 공부하러 다녔어, 또 공부하러 다니라고 해서, 일본말 배우러.

박 저 우리 집삿님은 머리가 엄청 좋으시 가지고 옛날에 배운 노래도 다 잘하시고.

저 우리 집사님은 머리가 아주 좋으셔서 옛날에 배운 노래도 다 잘하시고.

서 나는 이 즈 나는 사 학년꺼지는 학교 다녓어 왜중 때 고럼.

나는 이 저, 나는 4학년까지는 학교에 다녔어, 왜정 때에, 그럼.

서 그륵하다가 왜중 때 우리 오빠가 둘인디 위[19]루 큰우빠 지운 영장 나왼 그 피신시키구 안 보냣는디 나중에 작은오빠꺼지 둘이 지운 영장이 나왓네.

그렇게 하다가 왜정 때 우리 오빠가 (내) 위토 둘인데 큰오빠에게 지원 영장 나온 것을 피신시켜서 안 보냈는데 나중에 작은오빠까지 둘에게 지원 영장이 나왔네.

---

19 하향 이중 모음으로 실현되었다.

서 거니께 쯔 그때는 저 한국이스 군인 보내믄 일분 사람들이 총알받이루 앞잡이루 내아보내댓그든.

그러니까 저 그때는 저 한국에서 군인을 보내면 일본 사람들이 총알받이로, 앞잡이로 내보냈거든.

서 하니께 군인 갓다믄 죽는 그야 거는.

그러니까 군인을 갔다 하면 그것은 죽는 거야.

서 그릉게 즈시니[20] 즈 편양 그 밑에 사리운 탄광으루 피신을 시켰어 오빠 둘얼.

그러니까 거시기 저 평양 그 밑에 사리원 탄광으로 피신을 시켰어, 오빠 두 명을.

서 그니께 올케꺼지 다 보냈으니께 농사는 꽉 징어 놧는디 다 보냇으니껜 학규 댕기는 그를 쪼 우리 아부지가 하는 소리가 밥이라두 집이스 햐 주야 이 농사 즌 글 끄데르[21] 갓으니께 그릏다.

그러니까 올케까지 다 보냈으니까 농사는 많이 지어 놨는데 다 (오빠들은 사리원에) 보냈으니까 (나에게) 학교 다니는 것을 조금, 우리 아버지가 하는 소리가 "(네가) 밥이라도 집에서 해 줘야 한다. 이 농사 짓는 사람을 끌고 데려 갔으니까 그렇다."

서 형편이 그릏다니께 내가 학골 못 간 그야.

형편이 그렇다고 하니까 내가 학교를 못 간 거야.

---

20 '저사니'의 변이형.

21 문맥상 '끌고 데려가다'는 의미이다.

서 그르다가스 그 해 한 해 늠으가구스는 정신대에 가야 데니께 훈련 나오라 하니껜 인지 또 학교로 훈련 댕기다 댕기다가 이게 해방되안 거죠.

그러다가 그해, 한 해 넘어가고서는 정신대에 가야 되니까 훈련을 나오라고 하니까 이제 또 학교로 훈련을 다니다, 다니다가 이렇게 해방된 거죠.

서 에 그륵하구스는 이 한글은 나 눈치루 나 내가 혼자 배아 알아 믁은 거여.

예, 그렇게 하고서는 이 한글은 내가 눈치로, 너가 혼자 배워서, 알게 된 거야.

서 일본 글은 사 년을 배왓구.

일본어는 4년을 배웠고.

이 많이 배왓구만.

많이 배웠구먼.

서 에 그땐 일분말 많이 햇지.

예, 그때는 일본말을 많이 했지.

서 이분에 우리 손주 데리꾸 가스두 할머니 일분말이 왜 이룽게 어리워요?

이번에 우리 손자를 데리고 가서도 "할머니, 일본말이 왜 이렇게 어려워요?"

서 야 일분말 쉽댓는데 이라니께.

"야, 일본말 쉬웠는데." 이러니까.

서 아녀 어리워요.

"아니야, 어려워요."

서 이기 뭅니까 하는 그 아느냐고 하니께 몰라.

이것이 무엇입니까 하는 것 아느냐고 하니까 (손자가) 몰라.

서 고레와 난데스까 하구 하는 게 이게 멋입니까 하는 기단다 그랑께.

"'고레와 난데스까'라고 하는 것이 '이것이 무엇입니까'하는 것이란다."고 그러니까.

서 아구 할므니 잘하네.

"아이고 할머니 잘하네."

06
마당질과 물레질

한영숙 근디 우리 나 어렸을 때 이북세는 우리 이부서는 덜까[22]를 말이지 가마니루 하던가 바.

그런데 우리, 내가 어렸을 때 이북에서는 우리 이북에서는 들깨를 말이야 가마니로 했던가 봐.

한 가마니루 막 섬으로 하댓으니께 거 넓은 디 건부 깔어 놓구 즈 도리깨로 쳣어.

가마니로 막 몇 섬씩 했으니까 그 넓은 데에 전부 깔아 놓고 저 도리깨로 쳤어.

한 들깨 마당질[23]을 도리깨로 쳣어.

들깨 타작을 도리깨로 쳤어.

한 그스 나 이룹게 트는 거 안 밨어 들깨로 트는 거.

그래서 나는 이렇게 터는 것은 안 봤어, 들깨를 터는 거.

---

22 '들깨'의 방언형.

23 '마당질'은 '곡식을 떨어 알곡을 거두는 일'을 의미한다.

배심연 우리는 우리 고향이스는 챙깨[24]는 많이 심엇지.

우리는, 우리 고향에서는 참깨는 많이 심었지.

배 챙깨 많이 심구 즈 메밀 많이 심구 녹두 많이 싱구 조게 퐛[25] 그럼 조.

참깨를 많이 심고 저 메밀을 많이 심고 녹두도 많이 심고. 조금 팥, 그럼, 조(도 많이 심고).

한 어 녹두 퐛 많이 심읐어.

어, 녹두, 팥을 많이 심었어.

배 그륵하구는 또 저 미녕[26] 미녕 많이 심읏으 미능.

그리고는 또 저 무명, 무명을 많이 심었어, 무명.

한 그인디 근디 원래가 여기가 평야지[27]잖아 이짝인.

그런데, 그런데 원래가 여기가 평야잖아, 이쪽(전북)은.

한 그르구 북한이는 평야지가 아이라 전부 다 밧이 많아 갖고 뭐 저기 녹두 퐛 그른 그 잡곡을 많이 했어요 북한이.

그리고 북한에는 평야가 아니라 전부 다 밭이 많아서 뭐 저기 녹두, 팥 그런 그 잡곡을 많이 했어요, 북한에서.

---

24 '참깨'의 방언형.

25 이 자료에서는 '팥'이 모두 '퐛'으로 실현된다.

26 '무명'의 황해도 방언형.

27 [평냐지]. /ㄴ/이 첨가되었다.

한 그그하구 털려요.

거기하고 (여기는) 달라요.

한 여그가 여긴 평야지구 그기는 저기잖아 그하군 안전히 털려.

여기가, 여기는 평야고 거기는 저것(산간)이잖다, 거기하고는 완전히 달라.

김경휘 아니 무명이라고 해야 맞는데 그 목화를.

아니, 무명이라고 해야 맞는데, 그 목화를.

한 목화라 글치.

목화라고 그러지.

김 그 미녕 미녕베 한다구랜 글로 아는데.

그 무명, 무명베를 한다고 그런 것으로 아는데.

배 에 미녕 미녕이라고래.

예, 무명, 무명이라고 그래.

김 그고 저이 무야 이 해 가지고 뭐야 미녕 짠다고 하나.

그리고 저거 뭐야, 이렇게 해서 뭐야 무명을 짠다고 하나?

배 어 베 짜 베 짠다고랬죠 베 짠다고.

어. 베를 짜, 베를 짠다고 그랬죠, 베를 짠다고

배 베틀 저게 베 베 짜고 미녕 내는 게 베 낸다고.

베틀 저기에 베, 베를 짜고 무명을 내는 것을 베를 낸다고 (하지).

배 불 피워 놓그스는 그거 이룽게 죽 쑤 갖고 다 찍찍 발라서 물 그럼 물 쐐 쐐질[28] 목하 따스 쐐질하고 저 쐐질하고.

불을 피워 놓고서 그것을 이렇게 죽을 쒀서 다 찍찍 발라서, 물 그럼 물, 씨아질, 목화를 따서 씨아질하고, 저 씨아질하고.

김 어 맞아 물레질하고.

어, 맞아. 물레질하고.

한 난 우리 할무니가 가리켜 주 갖고 베틀 올라가 쪼끔 이게 해 밨어.

나는 우리 할머니가 가르쳐 줘서 베틀에 올라가서 조금 이렇게 해 봤어.

한 가리켜 주서 이 쪼 이룽게 해 봤으.

가르쳐 줘서 이것을 조금 이렇게 해 봤어.

한 이르게 넣고 또 이룽게 하구.

이렇게 넣고 또 이렇게 하고.

김 쐐질은 목하 해 가지구 인지 이 갈 수학한 다음에 거 씨 뽑누라고 쐐기[29]를 사용햇잖아요.

씨아질은 목화를 심어서 이제 이렇게 가을에 수확한 다음에 그거 씨를 뽑느라고 씨아를 사용했잖아요.

---

28 '씨아질'의 황해도 방언형. '씨아'는 '목화의 씨를 빼는 기구'를 의미하며 이 기구를 통해 목화의 씨를 빼는 작업을 '씨아질'이라고 한다.

29 '쐐 +기(器)'로 분석할 수 있다. '씨아질을 하는 기계', 즉 '씨아'를 의미한다.

김 그름 고짝에 들어먼 요롷게 딸리 들으가고 씨만 뜰어져 나오고.

그러면 그 쪽에 들어가면 이렇게 (목화 솜이) 딸려 들어가고 씨만 떨어져 나오고.

배 그륵하 갖구는 방앳간에 가서 이제 소캐[30]를 타다가는 또 이제 그 무야 저이 실 뽑느라고 그 이 숫당[31] 막대기 거그다가스는 이렇게 이리께 해 갖구스는 꽂지.

그렇게 해서 방앗간에 가서 이제 솜을 타다가 또 이제 그 뭐야, 저기 실을 뽑느라고 그 이렇게 수숫대 막대기 거기에다가 이렇게 이렇게 해서는 꽂지.

한 우리 할머니가 물레질 잘했으.

우리 할머니가 물레질을 잘했어.

배 그르게 하구 물레 이룽게 물레질 어 물레지는 거 이륵해 갖고 착 뽑군 또 갖단 대곤 이니.

그렇게 하고 물레를 이렇게 물레질, 어 물레질은 그것을 이렇게 해서 (실을) 착 뽑고는 또 갖다가 대고는 이내 (실을 뽑았지).

30 '솜'의 황해도 방언형.

31 '수숫대'의 황해도 방언형.

07
지진이 일어나다

이연옥 허고 한분은 자는디 우리 고향으스드[32] 그 지진이 일어낫댓으.

그리고 한번은 자는데 우리 고향에서도 그 지진이 일어났었어.

이 아니 자는디 아 농짝이 흔들흔들 하드라고요 와그닥와그닥흐.

아니 자는데 아 장롱이 흔들흔들 하더라고요, 와그닥와그닥해요.

이 우리 즈 우리 즈 동시는 아룻묵이스 자구 아릿방이스 자구 우리는 웃방에스 잣그든.

우리 저, 우리 저 동서는 아랫목에서 자고, 아랫방에서 자고 우리는 윗방에서 잤거든.

이 우리 시엄마이는 시아부지랑 즈 사랑방에스 아이들 데리구 자구.

우리 시어머니는 시아버지하고 저 사랑방에서 아이들을 데리고 자고.

이 아니 무이 들긍들긍해스 아 구들장 기룽햐.

아니 뭐가 덜컹덜컹해서, 아 구들장이 그래.

---

32 4음절의 /ㅅ/이 구개음으로 실현되었다.

이 기룽해서 아니 무이 그라는지 몰르갓네.

그래서 아니 무엇이 그러는지 모르겠네.

이 아분님 무이 흔들흔들해여 그라니께.

"아버님 뭐가 흔들흔들해요." 그러니까.

이 야 고만히 있으라 지진 일으난다 긍게 고만히 있으라이 개스.

"야 가만히 있어라. 지진이 일어난다. 그러니까 가만히 있어라." 그래서.

이 지즌 일으나요 지진이 무예요

"지진 일어나요? 지진이 뭐예요?"

이 아 이케 흔들흔들 구들장도 흔들흔들하구 농도 흔들흔들하믄 지진이야 게 고마히 있으야지 큰일 나.

"아 이렇게 흔들흔들, 구들장도 흔들흔들하고 장롱도 흔들흔들하면 지진이야. 그러니까 가만히 있어야지 (안 그러면) 큰일 나."

이 그서 이불을 푹 뒤집으씨고 고마이 잇읏지 무 뭐스스.

그래서 이불을 푹 뒤집어쓰고 가만히 있었지 믝 무서워서.

박순심 남편도 없는디.

남편도 없는데.

이 뚜 그르지 남픈두 나갔는디.

또 그렇지, 남편도 나갔는데.

이 개스 한참 그러드니 없드라고 으 몿길래[33].

그래서 한참 그러더니 없어지더라고. 어 멈추길래.

33 '멎다'의 방언형.

이 아분님 이진 흔들흔들 안 하네여 그라니께.

“아버님 이제는 흔들흔들 안 하네요.” 그러니까.

이 으 다 끝낫다 갠찮다.

“어 다 끝났다. 괜찮다.” (그러시더라고.)

이 기스 그그 고향이스두 나 그그 알았어.

그래서 거기 고향에서도 나 그것을 알았어.

이 근디 여그스는[34] 무 다 물이 나오고 다 뒤집힌다가니께.

그런데 여기에서는 (지진 나면) 뭐 다 물이 나오고 다 뒤집힌다고 하니까.

이 즈 우리 고향이스는 쨰끔 나스근 말어지.

저 우리 고향에서는 조금 나고는 말았지.

서 찌진이 문지나 알앗간요.

지진이 무엇인지나 알았나요.

서 그러 난 몰랏댓어.

그럼, 나는 몰랐었어.

서 몰르고 자 잠 자스 난 몰랐어.

모르고 잠, 잠을 자서 나는 몰랐어.

이 아 나인 깻지.

아 나는 (잠에서) 깼지.

이 그띠는 아무께 사내이[35]가 없응게 즘 재주 깨드만.

그때는 아무래도 남편이 없으니까 좀 자주 깨더구먼.

---

34 3음절의 /ㅅ/이 구개음으로 실현되었다.

35 '사내'는 '남편'을 지칭하는 말로도 쓰인다(정원수 2002).

이 개 깨구 잇는디[36] 무이 흔들흔들 농짝이 흔들흔들허고.

그래서 깨어 있는데 무엇이 흔들흔들 장롱이 흔들흔들하고.

서 아츰에 일으나니께야 지진 낫댓다 밤에 아부지가 그려.

아침에 일어나니까 (그때서)야 "지진 났었다. 밤에." 아버지가 그래.

서 갼대 우리 아브지는 머라고 하냐믄 우리 오빠 친구들이 사랑방에 모여스 새끼들을 꽛디아.

그런데 우리 아버지는 뭐라고 하냐면, 우리 오빠 친구들이 사랑방에 모여서 새끼를 꼬았대.

서 일 년으 씨드 새끼들을 꼬댓잖아 게울이먼.

일 년 동안 쓸 새끼들을 꼬았잖아, 겨울이면.

서 개스 기냥 동치미하구 고고마 쪄스 다 갖다 주니께 먹구 아 이놈들이 간다구 나가는디 지진이 나드랴.

그래서 그냥 동치미하고 고구마를 쪄서 다 갖다 주니까 먹고 아 이놈들이 간다고 나가는데 지진이 나더래.

서 응께 아부지는 이눔들이 나가스 기둥을 잡아 헌드는 줄 알앗디야.

그러니까 아버지는 이놈들이 나가서 기둥을 잡아 흔드는 줄 알았대.

서 그 얘기 아츰에 하드라구.

그 얘기를 아침에 하더라고.

서 흔드는 줄 알앗드니 지진이드라 그람스 얘기 하드라구.

"(아들 친구들이) 흔드는 줄 알았더니 지진이더라." 그러면서 얘기하더라고.

---

36 '-고 있다'가 '상태 지속'의 의미로 쓰였다.

08 소와 관련된 일화

김성빈 그 육이오 나 가지구 북 북한 아 북한 정치가 데 있을 적에 지 마흐자믄 에 청년단이라구 있어.

그 6.25 전쟁이 나서 북한, 북한 정치체제가 돼 있을 적에, 저 말하자면 에 청년단이라고 있어.

김 청년단이 잇으 갖구 북한 아이들이 소 막 잡아 가잖아.

청년단이 있어서 북한 사람들이 소를 막 잡아 가잖아.

김 그라믄 못 잡아게 해 가지구 잇다 기 그때는 공산 국가이라 암 내가 소 멕이구 말하잠 이릿소[37] 딴 사람한데 주어 가지고 새끼 하나 얻으 갖구서 솔 멕이다가 이게 주잖아.

그러면 (그 소를) 못 잡아가게 해서 있다가, 그때는 공산 국가라서, 아무리 내가 소를 먹이고, 말하자면 배냇소, 다른 사람에게 줘서 새끼를 하나 얻어서 소를 먹이다가 이렇게 (돌려)주잖아.

---

37 자료 제공인에 따르면 '이릿소'는 '배냇소'를 의미한다. '배냇소'는 '남의 소를 송아지 때 가져다가 길러서, 다 자라거나 새끼를 낳으면 원래 주인과 그 이득을 나누어 가지기로 하고 기르는 소'를 말한다.

김 그릉게 다 필오 읎다니껜 니 소 내 소가 없어 갖다 무즈근 자아 묵으니.

그러니까 다 필요가 없다니까, 네 소 내 소가 없어, 가져다가 무조건 잡아 먹으니까.

김 에 그 이 공산주이가 데 가지구 막 껄어가니까.

예, 그 이렇게 공산주의가 돼서 막 끌어가니까.

김 그니께 마흐자므 그 그이 말흐자믄 공 저 이 인민군이 막 끌으가도 그 인지 거기서 정치하는 정치하는 청년들이 잇었더 또 반대 패가 잇그든.

그러니까 말하자면, 그 말하자면 공산당, 저 이 인민군이 막 끌어가도 그 이제 거기에서 정치하는, 정치하는 청년들이 있었어 또, 반대 패가 있거든.

김 그 사람들도 그 가지가닌 그 사람들도 잡아묵고 그릿지.

그 사람들도 그 (소를) 가져가서는, 그 사람들도 잡아먹고 그랬지.

김 한 븐은 아부지는 늙고 우리가 우차가 있었어요 소달구지.

한 번은 아버지는 늙고, 우리가 우차牛車가 있었어요, 소달구지.

김 핸데 있는 사람 다 집합하라개서 안 나갈 수 없어스 나갔으 나갓드니.

그런데 (소달구지가) 있는 사람은 다 집합하라고 해서 안 나갈 수가 없어서 나갔어, 나갔더니.

김 청녕몰이라고 있어요 그 해변가로 쭉 나가믄.

청녕몰이라고 있어요, 그 해변가로 쭉 나가면.

김 긴디 거 호를 파고 호를 파고 마자 인민군들이 그 바다를 지킬라고 솔나무 솔나무 이릏게 굵은 거 거창히 저기서 이만큼씩 하지.

그런데 거기에 참호를 파고, 참호를 파고 말하자면 인민군들이 그 바다를 지키려고 소나무, 소나무를 이렇게 굵은 것을 꽤나, (크기가) 저기에서 이만큼까지 되지.

김 소달구지에아 그글 실지 못 실어.

소달구지에야 그것을 싣지 (다른 것에는) 못 실어.

김 이릏게 길기 나와요.

(달구지 밖으로) 이렇게 길게 나와요.

김 그 핸디 소달구지 잇는 사람 나오라개슨 내 그글 잔뜩 그 실으 주믄 그 껄구서 그 갯빈장에 이제 바다니까 거 옆이가 모랫사장 있으여.

그런데 소달구지가 있는 사람은 나오라고 해서는 나에게 그것을 잔뜩 실어 주면 그것을 끌고 그 모래사장에, 이제 바다니까 그 옆에 모래사장이 있어요.

김 한디 거이까장 가야 데니께 그 가니까, 우리 염천에스 거기가 그게 멀진 않아요.

그런데 거기까지 가야 되니까, 거기에 가니까, 우리 염천에서 거기가 그렇게 멀지는 않아요.

김 그진 한 심 십 리 정돈 데갓네.

거의 한 십, 십 리 정도는 되겠네.

김 기 가니까 저능 때가 데앗어.

거기에 가니까 저녁 때가 됐어.

김 저닉 때가 데앗는디 머 그때두 그룹지만 그 인민군이 보통 나이가 열다섯 열여섯 일일구 요런 사람들두 많아요 지운하고 한 사람들.

저녁 때가 됐는데, 뭐 그때도 그렇지만 그 인민군이 보통 나이가 열다섯, 열여섯, 열일곱, 이런 사람들도 많아요, 지원한 사람들.

김 근디 아 이른 큰 가마솥에다가 팟 알죠 팟 팟을 두구 밥을 했어.

그런데 아 이런 큰 가마솥에다 팥 알죠, 팥, 팥을 넣어서 밥을 했어.

김 여 우리게는 쌀밥이란 여긴 이팝[38]이라가잖아?

여기 우리에게는 쌀밥이라는 것을 여기(북한)는 이밥이라고 하잖아?

김 글 잔뜩 해스 이른 큰 긋이다 하나 해 가지곤 거 국을 돼 돼아짓국인가 숏국인가 몰라.

그것을 잔뜩 해서 이런 큰 곳에 가득 해서는, 그 국을 돼지고기 국인지 소고기 국인지 몰라.

김 기름이 둥둥 떳는디 낫두그스 먹지도 못하고.

기름이 둥둥 떠 있는데 (그 기름을) 놔두고 먹지도 못하고.

김 나 그긋두 다 먹지도 하 뚜그 뚜군 건 나 잘 못 먹는디 그 먹다 말구 소 돌리 갖구서 오구 말앗는데.

나는 그것도 다 먹지도, 뜨거, 뜨거운 것은 내가 잘 못 먹는데, 그것을 먹다 말고 소를 돌려서 왔는데.

김 아 하이턴 잘 먹드만.

(그 사람들은) 아 하여튼 잘 먹더구먼.

---

38 '쌀밥'의 황해도 방언형.

김 긴디 거이 모랫사장이라 그냥 파문 자꾸 무느지그든.

그런데 거기가 모래사장이라 그냥 파면 자꾸 무너지거든.

김 그리께 솔나무 인지 버티믄서 호를 판 호를 파라그 그래스 글 나무를 시으다 갓어.

그러니까 소나무로 이제 버티면서 참호를 판, 참호를 파라고 그래서 그 나무를 실어 갔어.

김 나오랑께 안 나갈 수 없지, 소 갖구 있는 집.

나오라고 하니까 안 나갈 수 없지, 소를 갖고 있는 집은.

III.

결혼

01
공출을 피하려고 결혼을 서두르다

조 원래 그럼 결혼은 북한에서 하셨어요?

김성빈(이하 김1) 예 북한에서 햇댓어요 예 예.

예, 북한에서 했었어요, 예, 예.

조 결혼식은 어떻게 하셨어요?

김1 아 나 결혼할 즉에는 말이 잘하는 사람은 세 필 세 필로 와요.

아, 내가 결혼할 적에는 말이, 잘사는 사람은 세 필, 세 필로 와요.

김1 네 긴데 가마이다 하나 올리고 횡[1] 하나 타고.

네, 그런데 가마를 (그 말) 하나에 올리고, 후행後行이 (말) 하나를 타고.

---

1 '후행(後行)'의 황해도 방언형. '후행'은 '혼인 때에 가족 중에서 신랑이나 신부를 데리고 가는 사람'의 의미이다.

조 휑이 뭐예요?

김1 휑 휑이라고 신량[2] 대리로 오는 사람 그 보조 보좌 보조로 오는.

후행後行이라고 신랑 대리代理로 오는 사람, 그 보조, 보조로 오는.

김성호(이하 김2) 아 줄 줄럴리 비서지 말허잠 들러리.

아, 들, 들러리, 말하자면 비서지, 들러리.

김1 음 들러리.

응, 들러리.

김1 그 사람 타고 신량 타고.

그 사람이 타고 신랑이 타고.

김1 핸디 근 에 마부가 그 다 딸레요.

그런데 거기에 마부가 (말마다) 다 딸려요.

김1 마부가 옆이스 그 다 이케 몰고 가지 신량 혼자 그냐 이케 타고 가는 게 아니야.

마부가 옆에서 그 (말을) 다 이렇게 몰고 가지 신랑이 혼자 그냥 이렇게 타고 가는 것이 아니야.

김1 그니께 우리 결혼할 즉에두 그르 그른 시절여.

그러니까 우리가 결혼할 적에도 그러, 그런 시절이야.

---

2 '신랑'의 황해도 방언형.

김1 왜냐믄 왜 나이 많은 사람을 그케 하냐믄[3] 그때 왜정 때 처니는 잡아가두 시집 간 사람은 안 잡아갓그든.

왜냐하면 왜 나이가 많은 사람하고 결혼을 하냐면, 그때 왜정 때 처녀는 잡아가도 시집 간 사람은 안 잡아갔거든.

김1 왜정 때 공출 그 저 지금 많이 나오잖아.

왜정 때 공출(이라고) 그 저 지금 (이야기가) 많이 나오잖아.

김1 첨에 그 잡아가두 어데 머 공장에 가스 돈 번다고 그케 거짓말 일본 놈들이 하고.

처음에 그 잡아가도 어디 뭐 공장에 가서 돈을 번다고 그렇게 일본 사람들이 거짓말을 하고 (데려갔어).

김1 또 므 머 어데 가스 므 하이튼 돈 번다고 함스 끌으갓지.

또 뭐 어디에 가서 뭐 하여튼 돈을 번다고 하면서 끌어갔지.

김1 그룹게 무 구 구인들 위안부루 그렇게는 안 가지갓지.

그렇게 뭐, 군인들 위안부로 (데려간다고) 그렇게는 안 데려갔지.

김1 그링께 그것두 마하자믄 지금 말하자면 에 리장[4]이라구 하나 구장이라구 하지 구장.

그러니까 그것도 말하자면, 지금 말하자면 에, 이장里長이라고 하나, 구장區長이라고 하지, 구장.

---

3 '왜 나이가 많은 사람과 결혼을 하냐면'의 의미이다. 자료 제공인은 본인보다 3살 연상인 아내와 결혼하였다.

4 '이장'의 방언형. 두음법칙이 실현되지 않았다.

김1 그 왜중 때 그 사람딜이 모루니까 그 순사들이 오구 나두 그 부락이 이장은 알 그 아냐 누구니가 어이 처녀가 잇구 샤시[5]가 있다는 글 다 알잖아.

그 왜정 때 그 (일본) 사람들이 모르니까, 그 순사들이 와도, 그 마을의 이장은 알 거 아니야, 누구네 집에 어 처녀가 있고, 색시가 있다는 것을 다 알잖아.

김1 그니께 그 구장한디 얘기해스 데리가구 그런.

그러니까 그 구장에게 얘기해서 (처녀들을) 데려가고 그랬지.

김1 그릉께 해방데 가지우 구장들이 많이 매 맞아 죽구 다 햇지.

그러니까 해방돼서 구장들이 많이 매 맞아 죽고 다 그랬지.

조 그럼 말 세 필 타고 가 갖고 거기서 하룻밤 자고 옵니까?

김1 아이 원칙은 왓다 어으 즈 그기스 머 자구 오는 데도 잇갓지만 하이든 난 바로 왔어.

아니, 원칙은 (처가에) 왔다, 어 저 거기에서 뭐 자고 오는 데도 있겠지만 하여튼 나는 바로 왔어.

김1 아니 나 아 나루 하 거기스 하룻밤 잣구마 자구 왔으.

아니, 나, 나도 하루 거기에서 하룻밤 잤구먼, 자고 왔어.

조 결혼식은 마당에서 해요?

---

5 '색시'의 황해도 방언형.

김1 그르지 마당에스.

그렇지, 마당에서 (하지).

김2 우리 그슨 결혼식허먼 한 사오 일 동네잔치가 되아.

우리 거기에서는 결혼식을 하면, 한 4~5일은 동네잔치가 돼.

김1 여기 같이 그양 머 간단히 그날로 다 끝나는 게 아니.

여기 같이 그냥 뭐 간단히 그날로 다 끝나는 게 아니야.

김1 거 돼지우 잡구 무이냐므 국수 국수 분 이케 큰 거 해 가지구 사람 한 댓 명이 타.

그 돼지도 잡고, 무엇이냐면 국수, 국수 반죽을 이렇게 큰 것으로 해서 사람 한 댓 명이 타.

김1 그 강원도에스 거 눌르는 그 잇잖아 어 이케 타구슨 눌르는 거.

그 강원도에서 그거 누르는 거 있잖아, 어 이렇게 (올라)타고서는 (국수를) 누르는 거.

김1 거거루 눌러서 손님을 대즙해.

그것으로 (국수를) 눌러서 손님을 대접해.

조 국수를 빼서 손님을 대접해요?

김1 에.

예.

김2 그 밤새도록 빼야여 그그는.

그 밤새도록 빼야해, 그것은.

김1 긍게 메밀국수 우리기서 그대.

그러니까 메밀국수야, 우리에게서 그때.

김1 그 그룽게 해서 대즙하구 대지는 월추에 잡구.

그렇게 해서 대접하고, 돼지는 월초에 잡고.

김1 그니께 인자 마마따나 대지고기 겉은 글 무 구깅도 못햇는데 그 잔치 땐 다 구깅하지.

그러니까 이제 말마따나 돼지고기 같은 것을 뭐 구경도 못했는데 그 잔치 때는 다 구경하지.

02
얼굴도 모르고 한 결혼

조 할아버지를 만나신 얘기나 좀 해 주세요.

이연옥 할아브지 고향이스 만나쎄요.

할어버지는 고향에서 만났어요.

박순심 연애핸 거 아니죠?

연애한 거 아니죠?

이 아니야 옛날에 무스 연애가 잇냐 야.

아니야, 옛날에 무슨 연애가 있냐, 야.

박 그래두 다 햇다 그러대요.

그래도 다 했다고 그러대요.

이 에이그 그 야모 야몰인 사람이나 햇갓지.

아이고 그 야무, 야무진 사람이나 했겠지.

박 그런가는 몰라도 핸 사람은 다 햇대.

그런지는 몰라도 한 사람은 다 했대.

이 나느 우리 영감 나 주 므야 즈이 거스니[6] 우리 작은음마이가 동굴스 왔어 우리 간데옴마이[7]가.

나는 우리 남편, 나 저 뭐야 저기, 저기 우리 작은어머니가 동골에서 왔어, 우리 작은어머니가.

이 어 그기스 얻어 왓그든.

어, 거기에서 얻어 왔거든.

이 한디 넘 주갓다니께[8] 우리 저 작은엄마인네가 작은엄마이가 그랴.

그런데 남에게 주겠다니까 우리 저 작은어머니네가, 작은어머니가 그래.

이 우리 동네 그 아들 육 힝진디 아들 육 힝제여.

"우리 동네에 그 아들 육 형제 (집이) 있는데." 아들만 육 형제야.

---

6 '저스니'의 변이형

7 '작은어머니'의 황해도 방언형. 정원수(2002)에 '숙부'의 방언형으로 '가운데아바이'가 보고되어 있다.

8 '넘 주다'는 문맥상 '시집보내다'는 의미이다.

이 어 아들 육 흥진디 그 사람 시엄마이도 착하구 아들드두 다 착하구 그런디 거기 주먼 어드래요[9] 우리 옴 시 우리 할매브고 그릏하드라구.

어, "아들이 육 형제인데 그 사람의 시어머니드 착하고 아들들도 다 착하고 그런데 거기에 시집보내면 어때요?" 우리 엄, 시, 우리 할머니더러 그렇게 말하더라고.

이 그래스 우리 머 가두 안 밧어 시집에.

그래서 우리는 뭐 가 보지도 않았어, 시댁에.

이 가두 안 보군 우리 작은엄마이 말 듣구 준 그야.

가 보지도 않고 우리 작은어머니 말만 듣고 시집보낸 거야.

이 으, 그가구는 머 첨이 머 가시집[10]이 온다그릉스 난 보 말두 안 해으여.

어 그렇게 하고는 뭐 처음에 뭐 (남편이) 아내될 사람 집에 온다고 하면서 나는 보, 말도 안 해 봤어요.

이 내가 어믈으[11] 갖구 부끄르 갖구.

내가 야무지지 못해서, 부끄러워서.

이 우리 그쩍에 우리 할무니랑 우리 작은옴마이랑 베 매댓그등 마당으스.

우리 그때 우리 할머니랑 우리 작은어머니랑 베를 맸거든, 마당에서.

---

9 '어떻다'의 방언형.

10 '처갓집'의 황해도 방언형. ≪표준≫에는 '가시집'이 '처가(妻家)를 낮잡아 이르는 말'로 기술되어 있다. 그러나 정원수(2002)에 따르면 이 방언에서는 '가시'가 낮잡아 부르는 말로는 쓰이지 않는다.

11 '어물다'는 '사람의 성격이나 태도가 여무지지 못하다'는 의미이다.

이 그 즈인 베 맷잖아.

그 전에는 베를 맸잖아

이 긍게 베 매구 짜구 하잖아.

그러니까 베를 매고 짜고 하잖아.

이 긍게 베 매는디 사위 왓디야.

그러니까 베를 매는데 사위가 왔대.

이 사위 왓다걸래 가만히 문구넉[12]으루 냐다봉게 쨰끄만 게 올랑올랑[13] 허믄스, 쨰끄맣댔어.

사위가 왔다고 하길래 가만히 문구멍으로 내다보니까 조그만 것이 올랑올랑하면서, 조그맸어.

이 그때 신우주 가스 살아 왓디야.

그때 신의주에 가서 살다 왔대.

이 하므스 신우주 신우주 가스 페양 신우주 가스 살다 왓다므스 시집 오니께 신으주 칠촌 신우주 칠춘 합디다.

그러면서 신의주, 신의주에 가서, 평양 신의주에 가서 살다 왔다면서 시집오니까 (남편에게) "신의주 칠촌, 신의주 칠촌."이라고 합디다.

이 근데 아 쨰끄만 게 까불까불하스 지기 신량이냐?

그런데 아 조그만 것이 까불까불해서 '저게 신랑이냐?'(생각했어.)

이 마두 안 해 보구.

말도 안 해 보고.

---

12 '문구멍'의 황해도 방언형.

13 '올랑올랑'은 '작은 물결이 잇따라 흔들리는 모양'의 의미이다. 여기에서는 문맥상 '왔다 갔다 하는 모양'을 의미한다.

이 하룻밤 하룻밤 쯔 우리 작은아부지라 쑹을쑹을하다가 자구스 그드이 밥 목구슨 달아낫지.

하룻밤, 하룻밤 저 우리 작은아버지랑 쑹얼쑹얼하다가 자고 그러더니 밥 먹고서는 돌아갔지.

이 핸데 말두 안 해 보고 보기두 못햇지 나두.

그런데 말도 안 해 보고 보지도 못했지, 나도.

이 셔루[14]가 다 만나 보지두 못햇지.

서로가 다 만나 보지도 못했지.

이 하군 잔치[15]한디야 잔치햇는데.

그러고는 결혼식한대, 결혼식을 했는데.

박 번갯불에 콩 구워 먹네.

번갯불에 콩 구워 먹네.

이 하구난 우리 삼춘은 장개 저 잔치했으요 그하.

그러고는 우리 삼촌이 장가, 저 결혼식을 했어요, 그해에.

이 우린 잔치했응께 못 한다구 어 다음 해 해야지 그그 음 우티가 어륀데 어케 두 분씩 하냐 항께.

우리는 결혼식을 했으니까 (또 결혼식을) 못 한다고 "어 다음 해에 해야지, 그거 음 우리가 어려운데 어떻게 (한 해에 결혼식을) 두 번씩 하느냐."고 하니까.

---

14 1음절의 /ㅅ/이 구개음으로 실현되었다.

15 '결혼식'을 의미한다.

이 우리 시집이서 그냥 빈 몸으로 오라는 그야.

우리 시집에서 그냥 빈 몸으로 오라는 거야.

이 빈 몸으루 가믄 어득하냐 으 이불때기락두 해 주얘지 그냥 같이 사냐 행께.

"빈 몸으로 가면 어떻게 하냐, 어? 이불이라도 해 줘야지 그냥 같이 사느냐."고 하니까.

이 그래두 자꾸 하 하자는 거야.

그래도 자꾸 하, 하자는 거야.

이 하자니께 그름 빈 몸으루 보내끄미 그름 다 꾸리 주라구.

하자고 하니까 그럼 빈 몸으로 보낼 테니까 그럼 다 준비해 주라고.

이 아 므 므 이 무 온다구 우티 한 벌 내 우태 입고 오라구 우티 한 불할 그 보내구 저 무야 하구는 이불은 우리가 해 가구.

아, 뭐 뭐 이 뭐 (시집) 온다고 옷 한 벌, 내 옷, (시집 올 때) 입고 오라고 옷 한 벌 지을 것을 보내고, 저 뭐야, 그리고 이불은 우리가 해 가고.

이 아 머 그냥 갔어 그냥 무 빈 몸으루 갔으.

아 뭐 그냥 갔어, 그냥 뭐 빈 몸으로 갔어.

이 머 시엄마이 우태 시아바이 우티 하나두 안 하가 즈이가 빈 몸으루 오라긋응께 나 빈 몸으루 갔어.

뭐 시어머니 옷, 시아버지 옷 하나도 안 해가고, 당신네가 빈 몸으로 오라고 했으니까 나는 빈 몸으로 갔어.

이 가스 살 살앗지.

가서 살, 살았지.

이 사는디 신랑은 머 먼 난봉이라 자꾸 돌아댕기구.

사는데 신랑은 뭐, 무슨 난봉꾼이라서 자꾸 (밖으로) 돌아다니고.

이 머 이겐 나가니껜 좋데유 머.

뭐 이건 나가니까 좋데요 뭐.

박 멫 살 때에요? 그때는.

그때는 몇 살 때예요?

이 나 열으듭에 나 시즙갓으.

내가 열여덟 살에 내가 시집갔어.

이 으리 으링게 미숩기만 하고 사내아이라고 미숩기만 하고 엔.

어리, 어리니까 무섭기만 하고, 남자라고 무섭기만 하고, 예.

이 허면 나가믄 씨은하드라구.

그러면 나가면 시원하더라고.

이 밤이두 안 들오믄 깨끗하드라구[16].

밤에도 안 들어오면 좋더라고.

이 그릏게 살아씨요 나는.

그렇게 살았어요, 나는.

이 사내 들오믄 미슈어.

남자가 들어오면 무서워.

이 아니 말하는디 놈들이 할마이들이 그랴.

아니, 남들이 말하는데, 할머니들이 그래.

16 문맥상 '개운하다', '좋다'의 의미이다.

이 물리질하는 디가 느 시집가믄은 느 넝큼[17] 아이 낳는다 너.

물레질하는 곳에서 "너 시집가면 너 금방 아이 낳는다 너."

이 왜?

"왜?"

이 사내가 붙응게 그래스.

"남자가 붙으니까." 그래서.

이 시 사내가 안 자믄 델 그 아녀? 안 자믄 디아. 그랬즈.

"시, 남자하고 안 자면 될 것 아니야? 안자면 돼." 그랬죠.

이 아 사내, 우리 영감이 맨날 튀전[18], 튀즌하르 댕겼어.

아 남자, 우리 영감이 맨날 투전, 투전하러 다녔어.

이 튀즌하댕게 밤에두 나가스 안 들와.

투전했으니까 밤에도 나가서 안 들어와.

이 에이 깨끗하다.

에이 좋다.

---

17 '냉큼'의 방언형.

18 '투전'의 황해도 방언형.

03
노래로 장모님의 마음을 얻다

조 옛날에 장가가실 때 이야기 좀 해주세요.

김경휘 그때 여 동네에 내가 멫 살에 장개갓나?

그때 이 동네에서 내가 몇 살에 장가갔나?

김 늦게 갓어잿든 간에.

늦게 갔어 어쨌든 간에.

김 군인 갓다 와 갖고 군인 갓다 갖고 군인 갓다 와서 얼만 잇다 장가 갓지.

군대에 갔다 와서 군대에 갔다 와서, 군대에 갔다 와서 얼마 안 있다가 장가갔지.

김 군인을 늦게 갔어.

군대에 늦게 갔어.

김 이 부모가 어뜨겐가 이 지금 내 나이가 진짜 나이는 아홉인데 이 저 이 생일도 안 맞고 내 연도도 안 맞아 두 살 줄였어.

이 부모님이 어떻게 했는지 이 지금 내 나이가, 진짜 나이는 (일흔) 아홉 살인데 이 저 이 생일도 안 맞고 내 (출생)연도도 안 맞아, 두 살을 줄였어.

김 왜 줄엿는가는 모르지.

왜 줄였는지는 모르지.

김 기 부모가 어뚱게 쓰면서 그이 가지고는 예 내 진 나이하고는 안 맞아.

그 부모님이 어떻게 쓰면서 그래서는, 예, 내 진짜 나이하고는 안 맞아.

김 그래 가지오 좀 늦게 갓지.

그래서 좀 늦게 갔지.

김 어 이 넌 늦게 간 폭이지.

어 이 년 늦게 간 셈이지.

김 근데 장개가든 이야이.

그런데 장가가던 이야기.

김 나 자꾸 삐딱삐딱 가루 달아나네[19].

내가 자꾸 삐딱삐딱 가장자리로 달아나네(삼천포로 빠지네).

---

19 '가루 달아나다'는 문맥상 '화제의 중심에서 벗어나다'는 의미이다.

김 이루 달아나고 웃동네로 갓다 아랫동네로 갓다 그르네 간뎃[20] 동네로 안 가고.

이쪽으로 도망가고 윗동네로 갔다가 아랫동네로 갔다가 그러네, 가운데 동네로 안 가고.

김 그 희한하네.

그 희한하네.

김 하다 봄 더 이 그룽게 데느만.

하다 보니까 더 이 그렇게 되누먼.

김 왜냐믄 이게 생각햇든 긋이 거게 하믄 거 또 엉쭈허기 줄 스스 자꾸 가게 데네.

왜냐하면 이렇게 생각했던 것이, 그렇게 하면 그 또 엉뚱하게 줄 지어서 자꾸 가게 되네.

김 어 그렇게 데 일루 갓다 저리 갓다 가네.

어 그렇게 돼, 이리로 갔다 저리로 갔다가 하네.

김 자 이제 인데 이 스물야달 살 스무아홉 살 아마 그 나이.

자, 이제 이제 이 스물여덟 살, 스물아홉 살 아마 그 나이에.

김 그 여게 점 친하든 사람이 잇읏어.

그 여기에 좀 친하던 사람이 있었어.

---

20 '가운데'의 방언형.

김 나 우리 아보지하고 이케 무 의형제를 뫄[21] 가지고 그 양반보고 큰아브라고 하라 그래 가지 큰아브지라 큰아브라 했어.

우리 아버지하고 이렇게 뭐 의형제를 맺어서 그 양반에게 "큰아버지라고 해라." 그래서 큰아버지라고 큰아버지라고 했어.

김 거 술 먹으믄 아 어 우리 집에 와 가지 아부지가 술 자믄 큰아브지라 큰아브지 큰아브지 그랫그든.

그 술 마시면 아 어 우리 집에 와서, 아버지가 술 드시면 큰아버지라고, 큰아버지, 큰아버지 그랬거든.

김 그 말하자믄 큰아버지의 말하자믄 거 할머니 저이 말하자믄 마누라가 있었어.

그 말하자면, 큰아버지의 말하자면, 그 할머니 저기 말하자면 (큰아버지의) 아내가 있었어.

김 그 그 연결하는 옛날에 무라고 하나 그거 이거 저 예전에 중신 중신 그어를 많이 했어.

그 그 (처녀 총각을) 연결하는, 옛날에 뭐라고 하나, 그거 이거 저 예전에, 중신, 중신 그것을 (할머니가) 많이 했어.

김 그리까 아마 아 그 군산 이케 다니다가 아마 으리 집사람음 그이 피란미이까.

그러니까 아마 아 그 군산에 이렇게 다니다가, 아마 우리 집사람을, 거기도 피란민이니까.

---

21 '모아'의 줄임말. 표준어에서는 '의형제'와 '맺다'가 연어 관계를 형성하는데, 여기에서는 '의형제를 모으다'로 나타나는 것이 특징적이다.

김 그그 인제 많이 피란민들 사는 그 동네여 마 잠학동이가 여두 농운 같이 피앰들만 사는 그른 고장 잇어.

거기에 이제 피란민들이 많이 사는 그 동네야, 달하자면 삼학등이, 거기도 농원 같이 피란민들만 사는 그런 마을이 있어.

김 그리께 동말래[22] 없던 데, 거 피란미드 거기다 갖다 놓구 이다 하꾸방[23] 짛어 놓고 살라 그래 가지오 밀집히 사는.

그러니까 언덕이 없던 곳에, 그 피란민들을 거기에 데려다 놓고 거기에 판잣집을 지어 놓고 살라고 그래서 밀집해 사는 (거야).

김 그이 가지우 그이 아니까 다니므서 어 아니까 예쁘니까 한분 정신이 아마 해 볼라구랫는가.

그래서 거기를 아니까 다니면서, 어, 아니까 (아내될 사람이) 예쁘니까 한번 중신을 아마 해 보려고 그랬는가 봐.

김 거이 가스 우 집사람 그 말하자믄 우리 장모지 말하자믄 하이가 어 농온에 그 온장하는 양반 그 아들 하나 잇는데 서울 가스 공부도 하고 똑똑하고 갠찮이까 한본 여 저이 딸내미 한본 주자구 아마 그랜가 봐.

거기에 가서 우리 집사람, 그 말하자면 우리 장모지 말하자면, 하여간 어 (이서) 농원에 그 원장하는 양반의 아들이 하나 있는데 서울에 가서 공부도 하고 똑똑하고 괜찮으니까 한번 이 저 딸 한번 결혼시키자고 아마 그랬는가 봐.

---

22 '언덕'의 방언형.

23 '판잣집'의 방언형. '하꾸방'은 '상자'를 의미하는 일본어 'はこ[箱]'에 '방(房)'이 결합한 말이다.

김 그린까 암마 솔곳햇는가[24] 아마 보라 왓어.

그러니까 아마 솔깃했는지 아마, (나를) 보러 왔어.

김 오 우리 장모델 사람이 말하자믄.

어 우리 장모될 사람이, 말하자면.

김 그리 옛날 뻐스나 다녓나, 저검 즈기 즈기 메야 득자[25]라는 등녕교 여기 저이 머야 게 백구 지금 소재지는 그쪽에스 내리 가지오 빼스 거 이따금 한 대식 다녔으니까.

그래서, 옛날에 버스나 다녔나, 저거 저기 뭐야 득자라는 득룡교 여기 저 뭐야 거기 백구 지금 소재지 있는 그쪽에서 내려서, 버스가 그 이따금 한 대씩 다녔으니까.

김 거 포장이나 제대 햇단 이케 가지우 여게 걸어 들우왔어.

그 포장이나 제대로 했겠어? 이렇게 해서 여기에 걸어 들어왔어.

김 군산서 백 배 군사스 이룽게 전주루 가는 뻐수 타고 오다가스 거기스 내리 가지우 걸어완 거여 여에 찾아서.

군산에서 백, 군산에서 이렇게 전주로 가는 버스를 타고 오다가 거기에서 내려서 걸어온 거야, 여기를 찾아서.

김 여기 농언에 군산서두 다 알지 이서 농언이라면은.

여기 농원은 군산에서도 다 알지, 이서 농원이라고 하면.

---

24 '솔깃하다'의 방언형.

25 '전북 김제시 백구면 영상리'의 옛지명이다.

김 와 가지고 이제 우리 집 사람이 유 저 우리 아브지 유식하니까 배왓으니까 갠찮구 또 인물들도 다 갠찮아 우리 형제지간들이.

와서 이제 우리 집 가족들이 유, 저 우리 아버지가 유식하니까 배웠으니까 괜찮고 또 인물들도 다 괜찮아, 우리 형제들이.

김 다 그래도 적실하니까[26] 괜찮니까[27] 마음에 잇엇는가 바.

다 그래도 진실하니까 괜찮으니까 마음에 있었나 봐.

김 어 그르므스 이제 가는 거야.

어, 그러면서 이제 (돌아)가는 거야.

김 으제 그르게 이야기하고 얘기하고.

이제 그렇게 이야기하고, 얘기하고.

김 그 저 가네딩 안 고 손님디 낸내[28] 주야 델 그 아냐.

그 저 가는데 안, 그 손님인데 배웅해 줘야 될 거 아니야.

김 말흐잠 바래 바래 바래스 저 뻐스까지 태와다 디리야 델 거 아냐.

말하자면 바래, 바래, 바래서 저 버스까지 태워 드려야 될 거 아니야.

김 그른디 그때 뻐스 타는 내가 이제 배웅하라 이 나가면서 상다이 여기스 한 십 리나 거진 데 거 이 거 마 뻐스 타는 데가.

그런데 그때 버스 타는 (데까지) 내가 이제 배웅하러 이 나가면서, 상당히 여기서 한 십 리나 거의 돼, 거기 이 뭐 버스 타는 데가.

---

26 '적실하다(赤實--)'는 '거짓이 없고 진실하다'는 의미이다

27 이 화자에게서만 '-(으)니까'의 매개 모음 '으'가 실현되지 않는 특징을 보인다.

28 '배웅하다'의 방언형.

김 그이까 이젠 무료하잖아.

그러니까 이제 무료하잖아.

김 기 나부고 야 무료하니께 자네 노래나 한분 해 보게.

그러니까 나더러 "야, 무료하니까 자네 노래나 한번 해 보게."(라고 해.)

김 그래서 그때 그 연국 놀은 다음이니까 어 장개가기 즌에 연국 놀앗그든.

그래서 그때 연극한 다음이니까, 어 장가가기 전에 연극했거든.

김 담이니까 노래를 아마 그때만 해두 그게 소질을 지 완즌히 짐 마스타[29]시피 해대 가지우 노래르 잘햇는가 바.

다음이니까 노래를, 아마 그때만 해도 그 소질을 저 완전히 지금 숙달하다시피 해서 노래를 잘했나 봐.

김 긍게 그때 노래가 아직두 기억하네.

그러니까 그때 노래를 아직도 기억하네.

김 기 제목은 모루는데 이른 노래야.

그 제목은 모르는데 이런 노래야.

김 '내 님은 누구일까 어디이 계실까 무엇을 하는 님일까 만나 보고 싶네.'[30]

'내 님은 누구일까 어디에 계실까 무엇을 하는 님일까 만나 보고 싶네.'

김 그 노래하므스 갔어.

그 노래를 하면서 갔어.

김 노래에 할딱 반햇다고.

(장모님이) 노래에 완전히 반했다고.

---

29 '통달하다'의 의미인 영어 'master'를 그대로 발화하였다.

30 "호반의 벤치(노래: 장은숙, 1959)"이다.

김 기게 인제 못 밧지 우리 집사람 못 보고 그 첨 나를 보라 왓으니까.

그리고 이제 못 봤지, 우리 집사람도 못 보고, (장모님이) 그날 처음 나를 보러 왔으니까.

김 그 이제 홀딱 반해스 간 그여 노래에 진짜로.

그 이제 완전히 반해서 간 거야, (내) 노래에 진짜로.

김 그이 가가지고서 이 금 중신 그 아재 통해스 즈 군산으루 내려오라구.

그래서 이 지금 그 중신하는 아저씨를 통해서 저 군산으로 내려오라고 (하더라고).

김 그이 이 마누델 사람 보야 델 거 아니야.

그래서 이 아내될 사람을 봐야 될 거 아니야.

김 그래스 날짜 정해 가지우 갓지.

그래서 날짜를 정해서 갔지.

김 나 가니까 우리 집사람두 그때 나이가 열아홉 살밖에 안 뎃댓그든.

내가 가니까, 우리 집사람도 그때 나이가 열아홉 살밖에 안 됐었거든.

김 기 철도 없엇고 또 모 이제 므 자 시집 갈 생각도 피지기두 아주 그잖아, 일럿고.

그래서 철도 없었고 또 뭐 이제 뭐, 시집 갈 생각이 펴지기도 좀 그렇잖아, 일렀고.

김 이지 그른 나이댔는데 부모님이 나한데 반헛으니깐 자꾸 이제 가라고를 그 아냐.

이제 그런 나이였는데, 부모님이 나한테 반했으니까 자꾸 이제 (시집) 가라고 그럴 거 아니야.

김 개 이제 그때 이지 처갓집에 가스 장모 장인 다 그때 밧지 집사람도 보고.

그래서 이제 그때 이제 처갓집에 가서 장모, 장인 다 그때 봤지, 집사람도 보고.

김 아 보니가 진짜 에쁘네.

아, (집사람을) 보니까 진짜 예쁘네.

김 오 진짜 홀딱 반해 버 이뿌네.

어, 진짜 완전히 반해 버리게 예쁘네.

김 초옴에 게 일연이 델라고 에쁘게 더 보읏갓지 그룽잖아.

처음에 그게 인연이 되려고 예쁘게 더 보였겠지, 그렇잖아.

김 그리 가지우 아 무조근 오케이 버렷어.

그래서 아 무조건 수락해 버렸어.

김 그룽게 가지구스는 결혼을 햇지.

그렇게 해서 결혼을 했지.

04

각시 없이는 살아도 장화 없이는 못 사는 동네로 시집오다

조 어머니 시집오실 때는 연세가 어떻게 되셨어요?

배심연 나 이 스물두 살 여게 스물한 살에 여게 와 갖고 스물두 살 여그 와스 스물두 살 먹었어.

내가 이 스물두 살, 여기에 스물한 살에 여기에 와서 스물두 살, 여기 와서 스물두 살 먹었어.

조 군산서 사신지 한 10년 있다가 여기 오신 거네요.

배 에, 군산스 살머서.

예, 군산에서 살면서.

조 어떻게 중신해서 결혼하셨어요?

배 아 거게 거때만 해두 어 어 해망동이라든 데스 저 그 월명동 공원 잇어.

아, 거기에 그때만 해도, 어, 어, 해망동이라던 곳에 저 그 월명동 공원이 있어.

배 저 군산 공원 거기가 지 고향 사람이 한동네 사람이 거기스 살앗는데 또 거 여기 우리 집 양반 오춘 어무니가 거기스 같이 살안데 날 보고는 또 그 오춘 어므이 시오춘 어므니제 긍게 오춘 어므니가 자꾸 저개 갖구 또 우리 시으머니가 쫓아오는 거야.

저 군산 공원 거이에 저 고향 사람이, 한동네 사람이 거기에서 살았는데, 또 그 여기에 우리 집 양반(남편)의 오촌 어머니가 거기에서 같이 살았는데, 나를 보고는 또 그 오촌 어머니, 시오촌 어머니지 그러니까, 오촌 어미니가 자꾸 저렇게 해서 또 우리 시어머니가 쫓아오는 거야.

배 이 그래 갖구스는 되앗지.

이 그러서는 (결혼하게) 되었지.

조 그때는 결혼할 때는 어떻게 해요? 가마 타고 오셨어요?

배 머 가마 타고 와 저그 기차 타고 왓네 기차.

무슨 가마를 타고와, 저 기차 타고 왔네, 기차.

배 군산스 기차 타고 전주꺼장 와스 전주서 여그 여그 들우는 건 이제 택시 타고 들우왓지.

군산에서 기차를 타고 전주까지 와서 전주에서 여기, 여기에 들어오는 것은 이제 택시를 타고 들어왔지.

배 그때는 여기는 각시 읎이는 살아두 장화 없이는 못 산다고 햇든 동네야 여기가 으.

그때는 여기는 아내 없이는 살아도 장화 없이는 못 산다고 했던 동네요, 여기가, 어.

배 거 혹 밧이여.

그 흙 밭이야.

배 혹이 예법[31] 많이 빠지는 디라 여기는 그땐 그 진짜 각시 없인 살아두 장화 없인 못 산다구 하든 동니.

흙이 제법 많이 빠지는 곳이라서 여기는 그때는 그 진짜 아내 없이는 살아도 장화 없이는 못 산다고 하던 동네(였어).

조 그래서 여기까지 택시타고 들어오셨구먼요.

배 으 그 택시 타고.

어, 그 택시 타고.

조 그럼 결혼식은 여기 집에서 하신 거예요?

배 아이 그 예식장으스 하고 올라왔지 예식장으 서.

아이, 그 예식장에서 하고 (전주로) 올라왔지, 예식장에서.

---

31 '제법'의 방언형.

배 으이 개 식구는 다 안 내려오구 우리 시숙 양반 에이 이 우리 집 양반 횽 같이 둘이 내르와스 이지 거기서 우리는 집안들 다 그기서 나오고 그이 여그 둘이 이룹게 내려와스 이지 결혼식을 하고 그륵하고 올라왓지 기차 타구스는.

어, 그래서 (남편) 식구는 (군산에) 다 안 내려오고 우리 시숙 양반, 어이 우리 집 양반 형하고 같이 둘이 내려와서, 이제 거기에서 우리 쪽은 집안들이 다 거기에서 나오고, 그 여기(남편 식구가) 두 명 이렇게 내려와서 이제 결혼식을 하고 그렇게 하고 (전주에) 올라왔지, 기차 타고서.

조 여기 오셔 가지고 지금껏 사신 거예요?

배 그 여기 그때 와 갖고 계석 사는 그지.

그 여기에 그때 와서 계속 사는 거지.

배 부무님들은 다 돌아가시고 그륵하구.

부모님들은 다 돌아가시고 그렇게 하고.

배 이 형제 우리 집이 양반 동생 여게 바로 같이 살아 한동네서.

이 형제 우리 집 양반 동생이 여기에 바로 같이 살아, 한동네에서.

배 막냇동생 하나 있고 형 둘은 돌아가시고 이제 조카들만 잇지 서울다 살지.

(남편의) 막냇동생이 하나 있고, 형 두 분은 돌아가시고 이제 조카들만 있지, 다 서울에 살지.

배 커 제일 큰아부지 아들들 그 담에 둘째 큰아부지 아들들은 서울스 살아.

큰, 제일 큰아버지 아들들, 그 다음에 둘째 큰아버지 아들들은 서울에서 살아.

조 그때도 함이나 혼수 같은 것도 있었나요?

배 음 그때 잇엇어.
음, 그때 있었어.

조 어머니는 뭐 가지고 오셨어요?

배 나는 나는 이불 갖구 왓는가 뭐 옷 갖구 왓갓구마 옷.
나는 이불을 가지고 왔는가, 뭐 옷을 가지고 왔겠구먼, 옷.

배 우리 작은어머니가 이제 해 줘서 옷 갖구.
우리 작은어머니가 이제 해 줘서 옷을 가지고 (왔지).

배 오빠 그때 군인 갓을 때니께 그때 므어 해 올 긋이 별루 읎잖아.
오빠가 그때 군대에 갔을 때니까 그때 뭐 해 올 것이 별로 없잖아.

배 긍게 작은으머니가 옷 좀 해스 이제 함 그때는 이 무슨 함 이렇게 만들은 그 잇어 그글루 해스 갖고고.
그러니까 작은어머니가 옷을 좀 해서 이제 함, 그때는 이 무슨 함을 이렇게 만든 것이 있어, 그것으로 해서 가지고 오고.

배 여그스두 또 그땐 머 양단[32]하고 무지[33] 무지 치마라구래댓지 그거 거 그륵해스 다 두서너 불 받앗는가.
여기에서도 또 그땐 뭐 양단하고 무지, 무지 치마라고 그랬었지, 그것 그렇게 해서 모두 두서너 벌 받았나?

---

32 '양단(洋緞)'은 '은실이나 색실로 수를 놓고 겹으로 두껍게 짠 고급 비단의 하나'이다.

33 '무지(無地)'는 '무늬가 없이 전체가 한 가지 빛깔로 된 물건'의 의미이다.

조 양단이라는 게 뭐예요?

배 양단 저고리에다가 무 이젠 거이 양단이라문 그때 즈 좋다는 그지 옷이.

양단 저고리에다가, 뭐 이제는 거의, 양단이라면 그때 저 좋다는 것이지, 옷이.

배 음 그때는 무지 치마 이케 지금 이 껌은 지금은 거것이 없지.

음, 그때는 무지 치마, 이렇게 지금 이 검은, 지금은 그것이 없지.

배 겟두 이릉게 톨 붙구 이룽게 고긋두 비싼 긋이지.

그것도 이렇게 털이 붙고 이렇게, 그것도 비싼 것이지.

05
생일에 결혼식을 올리다

안옥봉 그 큰움마 만나 갖구서 군산스 살다가서 그땐 긋 고향 사람들이 큰음말 찾으니까 우리 고향 사람들이 많이 잇드라고요 거이가.

큰어머니 만나서 군산에서 살다가, 그땐 그 고향 사람들이, 큰어머니를 찾으니까 우리 고향 사람들이 거기에 많이 있더라고요.

안 그링게 넘이 집 살 때두 거 아줌마가 나를 데리구 이렇게 가믄 식무라구 안 했으여 그집이서.

그러니까 남의 집에 살 때도 그 아주머니가 나를 데리고 이렇게 가면 식모라고 (말을) 안 했어요, 그 집(주인집)에서.

안 꼭 저이 딸이라구 하므스 손 잡고 데리구 댕겻어요 아잇 적.

꼭 자기 딸이라고 하면서 손을 잡고 데리고 다녔어요, 아이 적에도.

안 으 그른디 거게 지나가믄 그릏하댓어요.

아, 그런데 거기(피란민촌)에 지나가면 그렇거 말했어요.

안 야 저기 너이 엄마니랑 와 있는지도 몰르갓다 그릉하믄스 지나 댕엿거든요 햇는디.

“야, 저기 너희 어머니랑 와 있는지도 모르겠다.” 그렇게 말하면서 지나 다녔거든요, 그랬는데.

안 그래 가지구 으 그드니 만나스 고향 사람한티 가보자개스 이제 갓는디 그 사람이 양[34] 참하구 봣는가 중매해 가지구스는.

그래 가지고 어, 그러더니 (큰어머니를) 만나서 고향 사람한테 가보자고 해서 이제 갔는데 그 사람 그냥 참하게 봤는지 중매해서는.

안 형부 사촌 형부가 그 부둣간이 일하잖아으 연탄 일하는 거.

형부, 사촌 형부가, 그 부두에서 일하잖아요, 연탄 일하는 것.

안 네 연탄 그 큰 배 들오믄 그 부두이스 일들 하더만요.

네, 연탄, 그 큰 배가 들어오면 그 부두에서 일들을 하더구먼요.

안 네 군산스.

네, 군산에서.

안 긍게 형부가 내가 밥 갖다 주는 거 먹어 봤으문 원이 없대요.

그러니까 형부가 내가 밥을 (형부에게) 갖다 주는 것을 먹어 봤으면 원이 없겠대요.

안 큰움마가 바깥일 못 나가게 햇어요.

큰엄마가 바깥에를 못 나가게 했어요.

안 자쿠 그땜만 해도 머시매들이 자꾸 으 그라데 근드니꺄 큰애기라.

자꾸 그때만 해도 사내들이 자꾸 여기 그러데, 건드니까 (내가) 큰아기라서.

---

34 ‘그냥’의 방언형.

안 혼자 데리고 왓는데 작은집 딸을 또 혼자 데리와스 고생한다고[35].

작은집 딸을 혼자 데리고 왔는데 또 혼자 데려와서 고생한다고.

안 그르니께 못 나가게 댓는데 그날은 어티 거기 거 집일 갔어요.

그러니까 못 나가게 했었는데 그날은 어떻게 거기, 그 집에를 갔어요.

안 갓드니 그 사램이 참하게 봣댓는가.

(그 집에) 갔더니 그 사람이 (나를) 참하게 봤었는지.

안 그냥 혀 부두 안에 밥을 가 점심을 갖다 주야 데 형부를.

그냥 형, 부두 안에 밥을 갖, 점심을 갖다 줘야 돼, 형부에게.

안 넘들은 다 갖다 주는디 언니가 애길 나스 못 갖다 주니께 변 변또[36]를 꾸르 보내니께 자꾸 나보고 좀 갖다 주먼 먹어 보믄 원이 없갓다 가네요.

남들은 (밥을) 다 갖다 주는데 (사촌)언니가 아기를 낳아서 못 갖다 주니까, (다른 사람들은) 도시락을 싸 보내니까 (형부가) 자꾸 나에게 (밥을) 좀 갖다 주면, (그 밥을) 먹어 보면 원이 없겠다고 하네요.

안 긍게 큰음마가 야 그르믄 동네 아줌마이하고 밥을 좀 가지구 가 바라 니가.

그러니까 큰엄마가 "야 그러면 동네 아주머니하고 밥을 좀 가지고 가 봐라, 네가."(그래요.)

---

35 2음절의 /ㅅ/이 구개음으로 실현되었다.

36 '도시락'의 일본어 차용어인 'べんとう(辨當)'의 방언형이다.

안 그래스 갓드니 얼굴이 새까매 갖고 잘 몰르갔어요. 형부를.

그래서 갔더니 연탄이 얼굴이 새까매서 잘 모르겠어요, 형부를.

안 그디 형부가 나 찾아 왔어요.

그런데 형부가 나를 찾아 왔어요.

안 감스 요게 고냥 쉬그 있으라므쓰 가 밥 잡숫곤다 그드라으요.

그러면서 여기에 그냥 쉬고 있으라면서 가서 밥을 잡수고 온다고 그러더라고요.

안 해스 그륵하라구스 있읏드니 왓드라구.

그래서 그렇게 하라고 해서 있었더니 (형부가) 왔더라고.

안 밥 잡숫구 완디 우리 형님델 사람이 거기스 밥을 잡숫대 내 읊에스.

밥을 잡수고 왔는데, 우리 형님될 사람이 거기에서, 밥을 잡쉈대, 내 옆에서.

안 큰집 에 큰집에 시동생이 잇는디 결훈할 사람이 있으니께 큰애기니께 마 참하게 봤든가 바여, 거기서.

큰집, 예, 큰집에 시동생이 있는데 결혼해야 할 사람이 있으니까, (내가) 큰아기니까 아마 참하게 봤던가 봐요, 거기에서.

안 해 가지구 아이구 사람마다 보라갯대유.

그래서 아이고 사람마다 (나를) 보라고 했대요.

안 저 큰애기 점 어드래냐[37] 보라잉게.

"저 큰아기 좀 어떠냐?" 보라고 하니까.

안 갠찮다 갠찮다가니 밥 갖다 저구 들우니껜 사람이 왔으요.

"괜찮다, 괜찮다."고 하니까 밥 갖다 주고 들어오니까 (집에) 사람이 왔어요.

안 그렇게 참한 사람 있으니께 결혼시 좀 중매히스 이제 결혼하자구.

그렇게 참한 사람이 있으니까 결혼식, 좀 중매해서 이제 결혼하자고.

안 또 큰음마도 혼자 노인 양반이 조카딸만 해드 저기자네.

또 큰엄마도 노인 양반 혼자서 조카딸만 (결혼)해도 저기잖아.

안 그니께 볼으 멕이기 심드니께 시즙 보냈으.

그러니까 벌어 먹이기 힘드니까 (나를) 시집 보냈어.

안 그래 가지구스는 바루 그냥 중매하더라고.

그래서는 바로 그냥 중매하더라고.

안 결혼하구 말았어요 그때.

결혼하고 말았어요, 그때.

안 해는 거 예식장에드 못 가구 그냥 우리 마당에다 기양 돗자리 프구스는 그냥 지내구스는 시즙 와 가지구서는 여날 이꺼 살죠.

(결혼)하는 거 예식장에도 못 가고 그냥 우리 마당에 그냥 돗자리 펴고서 그냥 지내고서는 시집 와서 이날 이때까지 살죠.

---

37 '어떻다'의 방언형.

안 그 이제 아들 둘 딸 둘 넷 나 가지구스 다 갠찮아요.

그 이제 아들 둘, 딸 둘, 네 명을 낳아서 (이제) 다 괜찮아요.

안 깅께 와 가지구 고생을 많이 햇지요 머.

그러니까 (시집) 와서 고생을 많이 했지요, 뭐.

안 살을랑게.

살려니까.

안 그링게 큰음마는 그때두 내 생일날 잔치했어요.

그러니까 큰엄마는 그때도 내 생일날에 결혼식을 했어요.

안 그링게 생일이라고 옴마둆이 저기 보내는 거 멱국이라도 끓여 멕으 보낸다므스 큰음마가 그룽게 해서 멕예스 다 보내그.

그러니까 생일이라고 엄마도 없이 시집 보내는 거 미역국이라도 끓여 먹여 보낸다면서 큰엄마가 그렇게 해서 먹여서 다 보내고.

안 시즙이라고 오니까는 그 사람네는 저 시집에는 저이 형들 머 형지간들이 많드라구요.

시집이라고 오니까 그 사람(남편)네는, 저 시집에는 저기 형들이 뭐, 형제간이 많더라고요.

안 그래 가지고 와 살다가 석 달 살다가 세간[38] 내데요.

그래서 (시집) 와서 살다가 석 달 사니까 분가시키더라고요.

안 예, 우리 둘이 따루 세간 내주데요.

예, 우리 둘이 따로 분가를 시켜 주더라고요.

---

38 '세간'은 '집안 살림에 쓰는 온갖 물건'의 의미이다.

안 개스 따루 둘이 나가스 살다가스는 아이 여기가 농사두 땅드 빈 땅도 많고 와서 농사 지므 좋다고 먹고 살기 갠찮다고 형수가 형님이 작 시슥이지 그릉게 자꾸 그라니깐 일루 완 거예요.

그래서 따로 둘이 나가서 살다가, 아니 여기(정농 마을)가 농사도, 땅도 빈 땅도 많고, 와서 농사를 지으면 좋다고 먹고 살기 괜찮다고 형수가, 형님이, 그러니까 시숙이지, 자꾸 그렇게 말하니까 이리로 온 거예요.

안 해 가지우 그기 판잣집을 팔으니께 그때 구십 키로잖아요 쌀을 여슷 가마니 반을 받았으.

그래서 거기(군산) 판잣집을 파니까, 그때 (쌀이) 구십 킬로그램이잖아요, 쌀을 여섯 가마니 반을 받았어.

안 여슷 가마니 반을 받아 갖고 여기로 오니꺄 우리 시숙이 머라냐믄 쌀 여슷 가마니 올히 빗[39]을 주믄 내년에믄 열두 가마니 받는대요.

여섯 가마니 반을 받아서 여기로 오니까 우리 시숙이 뭐라그 하냐면 쌀 여섯 가마니를 올해 빚을 주면 내년에 열두 가마니를 받는대요.

안 받으니께 으그스 쌀밥 못 먹으니께 여슷 저 반 가마니만 팔아 갖고 강냇가루를 사서 목고 그근 놈을 주자구.

(열두 가마니를) 받으니까, 여기서 쌀밥 못 먹으니까 반 가마니만 팔아서 옥수수 가루를 사서 먹고, 그것(여섯 가마니)는 남을 빌려 주자고 (해요).

---

39 '빚[債]'의 방언형. 이 자료에서는 '빚'이 모두 '빗'으로 실현된다.

안 아 그래 가지고 십 은도 못 받고 짤렸어요.[40]

아, 그래서 십 원도 못 받고 떼였어요.

안 그 여슷 가마니 다 에 못 받읎어요.

그 여섯 가마니 다, 예, 못 받았어요.

40 '자르다'의 황해도 방언형. '자르다'는 북한에서 '지불하는 돈 가운데서 그 일부를 떼 내어 지불하지 아니하다'는 의미이다.

IV.

정농 마을의 초기 모습

01
정착 농원 형성

김경휘 그때 농온이란 게 피란 나와지우 이기 이 소 정착 농원이야.

그때 농원이라는 것이 피란 나와서, 이것이 이서 정착 농원이야.

김 말하즈 피란민들 여기 일산[1] 땅이 많앗거덩.

말하자면 피란민들, 여기에 일본인 땅이 많았거든.

김 여게 피란민덜 정착해 가지구 사십시오 그러 가지구 옛 이름이 여게가 종착 농원 피란민 종착 농원요 여게가.

"여기에 피란민들 정착해서 사십시오." 그래서 옛날 이름이 여기가 정착 농원, 피란민 정착 농원이에요, 여기가.

김 그이 정부이 가지구 여게다가 쪼맨[2] 거여.

그 이 정부에서 여기에다 (피란민들을) 정착시킨 거야.

---

1 '일산(日産)'은 '일본에서 생산된 물건'을 의미한다. 여기에서는 '일본인 소유'의 의미이다.

2 '매다'의 방언형. 여기서는 문맥상 '정착시키다', '모으다'의 의미이다.

김 이 거 여 집 징게 재목 다 갖다 주고 토담집 해 가지구 우찌구 이른 데 해애 데니까.

이 그 여기에 집 짓게 재목을 다 갖다 주고 토담집 지어서 어쩌고, 이런 곳에 (집을) 지어야 되니까.

김 그리 가지우 옛날 미국에서 고 저 무야 이 밀가루 밀가루 하이고 반찬 뚜부 하이턴 머 많이 줬어 수입해 완 거.

그래서 옛날 미국에서 그 저 뭐야, 이 밀가루, 밀가루, 아이고 반찬, 두부 하여튼 뭘 많이 줬어, 수입해 온 거.

김 그리구 어 점 머야 우유도 그 가루우유 그거이 도라무[3]통 같은 데다 해 가주 그 다 막 주고 그렀다니까.

그리고 어 저 뭐여, 우유도 그 가루우유 그것을 드럼통 같은 데다 해서 그것을 다 막 주고 그랬다니까.

김 기 농원이 전라북도가에 정착 농원이라고 생겨 가지고 크다란 데가 용지 이서 백구 그기가 제일 컸어.

그 농원이 전라북도에 정착 농원이라고 생겨서 큰 곳이 용지, 이서, 백구 거기가 제일 컸어.

김 덥 부안도 있엇지.

더, 부안에도 있었지.

김 근데 으건 쪼꼬맣고 그이 젤 큿고.

그런데 그것은 조그맣고, 그것[4]이 제일 컸고.

---

3 '드럼(drum)'의 일본어 차용어 'ドラム'를 발화한 것이다.

4 용지, 이서, 백구 농원을 의미한다.

조 그 마을들이 지금도 있어요?

김 지금두 잇지 고럼.

지금도 있지 그럼.

김 백구 농원도 잇고 용지 농언도 잇고 이지 이서 농언도 잇고.

백구 농원도 있고 용지 농원도 있고 이제 이서 농원도 있고.

김 근데 제일 범위가 큰 것이 용지 농원이야.

그런데 제일 범위가 큰 것이 용지 농원이야.

김 용지 농원은 어뜨게 크냐.

용지 농원은 어떻게 크냐 (하면).

김 지금 거 피란민들 정착히 가쥬 집 징언 데가 일산 땅인데 일본 놈이 거게다가 비행장 만들기 위해소 사유 재산을 전부다 이케 이 말하믄 돈 주고 산 거야.

지금 그 피란민들이 정착해서 집을 지은 곳이 일본인 땅인데, 일본 사람들이 거기에 비행장을 만들기 위해서 사유 재산을 전부다 이렇게 이, 말하자면 돈을 주고 산 거야.

김 그렇게 만들라고 햇댓는데 이 해방데면서 어 으 뭇 만들고 말고 그냥 이 만들라 고룽게 다 말하잠 토지만 그랫더구 말허지.

그렇게 (비행장을) 만들려고 했었는데, 이 해방이 되면서 어 못 만들고 그냥, 이 만들려고 그렇게 다 말하자면 토지만 그랬다고 (구입했다고) 말하지.

김 잉께 거기다가 용지 이 말허자먼 농원을 만들은 그야.

그러니까 거기에다가 용지, 이 말하자면 농원을 만든 거야.

김 잉끼 토가 크지 많지.

그러니까 터가 크지, 많지.

김 그이서 농사 짛구 많이 살앗죠.

거기에서 농사를 짓고 많이 살았죠.

김 여기도 일산이 많았어.

여기에도 일본인 땅이 많았어.

(조) 일본인 땅이에요?

김 음 일본 땅.

음, 일본인 땅.

김 어 그 불하해 가지고 돈 주고 사고 또 여게 사유재산 꺼는 또 돈 오느 종두 이제 뫄 가지구 팔갓다는 사람이 이르게 사고.

어 그것을 불하拂下해서 돈 주고 사고, 또 여기에 사유재산 그것은 또 돈을 어느 정도 이제 모아서 팔겠다는 사람에게 이렇게 사고.

김 논 같은 건 없응이 논 같은 것도 사고 이제 그래 가지고 농사 지게끔 해 놧지.

논 같은 것은 없으니 논 같은 것도 사고 이제 그래서 농사를 짓게끔 해 놨지.

김 그리 가지오 종착 농원이 제일 국유지가 많은 고장으로 이주시켠 그야.

그래서 정착 농원이 국유지가 제일 많은 고장으로 이주시킨 거야.

김 정착해 가지 구게 양 땅 일워[5] 가지우 살라 그리 가지우 만들으 가지우 그래 이게 만들은 그야.

"정착해서 거기에 그냥 땅을 일궈서 살라" 그래서 (마을을) 만들어서 그래서 여기에 만든 거야.

---

5 '일구다'의 방언형.

02
담집을 짓고 살다

조 내려오실 때는 연세가 어떻게 되셨어요?

최창섭 아 그때만 해도 나야 무 그때 열아홉 살인가 그때 먹엇댓을 거예요 아마.

아 그때만 해도 나야 뭐 그때 열아홉 살인가 그때 먹었었을 거예요, 아마.

조 열아홉 살에 내려오셨어요?

최 네 네.

네, 네.

조 이 마을에 사신 지는 얼마나 되신 거예요?

최 뭐 여그서요?

뭐 여기에서요?

최 여그서 살안 지는 이제 오래됏죠 이진.

여기에서 산 지는 이제 오래됐죠, 이제는.

최 한 오십 년 넘어 살앗죠 여게?

한 오십 년 넘게 살았죠, 여기?

최 오십 년 이지 넘어 살았어요 여기서.

이제 오십 년 넘게 살았어요, 여기서.

최 여기서 털 잡고 살게 됐응게 이제.

여기서 터를 잡고 살게 됐으니까, 이제.

조 황해도에서 오신 거예요?

최 네, 황해도서.

네, 황해도에서 (왔어요).

조 황해도 어디에서 오셨어요?

최 송화군 진풍면 수산리 418번지 네.

송화군 진풍면 수산리 418번지, 네.

조 가족 분들은 북한에 계속 계시고요?

최 거기서 가족들은 그 다음분에 그 다음날 아침인가?

거기에서 가족들은 그 다음번에, 그 다음날 아침인가?

최 새벽에 다 그때, 떼쟁이[6]라고 하는 배 타구 다 피란들 들오는데 고게 같이 들어와서 거그서 부모들을 또 만낫죠.

새벽에 다 그때, 때쟁이라고 하는 배를 타고 (사람들이) 다 피란들 들어오는데 거기에 같이 (부모님들도) 들어와서 거기에서 부모들을 또 만났죠.

조 그럼 이 마을에도 같이 오셨어요?

최 네 같이 왓죠.

네, 같이 왔죠.

최 같이 와서 조촌면에 와서 살다가 일로 또 피란민들 또 여기 수용소 겸 저치 만던다고 해서 일루도 와서 살기 시작한 것이 짐 여기서 터를 잡고 이젠 살게 되웃죠.

(부모와) 같이 와서 조촌면에 와서 살다가 여기로, 또 피란민들이, 또 수용소 겸 자치구自治區를 만든다고 해서 여기로도 와서 살기 시작한 것이 지금 여기서 터를 잡고 이제는 살게 되었죠.

조 여기에 와서는 어떤 일을 하셨어요? 농사 지으셨어요?

---

6 '뗏목'의 방언형.

최 아이고 꺼때만 해도 뭔 농사 나락이 무 잇엇나요.

아이고, 그때만 해도 무슨 농사, 벼가 뭐 있었나요?

최 우리야 그저 그때 미군들 와서 즈새이[7]할 적에 이 알랑미[8] 쌀이라고 햇나 그때.

우리야 그저, 그때 미군들이 와서 거시기할 적에 이 안남미 쌀이라고 했나, 그때.

최 그때 쌀 준다고 해서 그때 거긋 주먹밥 해 먹어 가면서 거그서 여그서 자리 잡이면서 살게 됏죠.

그때 (우리에게) 쌀을 준다고 해서 그때 그것으로 주먹밥을 해 먹어 가면서, 거기에서 여기에서 자리를 잡으면서 살게 됐죠.

조 처음에는 벼농사 같은 것은 안 지으셨어요?

최 아 거때는 아무것도 없엇어요.

아, 그때는 아무것도 없었어요.

최 그땐 맨손이죠 뭐 이제는.

그때는 맨손이죠, 뭐 이제는.

---

7 '저사니'의 변이형.

8 '안남미(安南米)'의 방언형.

최 그저 정부이서 그 배급 준다고 보리쌀 주는 그거 좀 타 먹고 나중에 알랑미 쌀이라고도 또 그때 또 주읏지 나중에.

그저 정부에서 그 배급을 준다고 (해서) 보리쌀 주는 그것을 좀 타 먹고 나중에 안남미 쌀이라고 (하는 것도) 또 그따 또 줬지, 나중에.

최 그 쌀밥 그때 처음 먹어 보앗죠 에.

그 쌀밥을 그때 처음 먹어 보았죠, 예.

조 집 같은 건 어떻게 하셨어요?

최 집이야 뭐 여게 뭐 그때만 해도 뭐 피란민들 다 무야서 사는데 뭐 집이 잇엇나요?

집이야 뭐, 여기에 뭐 그때만 해도 뭐 피란민들이 다 모여서 사는데 뭐, 집이 있었나요?

최 무 기냥 판자 딱 때기.

뭐 그냥 판자때기.

조 여기에 아무것도 없었어요?

최 네 네 공터죠 풀밧이에요.

네, 네, 공터죠. 풀밭이에요.

최 쇠초가 이룹게 좋완 거 다 낫으로 깎고 다 그러머서 그렇게 하음 살면서.

쇠풀이 이렇게 좋은 것을 다 낫으로 깎고 다 그러면서, 그렇게 하면서 살면서.

최 그때 판자 어드서 미근들이 어떻게 저새너서[9] 판자들 그때 줏지.

그때 판자가 어디에서 미군들이 어떻게 거시기해서 판자들을 그때 (우리에게) 줬지.

최 해 판자를 이룷게 담치게 만더서 거 새에다 헉을 담아서 옿고선 우리는 또 절굿괘이[10] 곁은 거로 다 찧으서 닫구[11] 거러면서 집 집을 만드서 그러게 살앗죠.

그래서 판자로 이렇게 담을 치게 만들어서 그 사이에 흙을 담아서 넣고서는, 우리는 또 절굿공이 같은 것으로 다 찧어서 다지고 그러면서 집을 만들어서 그렇게 살았죠.

조 벽돌을 만드신 거예요?

최 거 아뇨 기네 담집[12]이여.

그거 아니요, 그냥 담집이야.

최 헉으로 담을 담을 만들어스 살앗죠.

흙으로 담을, 담을 만들어서 살았죠.

조 담집을 어떻게 짓는 거예요?

---

9 '저사니하다'의 변이형.

10 '절굿공이'의 황해도 방언형.

11 '다지다'의 방언형.

12 '담집'은 '재목을 쓰지 않고 흙담이나 죽담을 쳐서 벽체로 삼고 지붕을 얹은 집'의 의미이다.

최 이게 판자 양쪽으로 놓고 훅 훅을 퍼 여믄 여러 명으서 다대기[13] 말하잠 절굿괘이 겉은 걸로 찡으서 닫아 가존.

이렇게 판자를 양쪽으로 놓고 흙을 퍼서 넣으면 여러 명이서 다지기, 말하자면 절굿공이 같은 것으로 찧어서 다져 가지고.

최 자 또 흑을 옇고 닿고 닿고 하문서 집 바람벽을 만들어서 그기 그라믄서 집을 만들었어요 그때만 해도.

이제 또 흙을 넣고 다지고 다지고 하면서 집의 바람벽을 만들어서, 그것을 그렇게 하면서 집을 만들었어요, 그때만 하 도.

조 그럼 판자는 나중에 떼어 내나요?

최 응 나중에 톱 판자들 송판들 주구 다 그리하므서 판잣집두 만들고 그래서 집을 지 짛으스 시장핸 것이 지금 이 집꺼지 다 마련이 되앗죠.

응, 나중에는 (정부에서) 톱, 판자, 송판을 주고 다 그렇게 하면서 판잣집도 만들고 그렇게 집을 지, 지어서 시작한 것이 지금 이 집까지 다 마련이 됐죠.

조 지붕은 어떤 것으로 해요?

최 그때만 해두 지붕이야 뭐 지푸락[14] 엮어가죠, 이엉[15]으루 햇죠.

그때만 해도 지붕이야 뭐 지푸라기를 엮어서 하죠, 이엉으로 했죠.

---

13 '다지기'의 방언형.

14 '지푸라기'의 방언형.

15 '이엉'은 '초가집의 지붕이나 담을 이기 위하여 짚이나 새 따위로 엮은 물건'의 의미이다.

최 한데 지금은 무이라고 하나 그 양철로 된 거 예 스스스트[16] 지붕 하서 하다가 지금 기와 기와로 또 지붕하고 하다가 지금은 지금은 아주.

그런데 지금은, 뭐라고 하나 그 양철로 된 것, 예, 슬레이트 지붕을 해서 살다가, 지금은 기와, 기와로 또 지붕하고 살다가, 지금은, 지금은 아주 (좋죠).

조 농사도 안 지으실 때니까 볏짚도 없었을 텐데 지붕은 어떻게 만드셨어요?

최 하 어떻게 지붕.

하, 지붕을 어떻게 (했느냐면).

최 그때 여거 주민들[17] 그때 정말 살문서도 고생들하문서 살앗지만 지푸락들 논에 거름 내잖아요 거름.

그때 여기 주민들이, 그때 살면서도 정말 고생들하면서 살았지만, 지푸라기를 논에 거름으로 내잖아요, 거름.

최 하먼 거기 가서 거름 겉은 거 좀 성한 놈 줏으다가 이 이 지붕 엮어서 만들웃죠.

그러면 거기에 가서 거름 같은 것 (중에) 좀 멀쩡한 것을 주워다가 이, 이 지붕을 엮어서 만들었죠.

16 '슬레이트(slate)'를 잘못 발화한 것이다.

17 이 지역에서 본래부터 거주해 온 토박이들을 의미한다.

최 그라믄서 주, 여게가 주민들 혜택도 많이 보고 괴로움도 많이 키칫죠.

그러면서 주민, 여기에 (사는) 주민들에게 혜택도 많이 받고, 괴로움도 많이 끼쳤죠.

최 그케도 나중이는 다 남 일이라고 다 도와주고 그러문서 다 먹고 살고 그랫어요.

그렇게 해도 나중에는 다 남 일인데도 다 도와주고 그러면서 다 먹고 살고 그랬어요.

최 그때보단는 지음이야 좀 낫게 산다고 살죠.

그때보다는 지금이야 좀 낫게 산다고 살지요.

최 그때는 논에라고 하는 것도 난에 놈에 땅들 다 묵이는[18] 땅들 풀밧들 다 개간해서 논 만들고 밧 만들고 그라믄서.

그때는 논이라고 하는 것도 남의, 남의 땅들 (중에) 다 묵히는 땅들, 풀밭들을 다 개간해서 논을 만들고 밭을 만들고 그러면서.

최 콩 콩 겉은 거 심고 강냉이 심구 다 그라믄서 먹고 쉬작핸 것이 지금은 쌀깨나 사[19] 먹어요 쌀은.

콩 같은 것을 심고 옥수수를 심고 다 그러면서 (지어) 먹고 시작한 것이 지금은 쌀깨나 팔아 먹어요, 쌀은.

조 처음엔 옥수수 같은 것을 드셨어요?

---

18 '묵히다'의 북한어.

19 '팔다'의 의미이다.

최 예, 그때 콩냉 강냉이 많이 묵엇죠 그때.

네, 그때는 옥수수를 많이 먹었죠, 그때.

최 민 미군들도 그때 미 미국서 강냉이 옥수수 많이 줘서 많이 먹고.

미, 미군들도, 그때 미, 미국에서 옥수수를 많이 줘서 많이 먹고.

최 그때 옥수수 많이 묵엇죠.

그때 옥수수를 많이 먹었죠.

최 미근들 미근들 많이 보태주고 후월해 그렇게라도 후월해 주니께 이게 살지요 지금.

미군들, 미군들이 많이 도와주고 후원해, 그렇게라도 후원해 주니까 이렇게 살지요, 지금.

조 쌀밥은 구경도 못하셨겠네요?

최 첨에야 그 쌀밥 구경하나요?

처음에야 그 쌀밥을 구경하나요?

최 첨에 밤 해먹는데 보리 보리밧 개간해서 일우 가지고 보리 심으서 거그서 보 좀 따서 보리쌀 밥 해 먹고.

처음에 밥을 해 먹는데 보리, 보리밭을 개간해서 일궈서 보리를 심어서 거기에서 보리 좀 거둬서 보리쌀 밥을 해 먹고.

최 그럭저럭하믄선 미근들 배급 준다오먼 아주 보태주는 바람에 그때 살밥 쬐끔 알랑미 쌀이라고죠, 그거 밥 좀 먹엇죠.

그럭저럭하면서 미군들이 배급 준다고 하면, 아주 (많이) 도와주는 바람에 그때 쌀밥 조금, 안남미 쌀이라고 하죠, 그 밥 좀 먹었죠.

03
마을에서 연극단을 꾸리다

김경휘 난 난 난 그른 걸 좋아햇어 농촌 계몽을.

나는 그런 것을 좋아했어, 농촌 계몽을.

김 어 이 농촌이 타락 전 말하자믄 낮으니까 한굴도 모루고 그르니까.

어, 이 농촌이 타락, 저 말하자면 (수준이) 낮으니까 한글도 모르고 그러니까.

김 시내 비슷하게 이룽게 올루는 그른 봉사라는 그른 생활을 하기를 좋아해 가지우 걸 할라고 애 쓧지.

(수준을) 시내와 비슷하게 이렇게 올리는 그런 봉사라는 그런 생활을 하기를 좋아해서 그것을 하려고 애썼지.

김 디 그때만 해도 내 여기 내룽게 오머니는 불써[20] 돌아가신 후에고 내가 열여슷 살에 돌아갔으니까.

그런데 그때만 해도 내가 여기 내려오니까 어머니는 벌써 돌아가신 후이고, 내가 열여섯 살에 돌아가셨으니까.

---

20 '벌써'의 방언형.

김 음 그린 새어머니 얻고 그랫으니까.

어, 그래서 새어머니를 얻고 그랬으니까.

김 이 년 동안이 너머 지루하더라고.

이 년 동안이 너무 지루하더라고.

김 옛날에 머 라지오[21] 저런 기나 잇엇나.

옛날에 뭐 라디오 저런 거나 있었나.

김 안떼나 이렇게 철 해 가지오 광슥 라디오[22] 옛날에 그 무야 전화하게 데믄 전화 한쪽이 이게 받는 고고 하나 어뜩하게 데먼 광슥으루 해 가 좀 으 들리드라고.

안테나를 이렇게 철사로 해서 광석 라디오, 옛날에 그 뭐야 전화하게 되면 전화기 한쪽이 이렇게 받는 것이고 하나를 어떻게 하면 광석으로 해서 좀, 어, 들리더라고.

김 구거 해 가지구 이젠 노래두 덛고 이제는 이 그 옛날에는 그 교양 프로를 많이 햇으.

그것을 해서 이제는 노래도 듣고 이제는, 이 그 옛날에는 그 교양 프로그램을 많이 했어.

---

21 /ㄷ/구개음화가 실현되었다.

22 '광석 라디오(鑛石 radio)'를 의미한다. '광석 라디오'는 '진공관 대신에 광석 검파기를 사용하는 간단한 라디오 수신기'이다.

김 솔직히 해 가지고 옛날에 그 그거 듣으면서 무슨 연슥기 남 총실홍실 나왔다 노래도 안 잊어 먹엇네.

솔직하게 말해서 옛날에 그거 들으면서 무슨 연속극이 나, '청실홍실' 나왔다, 노래도 안 잊어 버렸네.

김 그때 그기 아마 게비에스 어 구거 성우 일 기생인가 그 양반이 이네느 나이 먹어서 돌아가스 나 다 잊어 먹엇네.

그때 그것이 아마 KBS 어 그거 성우 1기생인가, 그 양반이 이제는 나이 들어서 돌아가셔서, 내가 다 잊어 버렸네.

김 그 노래는 그때 누가 백슬희가 햇는가 누가 핫는가 해이턴.

그 노래는 그때 누가 백설희가 했나, 누가 했나 하여튼.

조 이미자가 했나요?

김 이미자는 아니 이미자는 나오기 훨씬 전이기 때문에.

이미자는 아니야, 이미자는 나오기 훨씬 전이기 때문에.

김 그 아직 가사를 잊어 먹지 안 해.

그 가사를 아직 잊어버리지 않아.

김 '총실 홍실 엮어서 무늬도 곱게에 청실 홍실 여워어서 무늬이도 곱게'

'청실 홍실 엮어서 무늬도 곱게, 청실 홍실 엮어서 무늬도 곱게'

김 거 노래 아직 가시 고대로 가사 에와.

그 노래를 아직 가사 그대로 가사를 외워.

김 어 그 할 나올 때네 이게.

어 그거 할, 나올 때네, 이 일이.

김 근데 우리 친구가 하나 어게 기타 잘 치는 사람 있어.

그런데 우리 친구가 한 명 어떻게 기타를 잘 치는 사람이 있어.

김 모 콩나멀 대가리[23] 배와서 추는 기 아니라 움악에 기 소질 잇어.

뭐 음악을 배워서 치는 것이 아니라 음악에 그 소질이 있어.

김 어특 하다가 소진니깐 이 머야 키타를 샀어.

어떻게 하다가 소질이 있으니까 이 뭐야 기타를 샀어.

김 힌디 어트게 그것두 무야 서당 개 삼 는이 풍얼한다구 자꾸 치니까 고 오손지에 그긋[24]두 다 알게 데는가 봐.

그런데 어떻게 그것도 뭐야 '서당 개 삼 년이면 풍월을 읊는다'고 자꾸 치니까 그 오선지의 그것도 다 알게 되나 봐.

김 그이 사 잘 치드라구.

그것이 상[25], 잘 치더라고.

김 야 으 우트게 잘.

"야, 어 어떻게 잘 (치냐)?"

김 이 그 멀뚱히 서당 개 삼 는이니까 풍얼하니께 잘 치지.

"이 그 가만히 서당 개 삼 년이면 풍월을 읊으니까 잘 치지."

김 잘 치더라우.

잘 치더라고.

김 야, 그때 내가 군인 가기 일 넌 전인가, 야 심심한데.

"야." 그때 내가 군대 가기 일 년 전인가, "야 심심한데."

---

23 '음표(音標)'를 속되게 이르는 말로, 여기서는 '음악'을 의미한다.

24 '악보(樂譜)'를 의미한다.

25 '상당히'를 발화하다가 화제를 전환한 것으로 보인다.

김 한 달 냉기 놓구 너무 심심해.

(입대) 한 달 남겨 놓고 너무 심심해.

김 야 우리 연극 꾸며 갖고 어 저이 백구 농원 용지 농원 그룹게 한번 다니 보자야 심심한데.

"야, 우리 연극을 만들어서 어 저기 백구 농원, 용지 농원 그렇게 한 번 다녀 보자. 심심한데."

김 떠 거림을 잘 그린 사림이 옛날 저 고향에서 그림 잘 그린 사람이 있어.

또 그림을 잘 그리는 사람이, 옛날에 저 고향에서 그림을 잘 그리던 사람이 있어.

김 화가야 화가.

화가야, 화가.

김 그 무대 장치 이륵하게 데믄 멀리소 보면 진짜 이 멋잇엇으.

그 무대 장치를 이렇게 하면, 멀리서 보면 진짜 이 멋있었어.

김 지금두제 그룽게 무대 장치하지만 그렇게 아이 도통했던 사람이야.

지금도 이제 그렇게 무대 장치를 하지만, 그렇게 아주 도통했던 사람이야.

김 게 결핵이 잇어 가지고 폐결핵 여기 와서 이셋지.

그런데 결핵이 있어서, 폐결핵, 여기에 와서 있었지.

김 그 사람이 무대 장치 구그는 만들어 주고.

그 사람이 무대 장치 그것은 만들어 주고.

김 그래 가주 하니까 거럴 듯해지드라고.

그래서 (연극을) 하니까 그럴 듯해지더라고.

김 근디 자 이놈을 할라니깐 씨나리오를 할라니까 마땅한 긋이 욻어.

그런데 이제 이놈을 하려니까 시나리오를 하려니까 마땅한 것이 없어.

김 그리 가지구 이제 서점에 가서 보구서 그대루 하게 데믄 재미없고 그래 가지 거기서 개타랑[26]할라니깐 내가 좀 물 좀 알아야갓드라고.

그래서 이제 서점에 가서 보고 그대로 하면 재미없고 그래서 거기에서 수정을 하려니까 내가 좀 뭘 좀 알아야겠더라고.

김 그래스 이그는 이른 식으루 우리 맞게 농초에 맞게 좀 내가 머야 씨나리오 비슷하게 그거 좀 썻지, 개타랑해 갖고.

그래서 이것은 이런 식으로 우리에 맞게 농촌에 맞게 좀 내가 뭐야 시나리오 비슷하게 그것을 좀 썼지, 수정해서.

김 그리깐 고마이[27] 읽어 보니까 으 그를 듯해 내가 생각하기도.

그러니까 가만히 읽어 보니까 어 그럴 듯해, 내가 생각하기에도.

김 음, 어 이거 데겟다.

음, 어 이거 되겠다.

김 그래 가지고 여자도 카나[28] 머야 그때 국민학교 다니 아 육 학년 아이를 가 가지구 그릏게 가지우 이어져 가지오 햇더니 기 여십을 시키니까 또 그른 대루.

그래서 여자도 그 한 명 뭐야, 그때 초등학교 다니는 아이 육 학년 아이를 데려와서 그렇게 해서 연결해서 했더니 그 연습을 시키니까 또 그런 대로 (괜찮아).

---

26 '수정', '새롭게 바꾸는 것'을 의미하는 황해도 방언형.

27 '가만히'의 방언

28 '그 하나'가 줄어든 것이다.

김 그르니까 이게 옛날이 거 방송에 나오는 드라마에 그그 말하잠 무이야 거 화술 거 기술을 대한 긋을 이 이 광서 라디오를 통해서 많이 이제 습득을 햇지.

그러니까 이것이 옛날에 그 방송에 나오는 드라마에 그것, 말하자면 뭐야 그 화술, 그 기술에 대한 것을 이 광석 라디오를 통해서 많이 이제 습득을 했지.

김 아 이른 장믄에 이른 음성으로 이릏게 해 가지구 이릏게 해 갖구는.

아 이런 장면에서는 이런 음성으로 이렇게 해서, 이렇게 해서.

김 또 머 이 즈 연극은 못 밧지만은 왜 그른 글 좋아해 가지구 이 머야 이제 드라마는 이제 머 옛날에는 테리비가 없었으니까 영화는 좀 많이 봔 폭이야.

또 뭐 이 저 연극은 못 봤지만 왜 그런 것을 좋아해서 이 뭐야, 이제 드라마는 이제 뭐 옛날에는 텔레비전이 없었으니까, 영화는 좀 많이 본 편이야.

김 학교 다닐 때 그른 대로 그니가 거 좀 문 이 표정 같은 그 어뜨게 짓고[29] 이제 행동 같은 거 어뜷게 내믄 대개 알잖아.

학교 다닐 때 그런 대로 그러니까 그 좀 무슨 이 표정 같은 것을 어떻게 짓고 이제 행동 같은 것을 어떻게 하는지 대개 알잖아.

김 그래스 그 몇 명 이릏게 해 가지구 겁 혼자서 다 배와 줬어[30].

그래서 그 몇 명을 이렇게 해서 그것을 (나) 혼자서 다 가르쳐 줬어.

---

29 [진꼬]. 이 자료에서는 '짛다'로 실현되는 것이 일반적인데 여기에서는 '짓다'로 실현되었다.

30 '배오-[學習]'에 '-어 주다'가 결합하여, '가르치다'의 의미르 사용되었다. 이 자료에서는 '배와 주다, 배아 주다' 등으로 실현된다.

김 그이 내가 생각해도 따라하고 자꾸 반복하니까 그기 데두만.

그것이 내가 생각해도 따라하고 자꾸 반복하니까 그것이 되더구먼.

김 그르다 보니까 이기 욘극만 놀어[31] 가지구는 안 데잖아.

그러다 보니까 이것이 연극만 해서는 안 되잖아.

김 개 막간 일막 이막 삼막 해 가지구 막간 한두 번 쉬는데 그 암 근 무대를 치우 가지고 다 할 때는 캄캄하니까 아무 긋도 읎잖아.

그래서 막간에, 1막, 2막, 3막 (이렇게) 해서 막간에 한두 번 쉬는데, 그 아무, 그 무대를 치우고 할 때는 캄캄하니까 아무 것도 없잖아.

김 무댈 이르게 닫구서 이제 과 다시 도 아 장칠 하닝게 그 사이 노래를 시켜야 데갓더라고.

무대를 이렇게 닫고 이제 과, 다시 더 아 장치를 하니까 그 사이에 노래를 시켜야 되겠더라고.

김 고마이 생각해 보니까 이지 두량[32]을 해 보니까.

가만히 생각해 보니까, 이제 생각을 해 보니까.

김 그리서 음 노래까지 이지 시킬라니까 노래 그이 상식이 짧잖아.

그래서 음 노래까지 이제 시키려니까 노래 그거 상식이 짧잖아.

김 한 디한 명 그룹게 시켜 가지구 안 맞아.

한 대여섯 명 그렇게 (연습을) 시켰는데, 안 맞아.

김 그름 내가 반복해 가 자꾸 시켜 가 그륵 듯하게 맞춰 놧어.

그래서 내가 반복해서 자꾸 시켜서 그럴 듯하게 맞춰 놨어.

---

31 일반적으로 '연극을 하다'라고 하는데, 여기에서는 '연극을 놀다'로 실현되었다.

32 '두량(斗量)'은 '일을 헤아려 처리함'의 의미이다.

김 그롷게 해 가지구 그거 배아 주며서 노래를 배아 주면서 노래를 잘 하게 뎃다니까.

그렇게 해서 그것을 가르쳐 주면서, 노래를 가르쳐 주면서 (내가) 노래를 잘하게 됐다니까.

김 어 아하 노랠 이른 식으루 하게 데믄 사람들이 도 공감하누나.

어, 아하 노래를 이런 식으로 하면 사람들이 더 공감하는구나.

김 음 그래서 신나게 하는 그는 좀 신나게 이롷게 내가 분위기를 그르니까 이제 배와 줄 때도 야 으쓱허게 한 잔 먹엇다 생각하오 신난다라고 젓가락 장단 뚜들기는 그른 심정으루 노래해라 그 노래는 머 그르 식으루.

음, 그래서 신나게 하는 것은 좀 신나게 이렇게 내가, 분위기를 그러니까 이제 가르쳐 줄 때도 "야, 으쓱하게, 한 잔 마셨다고 생각하고 신난다 하고 젓가락 장단 두드리는 그런 심정으로 노래해라, 그 노래는." 뭐 그런 식으로 (가르쳤어).

김 그 이 다녔어 그릭하구서.

그, 이, (공연을) 다녔어 그렇게 하고서.

김 가 온께 잘한다고 하드라궁.

가 보니까 잘한다고 하더라고.

김 그르다가 영장 나와 가지우 군인 갓지만은 그 다음에 나 대를 이어 가지구 그 계슥 하면서 저 삼리 극장까지 갓엇어 어 그때.

그러다가 (나는) 영장이 나와서 군대에 갔지만, 그 다음에 내 뒤를 이어서 그 계속 하면서 저 삼례 극장까지 갔었어, 어, 그때.

04
마을 형성 당시 전라도의 형편

김경휘 이으 여게 와 오니까 일본 놈들이 내가 느꼉 건데 여기아 상당히 우리 아버님두 여기 와 가지구 야 여게 와 보니까 일본 놈들이 농사짛는 그 다 뺏아 갈라고만 발전을 안 시킬라골러 그랫는가 배운 사람두 적고.

이거 여기에 와 보니까 일본 사람들이, 내가 느낀 건데 여기가 상당히, 우리 아버지도 여기에 와서 "야, 여기에 와 보니까 일본 사람들이 농사지은 것을 다 빼앗아 가려고만 (하고), 발전을 안 시키려고 그랬는지 배운 사람도 적고."

김 요는 농사짛는 농기구도 그게는 우리가 피란 나와 갖고 한 십 년 잇으니까 우리 그때 피란 나오기 전에 쓰던 농기구 그때야 여게 나오더라고.

요컨대 농사 짓는 농기구도 그것은 우리가 피란 나와서 한 10년 있으니까 우리가 그때 피란 나오기 전에 쓰던 농기구가 그때야 여기에 나오더라고.

김 우리는 홀태[33]라는 그 몰랐어.

우리는 '홀태'라는 것을 몰랐어.

김 그 나락 기링기 하는 게 홀태라고 하드만.

그 벼를 그렇게 하는 것을 '홀태'라고 하더구먼.

김 여게 피란 와스 첨 구경햇오 우리.

여기에 피란 와서 처음 구경했어, 우리는.

김 그기는 호롱기[34]로 햇당게.

거기(이북)은 탈곡기로 했다니까.

김 오 발로 이룽 이룽게 하는 그 잇잖아.

어, 발로 이렇, 이렇게 하는 거 있잖아.

김 그글르 이 나락 쯔 훑읏지 즈이 홀태라는 그 여기 와스 처음 구경햇다니까.

그것으로 이 벼를 저 훑었지 저 '홀태'라는 것은 여기에 와서 처음 구경했다니까.

김 나 피란 나와 갖고 여기 전라도에 처음 구경햇오.

나는 피란 나와서 여기 전라도에서 처음 구경했어.

김 그래만큼 요는 발전을 일본 놈들이 덜 시켯고 글구 내가 느낌이 그랫고.

그만큼, 요지는 발전을 일본 사람들이 덜 시켰고, 그리고 내가 느낌이 그랬고.

---

33 '벼훑이'의 방언형. '벼훑이'는 '두 개의 나뭇가지나 수숫대 또는 댓가지의 한끝을 동여매어 집게처럼 만들고 그 틈에 벼 이삭을 넣고 벼의 알을 훑는 농기구'이다.

34 '탈곡기'의 방언형.

김 여기 와서 또 농촌이지만은 이르게 이같이 사니까 이웃 동네니까 어뜩하다 이지 무 사기고 보니까 그 집에 가스 이 놀기도 하고 또 자기도 하게 데잖아요.

여기에 와서 또 농촌이지만은 이렇게 이같이 사니까, 이웃 동네니까 어떻게 하다가 이제 뭐 사귀고 보니까 그 집에 가서 이 놀기도 하고 또 자기도 하게 되잖아요.

김 그르면은 우리기는 그기[35] 가면은 불명히 이불도 잇고 포대기[36], 아래 까는 근 포대기라고 하고 덮는 근 이불이라고 으르잖아.

그러면 우리에게는 거기에 가면 분명히 '이불'도 있고 '포대기', 아래에 까는 것은 '포대기'라고 하고 덮는 것은 '이불'이라고 그러잖아.

김 으기 오니까 그것이 구분이 없이 하나드라고.

여기에 오니까 그것이 구분이 없이 하나더라고.

김 전부 하나 가지군양 이릏기 덮구서 옹짱옹짱[37] 식구드이 다 자드라우.

전부 하나를 가지고 그냥 이렇게 덮고서 옹색하게 식구들이 다 자더라고.

김 으리스 야 상낭히 경제적으로 여게가 낙후데엇엇구나.

그래서 야 상당히 경제적으로 여기가 낙후되었었구나.

---

35 자료 제공인의 고향을 의미한다.

36 '포대기'는 주로 '어린 아이들을 덮거나 업을 때 쓰는 것'을 의미하는데, 여기서는 '요[袵席]'의 의미로 사용되었다.

37 문맥상 '옹색하게'의 의미이다.

김 옛날부터 물른 가들이 다 농사 짛은 거 다 뺏으 갔으니까 므 그릏겟지만은 그그 보구.

옛날부터 물론 그 사람들이 다 농사 지은 것을 다 빼앗아 갔으니까 뭐 그렇겠지만은, 그런 것을 봤고.

김 그리고 부읔[38] 들으가게 데믄은 우리은 그래드 찬장이라고 명색이 다 만들으 놓구 살앗고 그래고 전부 이 이릏기 하구서 부읔에 찬장도 잇고.

그리고 부엌에 들어가게 되면 우리는 그래도 찬장이라고 명색이 다 만들어 놓고 살았고, 그리고 전부 이 이렇게 하고서 부엌에 찬장도 있고.

김 이 부읔에 가므 솥 글으 가지오 솥 그그도 전부 다 코, 공구린[39] 아니지만 세멘[40]으루 이 반들어 가지우 깨끗하게 하구 살안데 여게 오니까 전부 혹이지 공구리를 제대로 핸 집이 없더라고.

이 부엌에 가면 솥을 걸어서 솥 그것도 전부 다 콘, 콘크리트는 아니지만 시멘트로 이 만들어서 깨끗하게 하고 살았는데 여기에 오니까 전부 흙이지, 콘크리트를 제대로 한 집이 없더라고.

김 그리스 음 확실히 여게가 뒤뜰으졋구나 내 저 우리 므 철도 없웃으니까.

그래서 '음, 확실히 여기가 뒤떨어졌구나' 내가 저 우리가 뭐 철도 없었으니까.

---

38 '부엌'의 황해도 방언형.

39 '공구리'는 '콘크리트(concrete)'의 일본어 차용어 'コンクリート'를 발화한 것이다.

40 '세멘'은 '시멘트(cement)'의 일본어 차용어 'セメント'를 발화한 것이다.

김 우리 아브이 그르드라구.

우리 아버지가 그러더라고.

김 야 여게가 우리 고향보단 야 한 이삼십 년 떨어졋다 그링게 말씀허시드란디 지금은 므 이링게 저거 데지만은.

"야 여기가 우리 고향보다 야 한 2~30년 뒤처졌다." 그렇게 말씀하셨었는데 지금은 뭐 이렇게 저것이(역전이) 됐지만은.

서인녀 혼자 산다구 살아 보는데 아이고 그땟 세월에 왜 다꾸 숭년[41]은 져.

혼자 산다고 살아 보는데 아이고 그때 세월에 왜 자꾸 흉년은 들어.

서 해마다 그냥 저스니 즈 하눌에스 비만 내리야 모 심는 땅이 많댔으요 여게.

해마다 그냥, 저기 저 하늘에서 비가 내려야 모를 심는 땅이 여기에 많았어요.

서 근데 수답 논, 논이 얼마 안 데댓그든.

그런데 수답水畓, 논이 얼마 안 됐거든.

서 그라니께 비가 안 와스 모을 못 심으느믄 여게 그냥 숭년 져 갖고 먹을 게 딸리댓어[42].

그러니까 비가 안 와서 모를 못 심으면 여기에 그냥 흉년이 들어서 먹을 것이 부족했어.

---

41 /ㅎ/구개음화가 실현되었다.

42 '달리다[不足]'의 방언형.

서 가오 겁나게 가난햐.

그래서 무척 가난해.

서 이가고 여긋 사람들[43] 다 가난햐.

그리고 여기 사람들이 다 가난해.

서 여그 와 봉게 드 가난햇드라구 으.

여기에 와 보니까 (우리보다) 더 가난했더라고, 어.

박순심 더 가난햐 우리보단 더 가난햐.

더 가난해, 우리보다 더 가난해.

박 그래서라 우리 아버님이 그르시데.

그래서 우리 시아버님이 그러시데.

박 여기 이북 오 이북 살다가 여길 오니까 20년 여기가 뒤졋더래.

여기 이북에서 오, 이북에서 살다가 여기에 오니까 20년쯤 여기가 뒤처졌더래.

박 여긴 쎄멘 부뚜막 발른 사람도 없고 미싱는 사람덦고[44] 라디오 잇는 사람도 없드랍니다.

여긴 시멘트로 부뚜막을 발라 놓은 사람도 없고 재봉틀이 있는 사람도 없고 라디오가 있는 사람도 없더랍니다.

---

43 이 지역에서 본래부터 거주해 온 토박이들을 의미한다.

44 '사람도 없고'가 줄어든 것이다.

박 우리 아븐님은 그그 다 해 놓고 사시다가 왓는데 그롷게 20년이라는 세월이 여기가 뒤졋드래요.

우리 시아버님은 그것 다 해 놓고 사시다가 왔는데, 그렇게 20년이라는 세월이 여기가 뒤졌더래요.

서 근데 나두 즈스니 그래두 저 사학는꺼지 학교 물 먹구 훈련두 댕겨보구 그래두 아부지가 장로님이니께 집이스 글 많이 저게 하 갖구 뭏 다 아는데 여그 오니게 내 또라이들 암끗드 몰라 아무긋도 몰라.

그런데 나도 저기 그래도 저 4학년까지 학교를 다니고, 훈련도 다녀보고, 그래도 아버지가 장로님이니까 집에서 글을 많이 저렇게 해서(가르쳐서) 뭘 다 아는데 여기에 오니까 내 또래 아이들은 아무것도 몰라, 아무것도 몰라.

05 황해도민회

김성호 에 우리가 이제 오울 오일 미칠 안 남앗그.

에, 우리가 이제 5월 5일 며칠 안 남았군.

김 그 인자 그날 또 서울 가는데 이 가도 참 그냥 짜 정심 주구 밥 주구 차 공짜 태와 줄 티이가 갑시다 그두 안 가.

그 이제 그날에 또 서울에 가는데, 이것이 가도 참 그냥 "공짜 점심 주고 밥 주고 차도 공짜로 태워 줄 테니까 갑시다." 그래도 안 가.

김 이지는 안 가 그레니 이걸 안 가자니 이지 이북 맥이 없으져.

이제는 안 가, 그러니 이것을, 안 가자니 이제 이북 맥이 없어져.

김 이걸 살륩라구 애를 써두 참 심드네요[45].

이것을 살리려고 애를 써도 참 힘드네요.

김 아 에 또 가고바두[46] 이 체력이 딸려서 못 가는 사람또 잇구.

아, 예, 또 가고 싶어도 이 체력이 달려서 못 가는 사람도 있고.

---

45 /ㅎ/구개음화가 실현되었다.

46 '-고브다'는 '-고프다'의 방언형이다.

조 연세가 많이 드셔서 못 가시는 거죠?

김 음 갸끄 못 가구.

음, 그래서 못 가고.

김 긍게 참 이게 참 이북 인맥을 살류기도 촘 힘드네.

그러니까 참 이게 참 이북 인맥을 살리기도 참 힘드네.

김 금년이나 가까스로 갈까 말까 하는데 지금.

금년에나 가까스로 갈까 말까 하는데 지금.

김 이 오울 오일날 가문은 그이 저 한강 부지 고수부지 가므는 멫천 명 메그든.

이 5월 5일날 가면 거기 저 한강 둔치, 둔치에 가면 몇천 명이 모이거든.

김 어 이 머 대핸미국 저 황해도 사람 다 오니까.

어, 이 뭐 대한민국 저 황해도 사람은 다 오니까.

김 또 또 우리가 머 페안도 함경도 그날 다 메는데 자리가 달러 각자 다 그 자리가 황해도.

또, 또 우리가 뭐 평안도, 함경도 (사람들도) 그날 다 모이는데 자리가 달라 각자 다. 그 자리가 황해도(이고).

조 황해도는 한강 둔치에서 해요?

김 음 또 이 저 페안도 사람들은 또 한쪽에서 하구.

음, 또 이 저 평안도 사람들은 또 한쪽에서 하고.

김 가문은 수천 명 메는데 긴디 젊은 사람둥언 가끔 오 조 오디 다 나이 묵은 사람들이지 모둔[47] 긋이 없어.

가면 수천 명이 모이는데 그런데 젊은 사람들은 가끔, 어 저 어디 다 나이 먹은 사람들이지, (젊은 사람들은) 모이는 게 없어.

김 아는 사람 인자 점점 없어져 아는 사람이.

(황해도민회에 가면) 아는 사람이 이제 점점 없어져, 아는 사람이.

김 즈이 가 가문은 고향 친구들도 멫 만나닷는데 어트게 서울 사람이 힘없이 가는가 나부담 다 먼저 가싰어.

거기에 가면 고향 친구들도 몇 명 만났었는데 어떻게 서울 사람이 힘없이 (돌아)가는지 나보다 다 먼저 (돌아)가셨어.

김 우리는 여기서 무야 저 근강식을 많이 먹엇그든.

우리는 여기서 뭐야 저 건강식을 많이 먹었거든.

김 한창 배가풀[48] 즉에 하든 하루 제일[49] 일하구 무수씰가리[50]만 한 다발 주믄 그 하루 일당이야 그게.

한창 배가 고플 적에, 하여튼, 하루 종일 일하고 무시래기만 한 다발 주면 그것이 하루 일당이야, 그것이.

조 일당을 돈으로는 안 줬어요?

47 '모으다'의 황해도 방언형. 문맥상 '모이다'의 의미로 쓰였다.

48 '배가 고플'이 줄어든 것이다.

49 '종일 > 죙일 > 젱일 > 제일'과 같이 움라우트, 활음 탈락, 비음탈락 및 비모음화가 일어났다.

50 '무시래기'의 방언형.

김 돈이 어켄 돈이 귀햇지 그때는.

돈이 어떻게 돈이 귀했는지 그때는.

김 개 그그만 묵고 살앗어 우리는 그때만이도.

그래서 그것만 먹고 살았어, 우리는 그때만 해도.

김 참 보양식핸 그야 지금 생각허먼.

참 보양식을 먹은 거야, 지금 생각하면.

조 지금 가면 친구분들 열 분쯤이나 만나세요?

김 그리 갖고는 그 친구들도 가문 한 이십 명 잇댓는데 이지 가문은 못 와.

그래서 (거기에) 가면 그 친구들도 한 이십 명 있었는데 이제 가면 못 와.

김 아이 아칙 기금 가고 금년이 가먼 또 만날랑가두 몰르는데 해마다 쭐어.

아니 아직, 지금 가고 금년에 가면 또 만날지도 모르는데 해마다 줄어.

김 아는 사람이 못 와.

아는 사람이 못 와.

김 이 체릭이 딸리든가 물으보믄 소식을 모른다그 햐.

이 체력이 달리던지, 물어보면 소식을 모른다고 해.

김 그르믄 버써 갓것지 그기 돌아갔으닝게 그룽지.

그러면 벌써 (돌아)가셨겠지 그것이 돌아가셨으니까 그렇지.

여화순 인지 오 을 오 일날 이지 여그스 피란민들 다 천부 즈사리[51] 만나라 가잖아요.

이제 5월 5일 날 이제 여기에서 피란민들이 ㄷ- 전부 거시기 만나러 가잖아요.

여 만나라 가두 이제 한 분 강께 즘심을 먹구 잇으니께 나부다 두 살, 세 살 저이 어, 저이 성[52]이 나부다 한 살 아댄데 오데스 왓냐니께 군산스 왓다구랴.

만나러 가도, 이제 한 번은 가니까 점심을 먹고 있으니까 나보다 두 살, 세 살, 자기 어 자기 형이 나보다 한 살 아래인데 어디에서 왔냐고 하니까 군산에서 왔다고 그래.

여 군산스 왇으믄 어디스 피란 왓냐니께 저 저 항하두스 왓다걸래 항하두믄 어데냐니께 송화군이대야.

군산에서 왔으면 어디에서 피란 왔냐고 하니까 저 황해도에서 왔다고 하기에 황해도면 어디냐고 하니까 송화군이래.

여 송화군이믄 어디냐니께 진풍면이대요.

송화군이면 어디냐고 하니까 진풍면이래요.

여 진풍면인디 글 진풍면이 어디냐니께 우리가 한배미[53]그든 동니가 한배미라간데 아 으 웃집에 살은 그여 나랑.

진풍면인데, 그럼 진풍면의 어디냐고 하니까 우리 (동네가) '한배미'거든, (우리) 동네를 '한배미'라고 하는데, 아 여기 윗집에 산 거야 나랑.

---

51 '저사니'의 변이형

52 /ㅎ/구개음화가 실현되었다.

53 자료 제공인의 고향 마을 이름이다.

여 아릿집이 아리웃집이 살앗는디 이름이 무이냐니께 OO라 굴대.

아랫집에, 아래윗집에 살았는데 이름이 뭐냐고 하니까 OO라고 그러대.

여 으 기랴 하니께 OOO가 우리 오빠 이름이댄디 그니께.

"어, 그래?"고 하니까 "OOO가 우리 오빠 이름인데." 그러니까.

여 그럼 이름 아부지 이름이 누구냐니께 OOO라구드라구.

그럼 이름, 아버지 이름이 누구냐고 하니까 OOO라고 그러더라고.

여 으야서 어 너이 아부지가 OOO구나 하니께.

그래서 "어 너희 아버지가 OOO구나." 하니까.

여 같은 우리 아부지랑 한 항년이그든 다.

우리 아버지랑 같은 한 항렬이거든 다.

여 하구 즌 OO는 다 우리 오빠랑 다 한 한는이구.

그리고 저 OO는 다 우리 오빠랑 다 한 항렬이고.

여 그륵햐두 아리웃집에 살앗으두 몰랐어요.

그렇게 해도 아래윗집에 살았어도 몰랐어요.

여 한디 몰라요 거릏게 만나스두 쪼꾸내혀스 나와스 몰라요 에 몰라 몰라.

그런데 몰라요, 그렇게 만나서도 어릴 때 나와서 몰라요, 예 몰라, 몰라.

여 인지느 올 올이두 시방 오얼 오일 날 또 갈 그죠.

이제는 올, 올해도 지금 5월 5일 날 또 갈 거죠.

여 가기는 가는디 가두 시방 그즌 긑지 않구 몰라요 다.

가기는 가는데 가도 지금은 그전 같지 않고 몰라요 다.

여 다 그즌 오댄 사람들 다 늙으스 다 돌아간 양반드이 많고 그리야.

다 그전에 오던 사람들은 다 늙어서 다 돌아간 양반들이 많고 그래.

배 구게 가믄은 부락 단우로 이게 닥 줄을 스그든 운열이문 운율 사람 들끼리 시구 송화는 송화.

거기에 가면 마을 단위로 이렇게 딱 줄을 서거든, 은율이면 은율 사람 들끼리 서고, 송화는 송화 (사람들끼리 서고).

여 진풍므 이룽게 가믄 다 이룽게 쭉 빵 돌라가므스 이 (청취불가) 막 치구 있응께 에 에.

진풍면, 이렇게 가면 다 이렇게 쭉 빵 돌아가면서 이 (줄을) 막 치고 있으니까, 예, 예.

여 개 고개으 그 늚은 디아 꽉 들으차지요 그룽기 악 그이가.

그래서 거기에 그 넓은 데에 꽉 들어차지요, 그렇게 막 거기가.

V.

피란 이후의 삶

01
가족들을 먼저 보내다

1. 아이들을 가슴에 묻다

이연옥 깅게 나 아이 둘 아 낳구 왔응께 여기 아.

그러니까 내가 아이를 둘, 아이를 낳고 왔으니까 여기에, 어.

이 어 아 두 개 낳구스 왓는디 세 실 난, 세 살여나 두 살 난 거 업구 나 완디 여그 와스 죽읐어 지 약 못 쓰서 아들인디.

어, 아이 두 명을 낳고 왔는데, 세 살 난, 세 살이었나, 두 살 난 것을 업고 나왔는데 여기에 와서 죽었어, 제대로 된 약을 못 써서, 아들인데.

이 아들 난 많이 죽였어, 아들 둘 줙이고 에미나이[1] 하나 줙이구.

나는 아이들 많이 죽였어, 아들을 두 명 죽이고, 딸 한 명 죽이고.

이 아 내가 죽으믄은 우리 아이디 와스 다 왜 나 줙잇나 허먼은 어뜩하나 하구 걱정하니께 그 사람들이 머 그 애들이 만나까.

아 내가 죽으면 우리 아이들이 와서 다들 "왜 나 죽였어?" 하면 어떡하나 하고 걱정하니까 그 (다른) 사람들이 "뭐 그 애들이 만날까?" (하더라고).

---

1 '여자아이'의 황해도 방언형.

이 첫애는 즈 으 큰댓지 한 다슷 살 나스 죽읎응게.

첫아이는, 저, 어 컸지, 한 다섯 살 돼서 죽었으니까.

이 여그 와스 죽읏다니께.

여기 와서 죽었다니까.

이 집 짛는 디마다 죽읎으야 아이 하나씩.

집 짓는 곳마다 죽었어, 아이가 한 명씩.

이 삼앗동에스 하나 죽구 동산촌 피난 가스 거그서 살다가 죽고 여그 이사 와 갓구 또 하나 죽고.

삼학동에서 한 명 죽고 동산촌에 피란 가서 거기에서 살다가 죽고 여기에 이사 와서 또 한 명 죽고.

이 으 그르게 자꾸 죽응게 약이 읎응게 배탈 나두 죽구 우리 옵구 간 아이 배탈 나스 죽읎어요 못 곤쳐서.

어 그렇게 자꾸 죽으니까 약이 없으니까 배탈이 나도 죽고, 우리가 업고 (피란) 온 아이도 배탈이 나서 죽었어요, 못 고쳐서.

이 한디 야미[2]로 주는 약은 필요둢어, 낫지두 안 해.

그런데 암거래로 주는 약은 필요도 없어, 낫지도 않아.

이 어 돈 없응게 야미 좀 약 좀 달라고 하믄은 돈 이씨야 비싼 글 사지 가때부트 안 나.

어 돈이 없으니까 암거래 약 좀 달라고 하면, 돈이 있어야 비싼 것을 사지, 그때부터 안 나아.

---

2 '정당하지 않은 거래'를 의미하는 일본어 'やみ[闇]'를 발화한 것이다.

이 안 낫구 꺼칠헌데 즈 아쁘리캇 사람 아이들 안 봐 우리 아이 생각[3] 나스.

안 낫고 꺼칠한데, (나는) 저 아프리카 사람들 아이들 안 봐, 우리 아이 생각나서.

이 그룹게 말라스 죽구 대가리마 크게 해 갖구 죽읏어.

그렇게 말라서 죽고 머리만 크게 되어 죽었어.

이 거 아이덜은 나 안 봐 불쌍해스.

그 (아프리카) 아이들은 내가 안 봐, 불쌍해서.

이 그거 내가 개두 하두 못 먹구 히서 삼니 장으 가스 괴기를 한 근 대지르 사다아 갸를 쌂아 멕잇시다.

그거 내가 그래도 하도 못 먹고 해서 삼례 장에 가서 고기를 한 근, 돼지고기를 사다가 그 아이에게 삶아서 먹였습니다.

이 긍게 거거 멕이스 쥑였어.

그러니까 그거 먹여서 죽였어.

이 거거 먹구 체해스 죽읐으 으 못 먹딘 글.

그것을 먹고 체해서 죽었어, 어, 못 먹던 것을 (먹어서).

이 해스 에구 세상으 내가 쥑엿구나 그글 숭한[4] 글 사다 주.

그래서 "아이고 세상에 내가 죽였구나. 그것을 흉한 것을 사다 줘서."

이 잘 묵드라구.

(아이가) 잘 먹더라고.

---

3 1음절의 /ㅅ/이 구개음으로 실현되었다.

4 /ㅎ/구개음화가 실현되었다.

이 궁게 그그 묵구스 죽은데 쥔집에 할매가 삽 좀 달라니게 안 줘 썩을 놈으 할매가.

그러니까 그거 먹고 죽었는데 주인집에 할머니에게 삽 좀 달라고 하니까 안 줘, 빌어먹을 놈의 할머니가.

이 안 주 갖고 저 꼭대기 그 가난한 집이 집 다 다 헐어즌 집이 그그 가스 아주마이 삽 좀 주쇼 그라니께.

안 줘서 저 꼭대기 그 가난한 집에, 집이 다 허물어진 집에 거기에 가서 "아주머니, 삽 좀 주세요." 그러니까.

이 삽은 무 할라구요 그라.

"삽은 뭐 하려고요?" 그래.

이 우리 아이가 오늘 죽읏는디요 쥔집 할매가 안 주요 삽을.

"우리 아이가 오늘 죽었는데요. 주인집 할머니가 삽을 안 줘요."

이 우리 삽은 귀때기가 뜰어졋는디 그래두 가지가슈.

"우리 삽은 귀가 떨어졌는데 그래도 가져가세요."

이 기 저 그그 얻으다가 중게 엄마이하구 우리 아자씨하구 갖드가 묻구선디 내가 밥을 해스 자 우시들 잡시세 그르니께.

그, 저, 그것을 얻어다가 주니까 어머니하고 우리 아저씨하고 갖다가 묻고서 있었는데 내가 밥을 해서 "자 오셔서들 잡수세요." 그러니까.

이 무이 생, 무얼 밥을 대 햇냐.

"무슨 생, 무슨 밥을 다 했냐."

이 아 살은 사람은 무 묵구 살아애지 같으 죽으까요 내 그라니께.

"아 산 사람은 뭐 먹고 살아야지 같이 죽을까요?" 내가 그러니까.

이 에그 그 밥을 용해 햇구나 그라스 먹구 살다가 시방 여그 와스 잘 살아요.

"아이고, 그 밥을 용하게 했구나." 그래서 먹고 살다가 지금 여기에 와서 잘 살아요.

2. 남편을 먼저 보내다

서인녀 쯔 저 우리 아부지 거 옛날에두 우리 아부지 장로님이댓으요 교헤.

저 우리 아버지가 그 옛날에도, 우리 아버지가 장로님이었어요, 교회.

서 그래스 평화롭게 잘 살댓는디 이지 김일승이가 인제 들으왔구스는 이제 정치를 바꾸는데 아이 인자 즈 다 공산당에 들라구 하니께 다들 인지 없는 사람들 가난한 사람들이 다 인자 공산당에 들읐으.

그래서 평화롭게 잘 살았는데 이제 김일성이 이제 들어와서는 이제 정치를 바꾸는데, 아이 이제 저 다 공산당에 가입하라고 하니까 다들 이제 없는 사람들, 가난한 사람들이 다 이제 공산당에 들었어.

서 우리 아부지는 장로님인데 그 공산당엔 들으가갔으?

우리 아버지는 장로님인데 그 공산당에 들어가겠어?

서 항께 동네스 인자 차츰차츰 따돌림을 당하구 인지 에톨이지는 그여.

그러니까 동네에서 이제 차츰차츰 따돌림을 당하고 이제 외톨이가 되는 거야.

서 그릏게 우리 아부지 생각이 아무래두 여기를 떠야지 나 여기 잇단 몰매 맞어 죽을 그 같으다 이 생각이 들으갓는개벼.

그러니까 우리 아버지 생각에 '아무래도 여기를 떠나야지. 내가 여기에 있다가는 몰매 맞아 죽을 것 같다.' 이런 생각이 들었는가봐.

서 양 어드루 뗠라구 들썩들썩 아부지가 하니께 아부지 친한 친구가 이 인녀[5]를 창물[6] 저스니[7] 저 일꾼두 두구 그래두 살구 밥때나 먹는 집이니께 그이다 입 하나라도 덜어 놓그서 가셔 들어 놓구 가셔 그라니께 날 그냥 어망중에[8] 시즙 준다구 날 창물루 시즙을 주으 놓구는 아부지는 저 장연 읍내루 이사를 가 뻐릇어.

그냥 어디로 떠나려고 아버지가 들썩들썩 하니까 아버지의 친한 친구가 "이 인녀를 '창물'에, 거시기에, 저 일꾼도 두고 그래도 살고 밥깨나 먹는 집이니까 거기에 입 하나라도 덜어 놓고 가셔, 덜어 놓고 가셔." 그러니까 나를 그냥 어떨떨한 가운데 시집을 보낸다고 나를 창물로 시집을 보내 놓고는 저 장연長淵 읍내로 이사를 가 버렸어.

서 그카구 인지 아부지느하구 나하구 인제 거리가 멀어졋잖아.

그렇게 하고 이제 아버지네하고 나하고 이제 거리가 멀어졌잖아.

서 그래스 인자 거 이둠해 기냥 인자 초도루 들으가야 산디야 초도 섬으로 인자.

그래서 이제 그 이듬해에 (아버지네가) 그냥 이제 초도로 들어가야 산다고 해, 초도 섬으로 이제.

---

5 자료 제공인의 이름이다.

6 자료 제공인의 시댁에 있는 동네 이름이다.

7 '저사니'의 변이형.

8 '어망중(--中)'은 북한에서 '갑작스럽게 놀라서 얼떨한 가운데'의 의미로 쓰인다.

서 개 섬으로 인자 따라 들으갓다가 므 요게 올 그 꿈이두 안 하고 인지 집어루 더루 나가갓지 햇지 누구 머 이룽 이른 생각을 햇간이?

그래서 섬으로 이제 따라 들어갔다가 뭐 여기에 올 것은 꿈에도 (생각을) 안 하고 '이제 집으로 도로 나가겠지' 했지. 누가 뭐 이렇게 이런 생각을 했겠어?

서 가구 인지 초도 섬이 잇다가스 인자 점점 기냥 식량은 뜰어져서 식량은 점점 어류어지니께 인자 그 이승만 박사가 그냥 어 거 큰 기냥 군함 배를 갖다 대 놓고 다 여거 타야 산다고 하이께 으 그그 탔으으 으 거거 탔어.

그리고 이제 초도 섬에 있다가 이제 점점 그냥 식량은 떨어져서, 식량은 점점 (떨어져서) 어려워지니까 이제 그 이승만 박사가 그냥 어 그, 그냥 큰 군함 배를 갖다가 대 놓고 다 여기에 타야 산다고 하니까, 어 거기에 탔어, 어, 어, 거기에 탔어.

조 장산곶을 받았다는 그 배요?

서 네 네 그글 타구스는 군산에 와스 내렷는데 그때 우리 OO 임신하므서 와댓그든.

네, 네, 그것을 타고서는 군산에 와서 내렸는데 그때 우리 OO를 임신한 중에 왔거든.

서 그랫는디 기냥 그 세멘 바닥 그 즈 폭긱해스 그 창꾸들 다 허멀어젼 쎄멘 바닥이 발을 대스 내르스 딛응게 물렁굴렁하는 그 같여.

그랬는데 그냥 그 시멘트 바닥, 그 저 폭격을 당해서 그 창고들이 다 허물어진 시멘트 바닥에 발을 대고 (배에서) 내려서 딛으니까 (바닥이) 물렁물렁한 것 같아.

서 얼마나 멀미를 하믕슨 왓는가.

얼마나 멀미를 하면서 왔는지.

서 그께스 여이 즈 장동니 즈 동산촌으루 첨에 실으다가 놓드니 아 장동니스 또 어느 집으루 배치를 내구.

그렇게 해서 여기 저 장동리, 저 동산촌으로 처음에 (우리를) 실어다가 놓더니, 아 장동리에서 또 어느 집으로 배치를 하고.

서 그릉하다 또 우르 OO 아바이[9]하구 나하구 동갭인데 아 군인을 잡흐가 쁘렸어.

그렇게 하다가 또 우리 OO 아버지하고 나하고 동갑인데, (남편이) 군대에 잡혀가 버렸어.

서 그땐 막 붙들어 갔어요, 군인 감들.

그때는 군인할 만한 사람들을 막 붙잡아 갔어요.

서 아 즈 군산 가스 부두 노동이라두 햐스 벌어 본다가믄 나간 사람이 도무지 소식이 없드니 군인에스 편지가 완 거여.

아, 저기 군산에 가서 부두 노동이라도 해서 (돈을) 벌어 본다고 하면서 나간 사람이 도무지 소식이 없더니 군대에서 편지가 온 거야.

서 군인에 잽흐가 가즈구.

군대에 잡혀 가서.

조 그때는 그렇게 차출을 해 갔어요?

---

9 자료 제공인의 남편을 말한다.

서 그럼 그르 그땐 그륵했응.

그럼, 그렇게, 그땐 그렇게 했어.

서 그래 가지그스는 인자 우리 시엄마가 기낭 면회도 가 보고 머 다 어쩌고 핸 난 한번두 못 가 봤어.

그래서는 이제 우리 시어머니가 그냥 면회도 가 보고, 뭐 다 어쩌고 했는데 나는 한번도 못 가 봤어.

서 할마[10]가 나스 갖구 다꾸 다니니께.

시어머니가 나서서 자꾸 다니니까.

서 그라구스는 아 인자 왔다 갓다 인제 슈가[11] 말아 갖고는 왔다가 가고 가고 하믄스 애만 인자 첫딸 낳구 아들 샘 형젤 낳는디 그때는 육 년을 햐야 즈 저스 제대를 하댓으.

그러고는 아 이제 (남편이 집에) 왔다 갔다, 이 제 휴가를 받아서 왔다가 가고, 가고 하면서 아기만 이제 첫딸을 낳그, 아들 삼 형제를 낳았는데, 그때는 (군복무를) 6년을 해야 저 거기이서 제대를 했어.

박순심 그렇게 오래 했어요?

그렇게 오래 했어요?

서 어 육 년을 아이고.

어, 6년을, 아이고.

---

10 자료 제공인의 시어머니를 말한다.

11 /ㅎ/구개음화가 실현되었다.

박 청춘을 거기서 다 보내고 오네.

청춘을 거에서 다 보내고 오네.

서 그럼 그륵해스는 집이를 왓는데 그 잘 멕이든 사람이, 군인에두 잘 안 멕읏잖아 그때는 가난햐 갖구.

그럼, 그렇게 해서는 집에 왔는데 (집에서) 그렇게 잘 먹이던 사람이, 군대에서는 잘 안 먹였잖아 그때는 가난해서.

서 아이 탈이 나 가지구 기냥 어드렁어드렁 몸 저스니[12] 목숨만 붙어 갖구 제대를 했어.

아니 탈이 나서 그냥 어떻게 어떻게 몸이 거시기 목숨만 붙어서 제대를 했어.

서 그르니 므 집에 왓으니 무 돈이 잇어야 약을 써 보죠.

그러니까 뭐 집에 왔는데 뭐 돈이 있어야 약을 써 보죠.

서 걍 내비르 둥게 죽읏지 머 서른네 살에.

그냥 내버려 두니까 죽었지 뭐, 서른네 살에.

서 나두 서른네 살 그 양반두 서른네 살 동갭이여.

나도 서른네 살, 그 양반도 서른네 살, 동갑이야.

서 그륵하구스는 우리 셋째 아들 우리 OO이가 네 살 네 살 낫댓으.

그렇게 하고서는, 우리 셋째 아들 우리 OO이가 네 살, 네 살이었었어.

---

12 '저사니'의 변이형.

02 군산에서 피란민 생활을 시작하다

1. 수태 고생하다

한의숙 하이튼 나 이 군산 거 오룡동인가 거기 와 갖고 수태[13] 고생했어.

하여튼 내가 이 군산 그 오룡동인가 거기에 와서 숱하게 고생했어.

한 하이고 참말로 피난민 처지 천지댔으.

하이고, 정말 피란민 천지, 천지였어.

한 하루 젱일 가스들 일들 하고 뭔 쌀 한 뎃박 반 뎃박쓱 받아 가지고 와 가지고 그그 갖고 생활하고.

하루 종일 가서 일들 하고, 무슨 쌀 한 됫박, 반 됫박씩 받아 와서 그것을 가지고 생활하고.

조 쌀 반 되 받으면 며칠이나 먹을 수 있나요?

13 '숱하게'의 황해도 방언형.

한 메칠 한 끼두 작지.

며칠은 한 끼도 적지.

한 식구 여릇이 한 끼두 작지.

식구 여럿이 한 끼도 적지.

한 요루 이케 소데팍 요론 걸로 쌀 쪼끔썩 퍼 주믄 그그 갖고 와서 생활하는데.

이걸로 이렇게 작은 됫박 이런 것으로 쌀 조금씩 퍼 주면 그것을 가지고 와서 생활하는데.

한 그릉게 참 고생이 사람 산다구 할 수가 없고 그때는 짐승도 그륵하구는 안 살앗지 노골적으로.

그러니까 참 고생이, 사람이 산다고 할 수가 없고, 그때는 짐승도 그렇게 하고는 안 살았지, 노골적으로 (말해서).

한 그치만 인간이닝게 살아야 데니께 살안 그고 참 그랫으.

그렇지만 인간이니까 살아야 되니까 산 것이고, 참 그랬어.

한 그 그래 가지고 배우지 못하고 하두 한이 디아서 나는 노골적으루 쪼꾸매스 그때스부텀 책이라 책은 누가 책 보믄 그 좀 빌이 달라그 했어.

그래서 배우지 못하고 (그것이) 하도 한이 돼서 나는 노골적으로 조그마했을 때 그때부터 책이란 책은 누가 책을 보면 그것 좀 빌려 달라고 했어.

한 해 가지운 집이 와서 그그 읽구 그랬어.

그렇게 해서 집에 와서 그것을 읽고 그랬어.

한 그래 가지구 언문을 캐왓지 배우진 못했으니까.

그래서 글을 깨쳤지, 배우지는 못했으니까.

조 이북에서는 학교에 안 다니셨어요?

한 학교 댕겻지 이북으스는.

학교에 다녔지, 이북에서는.

한 학교 좀 대스 국민은 국민학교 게우 댕기다가스 피란 나와 가지구.

학교 좀 다녔어, 국민은, 국민학교 겨우 다니다가 피란 나와서.

한 하고 또 이북이서는 공부를 할래야 할 수가 없어요.

그리고 또 이북에서는 공부를 하려야 할 수가 없어요.

한 일 학년스 공부 댕기는디 뱅기가 와서 폭격을 하기 데믄 하루에두 두세 분썩 방공호 들으가야 데.

1학년 때 공부하러 다니는데 비행기가 와서 폭격을 하게 되면 하루에도 두세 번씩 방공호에 들어가야 돼.

조 공부하다가 말고 방공호에 들어가요?

한 고럼 뛰으 들으가야 데 방공호로.

그럼 방공호로 뛰어 들어가야 돼.

한 그르니 공부할 시간이 없어.

그러니 공부할 시간이 없어.

한 그루구 그르니깐 공부도 제대루 못해니까 조 육요 사븐 트즈 갖고 이케 피난 나오니까 피란 나와스 그룧게 그시기하지.

그러고 그러니까 공부도 제대로 못하니까, 드 6.25사변 터져서 이렇게 피란을 나오니까 피란 나와서 그렇게 거ㅅ 기하지.

한 하이튼 수태 고생했으 말도 못해 그 고생이라는 근 이루 말할 수가 없고.

하여튼 숱하게 고생했어, 말도 못해, 그 고생이라는 것은 이루 말할 수가 없고.

한 그러므선 내가 그 저 군산으로 와 갖고 군산 그 참 장미동 시장 거기 거기두 많이 그시기햇고.

그러면서 내가 그 저 군산으로 와서 군산 그 참 장미동 시장, 거기도 많이 거시기했고.

한 엣날이는 철도 다리 있는 디 군산 철도 거기에서 장들을 봤오.

옛날에는 철도 다리 있는 곳, 군산 철도, 거기에서 장을 봤어.

한 여 쪼끔씩 쪼끔씩 해 갖고 노인들이 글믄 그그를 들을 이케 사 갖고 댕이며서 장사하고.

여기에 조금씩 조금씩 해서 노인들이 그렇게 하면 그것들을 이렇게 사서 다니면서 장사하고.

한 또 어떤 아즈씨는 니아까 끌머서 큰 나무 날라 주구 밥 즈그 쪼끔씩 돈 받는 재미.

또 어떤 아저씨는 리어카를 끌면서 큰 나무를 날라 주고 밥, 저거 조금씩 돈 받는 재미.

한 나무 날라 주믄 가다가서 아즈씨가 막 힘들으 하머 아즈씨 심들어여[14] 심들다[15] 그라먼 밀으줏댓그등.

나무를 날라 주면, (날라주러) 가다가 아저씨가 막 힘들어 하면 "아저씨 힘들어요?", "힘들다." 그러면 (리어카를) 밀어 줬었거든.

---

14 /ㅎ/구개음화가 실현되었다.

15 /ㅎ/구개음화가 실현되었다.

한 밀으 주믄 그거 지금 겉으믄 그그 안 받지 나뭇개비 요만헌 그 무라고 그걸 받댓어.

밀어 주면 그것을, 지금 같으면 그것을 안 받지. 나뭇개비 요만한 것이 뭐라고 그것을 받았어.

박순심 글 왜 받아?

그것을 왜 받아?

한 우리가 끓여 믁어야 살잖아.

우리가 (음식을) 끓여 먹어야 살잖아.

한 나뭇개비 요만헌 걸 주는 그야.

나뭇개비 요만한 것을 주는 거야.

한 느 이거 갖다 저녁에 때기서 불 아 저 불 때스 밥해 묵으라고 주믄 그그 받아 가지고 오댓어.

너 이거 갖다 저녁에 때서, 불, 아 저 불 때서 밥해 먹으라고 주면 그것을 받아서 왔어.

한 해 가지군 또 군산 해망동으루 또 군산스 이작이스 살다 글루도 갓잖애 해망동으루.

그래서는 또 군산 해망동으로, 또 군산에서 이쪽에서 살다 거기로도 갔잖아, 해망동으로.

한 해망동으로 갓드니 쑥을 자꾸 캐로 가재 엳어 사람들이.

해망동으로 갔더니 쑥을 자꾸 캐러 가재, 주우 사람들이.

한 해스 나도 가스 그 쑥 좀 캐오까 그라니까.

그래서 "나도 가서 그 쑥 좀 캐 올까?" 그러니까.

한 엄마가 캐올라므 캐오라 개뜩이라도 쪄 묵게 그래서 그을 또 캐로 갓잖냐.

엄마가 "캐 오려면 캐 와라. 개떡이라도 쪄 먹게." 그래서 그것을 또 캐러 갔잖아.

한 캐루 간디 독[16]이 저이 나 공동묘지가 무인지도 몰랐어.

캐러 가는데 독이, 저기 나는 공동묘지가 뭔지도 몰랐어.

한 독이 요만한 것들이 두 개가 이롷게 자드름해이[17] 있어.

독이 요만한 것들이 두 개가 이렇게 가지런하게 있어.

한 아 고고 가스 이롷게 들추대 아 머리 쪼꾸만 아이가 죽으스 거기가 갖다 연 거야.

아, 그것을 가서 이렇게 들추니까 아 머리가 조그만 아이가 죽어서 거기에 가져다 넣은 거야.

한 하따 나 그때 놀래고 밤이 잠을 못 잤어 그거 보구 너무 놀래 갖고.

아이고, 내가 그때 놀라고 밤에 잠을 못 잤어, 그것을 보고 너무 놀라서.

박 아니 안 묻고 그걸 왜 거기다 너 놨어?

아니, 안 묻고 그것을 왜 거기에 넣어 놨어?

---

16 '옹기그릇'을 의미한다.

17 문맥상 '가지런하다'는 의미이다.

한 아 여기 사람들 그륵합디다.

아, 여기 사람들은 그렇게 합디다.

한 아이 죽은 그는 꼭 그 독이다 여서 그릏게 했으요.

아이가 죽은 것은 꼭 그 독에 넣어서 그렇게 했어요.

한 그애 가지구 내 공동미이 갓다 그그 보군 너무 놀래 갖고 아이고 안절부절을 못햇으 밤이.

그래서 내가 공동묘지에 갔다가 그것을 보고는 너무 놀라서 아이고 안절부절을 못했어, 밤에.

한 하이튼 그때 아따이 저 쑥만 낫으루 베 낫이나 있읏간이 그때 그양이 손으루 이케 쬣읏지.

하여튼 그때 아따 저 쑥만 낫으로 베, 낫이나 있었겠어, 그때. 그냥 이 손으로 이렇게 뜯었지.

한 박박 쬣으 가죠나리[18] 가주구 와서 집이 와서 골라선나리 해 믁엇지 만해도 그럼.

박박 찢어서 가지고 와서 집에 와서 골라서 해 먹었지, (그때)만 해도, 그럼.

박 그때 머 밀도 없고 개떡은 멀로 쪄 먹어?

그때 뭐 밀도 없고, 개떡은 뭘로 쪄 먹어?

---

18 '가지- + -오 + -나리'와 같이 분석할 수 있다. '-오'는 '-고'의 /ㄱ/이 탈락한 것이고, '-나리'는 '-나무리'의 변이형이다. '-나무리'는 주로 '-서'르 끝나는 어미와 결합하는데 여기에서는 어미 '-고'와 결합하였다.

한 거 배급 주는 거 맬 밀가루 배급 쪼끔썩 주니께 그글 다 인제 늘쿠[19] 먹을라구 그렇게 하는 그여.

그 배급 주는 거, 밀, 밀가루 배급을 조금씩 주니까 그것을 다 이제 (양을) 늘려서 먹으려고 그렇게 하는 거야.

한 배급 줏지 머.

배급 줬지 뭐.

한 그때 우리 한국으 경제가 말도 못햇지만은 거 에국이서 미국 놈들한티 지금 미국 놈들이라고 하지만은 미국 사람들한티 많이 신애 졋지.

그때 우리 한국의 경제가 말도 못했지만은 그 외국에서 미국 사람들한테, 지금 미국 놈들이라고 하지만은 미국 사람들한테 신세를 많이 졌지.

한 지금 그릉게 저 어디야 그 에국 끔둥이들 나아스 막 이륵하는 그 보믄 옛날 우리 생각이 난다니까.

지금 그러니까 저 어디야 그 외국의 흑인들 나와서 막 이렇게 하는 것을 보면 옛날 우리 생각이 난다니까.

한 저랫구나 우리두 즈 즈 애들하구 똑같잇다.

저랬구나, 우리도 저 저 아이들하고 똑같았다.

2. 군산 시내에 자리를 잡다

한영숙 피난 나와 가지구 배 타고 나아 갓근.

피란 나와서, 배 타고 나와서.

---

19 '늘리다'의 방언형.

한 그 학교[20] 거기슨 막 그 알랑미 쌀로 밥해 안 거 거얼로 주드라고 이렇게 해스.

그 학교 거기에서는 막 그 안남미 쌀로 밥해 온 거 그것으로 주더라고, 이렇게 해서.

한 그릏게 먹구 우리는 딴 드루 다 피란들 가라도는데 갖그 거 저기를 보내주엇는디 우리느 안 갔어여.

그렇게 먹고 우리는, 다른 데로 다 피란들을 가라고 하는데 그래서 그 저기를 보내줬는데, 우리는 안 갔어요.

한 안 가구 군산 시내에 그 멋 그가 뭐 뭔 동인가 생각두 잘 안 나네 거기 가스 해튼 세 얻어 갖구 살았어요.

안 가고 군산 시내에 그 뭐, 거기가 무슨 동인가 생각도 잘 안 나네, 거기에 가서 하여튼 세를 얻어서 살았어요.

한 그 살은두[21] 우리 어머니만 친정어머니 고생 많이 하시다 돌아가싯지.

그 산 것도 우리 어머니만, 친정어머니만 고생 많이 하시다 돌아가셨지.

한 딴 사람드으 각각 다 피란 나와서 보래주는 어이 멀리 어디 시골루 다 보낸느 갔어.

다른 사람들은 각각 다 피란 나와서 보내주는 어디 멀리 어디 시골로 보내는, 갔어.

---

20 여기에서 '학교'는 피란민 임시 수용소로 사용했던 곳을 말한다.

21 '살은 것두'가 줄어든 것이다.

한 간디 우리는 안 갔어.

갔는데 우리는 안 갔어.

조 왜 안 가셨어요?

한 그리 안 가고 우리는 제 어머니가 장사 노점이서 막 장사도 하고.

거기로 안 가고 우리는 이제 어머니가 장사, 노점에서 막 장사도 하고.

한 하튼 머 호떡 장사도 하고 똑장사도 하고 하이튼 어모이가 다 했어.

하여튼 뭐 호떡 장사도 하고 떡장사도 하고 하여튼 어머니가 다 했어.

한 그러구 거 비행장 군산 비행장이서 나오는 깡통을 깡통을 한 백이 십 개 정두를 이구서 여기 가서 말흐자 열차도 못 타고 골어서 군산 전주까지 와서 걸 다 팔구 갔어요 우리 친정어머니가.

그리고 그 비행장, 군산 비행장에서 나오는 깡통을, 깡통을 한 백이십 개 정도를 이고 여기에 가서 말하자면, 열차도 못 타고 걸어서 군산(에서) 전주까지 와서 그것을 다 팔고 갔어요, 우리 친정어머니가.

한 그렇게 해서 오 남매 지금 다 살아 있어 오 남매가.

그렇게 해서 오 남매, 지금 다 살아 있어, 오 남매가.

한 어머닌 돌아가시그 오 남매 다 살아 있어 지금.

어머니는 돌아가시고 오 남매 다 살아 있어 지금.

한 기 우리 어머니가 참 대단하신 분이야.

그 우리 어머니가 참 대단하신 분이야.

3. 작은아버지를 만나 도움을 받다

배심연 여 피란, 저기 군산에 와 갖고 작은아부지 만나스 우리는 이제 쪼꿈 그 수용소라는 디스 살다가 작은아부지가 그 집을 해망동이라는 디다가스 집을 사 주스 우린 그기스 살틈하구 살앗지.

이 피란, 저기 군산에 와서 작은아버지를 만나서 우리는 이제 그 수용소라는 곳에서 조금 살다가, 작은아버지가 그 집을 해망동이라는 곳에다 집을 사 줘서 우리는 거기에서 살림하고 살았지.

배 우리 오빠 우리 남동생 그 일곱 살 먹언 그 그 나와 거 우리 살고.

우리 오빠, 우리 남동생 그 일곱 살 먹은 거, 그 나하고 거기에서 우리가 살고.

배 작은아부지는 또 구암동이라는 디이 거기서 아들 데리구 살다가 이지 작은움마를 못 데리고 온 우리가 같이 나와야 데는데 애덜도 작은집이는 어리고 그릉게 이제 우리 그 아부지 친구가 또 그 작은집이까장은.

작은아버지는 또 구암동이라는 곳에 거기에서 아들을 데리고 살다가, 이제 작은엄마를 못 데리고 온, 우리가 같이 나와야 되는데 애들도 작은집은 어리고 그러니까, 이제 우리 그 아버지 친구가 또 그 작은집까지는 (못 데리고 나왔어).

배 무 이른 디 같으믄 전화를 해스라두 저갠데.

뭐 이런 데 같으면 전화를 해서라도 저기하는데.

배 그때 쪼꼼 그리가 멀거든.

그때는 거리가 조금 멀거든.

배 그래스 보따레들만 다 싸 놓구 이 피란 나올라구 햇는디 못 음 데리구 나왓지.

그래서 (작은집도) 보따리들만 다 싸 놓고 이 피란을 나오려고 했는데, 음, 못 데리고 나왔지.

배 그렁게 작은아부지는 여게 와스 이제 에 작은어머니를 얻엇지 새 작은어머니 음.

그러니까 작은아버지는 여기에 와서 이제, 에, 작은어머니를 얻었지, 새 작은어머니, 음.

조 군산 오셔서는 또 어떻게 지내셨어요?

배 군산 와 갖고 공장 생활두 쪼끔 하고 공장 생활도 하다가 또 오빠 군인 가고 그르니께 머 그럭저럭하므슨 머 놀기도 하고 공장 생할 좀 했어.

군산에 와서 공장 생활도 조금 하고, 공장 생활도 하다가 또 오빠가 군대에 가고 그러니까 뭐 그럭저럭하면서 뭐 놀기도 하고 공장 생활을 좀 했어.

배 공장 생할 하다가 오빠가 여게 나레와 갖고 또 비행장에 다녓지 으 군산 비행장.

공장 생활을 하다가 오빠가 여기에 내려와서 또 비행장에 다녔지, 어, 군산 비행장.

배 비행장에 다니다가 또 그기가 좀 머니까 작은아부지가 거 아루꾸르 공장 그게 이 지 여 주스 좀 다니구라다가스 이지.

비행장에 다니다가 또 거기가 좀 머니까 작은아버지가 그 알코올 공장 거기에 이, 저 넣어 줘서 좀 다니고 그러다가 이제.

배 에 또 그럭저럭 커 크다 봉게 또 모 혼삿길두 또 저게해스 자꾸 무 시즙 가라구 어찌라구 해서 에 열로 시즙 왓지 일로 군산스 살다 에.

에 또 그럭저럭 커, 크다 보니까 또 뭐 혼삿길드 또 저기해서 자꾸 뭐 시집을 가라고 어쩌라고 해서 에 여기로 시집을 왔지 여기로, 군산에서 살다가, 예.

배 에 시집을 응게 일로 왓지.

예, 시집을 그러니까 이리로 왔지.

4. 손을 다치다

이용녀 긍게 나 여 손이 다 여기가 병신뎃잖아.

그러니까 나 여기 손이 다, 여기가 병신됐잖아.

이 우리 옴마 아부지랑은 피란 나와 갖구서 무슨 잡하 장사를 댕겻어 그때.

우리 엄마 아버지는 피란 나와서 무슨 잡화 장사를 다녔어 그때.

박순심 음 머리가 깨셧네.

음, 생각이 트이셨네.

이 나는 혼자 그 방에다 놔 두구 둘이스 잡하 장사를 가므슨 요롷게 장작 요만큼씩 묶으서 팔았어 요롷게.

나는 혼자 그 방에 놔 두고 둘이서 잡화 장사를 가면서, 요렇게 장작 요만큼씩 묶어서 팔았어, 요렇게.

이 요만헌 거 요마큼씩 묶으스 팔앗는디.

요만한 거 요만큼씩 묶어서 팔았는데.

이 그그를 혼자 밥해 묵으라고 인자 쪼꾸만 걸 두구스 강게 그늠을 이게 크니께 빠글르야[22] 데잖아.

그것을 혼자 밥해 먹으라고 이제 조그만 놈을 두고 가니까 그것(장작)이 이렇게 크니까 빠개야 되잖아.

이 이롷게 잡구서 칼로 내리치니께 여그가 맞는 그야.

(장작을) 이렇게 잡고 칼로 내려치니까 여기(손등)에 맞는 거야.

이 여그서 피가 그냐 흑 이 뼈가 흐옝게 나오는 기야.

여기에서 피가 그냥 허옇게, 이 뼈가 허옇게, 나오는 거야.

이 그래서 어 그때 어릿을 때 어둫게 할 수가 없어스 막 울읏어.

그래서 어, 그때 어렸을 때 어떻게 할 수가 없어서 막 울었어.

이 울어니께 동넷 사람들이 와 갖구서 왜 그르냐구 왜 거 여 방 얻어스 사는 사람들이 왜 그르냐 해서 그 빠글르다 그랫다니께 막 멀로 감아 즈구 뭇 갖다 발라 주구 하드라고.

우니까 동네 사람들이 와서 왜 그러냐고, 왜 그 여기 방을 얻어 사는 사람들이 왜 그러냐고 해서 그것을 빠개다가 그랬다니까 막 뭘로 감아 주고 뭘 갖다 발라 주고 하더라고.

이 그래서 혼자스 그기스 잇은 긋은 떠 얼마나 부쳐.

그래서 혼자서 거기에서 있던 것은 또 얼마나 힘들어.

---

22 문맥상 '빠개다'의 의미이다.

이 피란 나와스 살으니께 여기 아이들한테 또 피란민이라구 얼마나 업신[23] 받앗갓나.

피란 나와서 사니까 여기 아이들에게 또 피란민이라고 얼마나 업신여김을 받았겠나.

한의숙 아 사람하구 피난민하구 간다구 햇는디 그 우죽해야.

아, 사람하고 피란민하고 간다고 했는데, 그 오죽하면.

이 그엄 거럼 피란민이라고 또 얼마나 업슴을 받고 살았어. 그이서.

그럼, 그럼, 피란민이라고 또 얼마나 업신여김을 받고 살았어, 거기에서.

한 그럼 사람하구 피란민하구 간다구 했으.

그럼, 사람하고 피란민하고 간다고 했어.

5. 땔감을 구하러 다니다

김경휘 옛날에 땔감 없으 가지고 그때 어 군산 제이 국민학교엿는가 거게다가 피란민들 전부다 이렇기 데레 가지우 거기다 극민학교에다 전부 다 으이 교실에다 다 너 가지고 그기스 살앗어.

옛날에 땔감이 없어서, 그때 어 군산 제일 초등학교였는가, 거기에다 피란민들을 전부 다 이렇게 데려가서 거기에다 초등학교에다 전부 다 여기 교실에다 다 넣어서 거기에서 살았어.

---

23 '업신'은 '업신여김'의 북한어이다.

김 자 배급은 주 쌀은 잇고 양재기[24]도 어 양재기지 냄비도 밥해 먹으라오 줘스 잇는데 땔감이 잇으야지 시내니까.

이제 배급은 줘, 쌀은 있고 냄비도, 어, 냄비지, 냄비도 밥해 먹으라고 줘서 있는데 땔감이 있어야지, (거기가) 시내니까.

김 그래 가지구 돌아다니므스 훌타리 판자 나무 조각 다 뜯어서 다 불때 보고.

그래서 돌아다니면서 울타리 판자 나무 조각을 다 뜯어서 다 불을 때 보고.

김 여기 지금 이 지나간 촌에 옛날에는 그 이 대나무가 많앗잖아.

여기 지금 이 지나간, 촌에 옛날에는 그, 이 대나무가 많았잖아.

김 대나무 거 죽은 거 짤라 가지구 그거 하구 하다못해 논 두둑[25] 그거 딱 높은 데 말뚝 박안 그까지 다 뽑아 가지구 패스 때 밧는데 옛날에.

대나무 그 죽은 것을 잘라서 그거 (사용)하고, 하다못해 논두렁 거기 딱 높은 데에 말뚝 박은 것까지 다 뽑아서 패서 때 봤는데, 옛날에.

김 그마만끔 연려가 귀했어.

그만큼 연료가 귀했어.

김 이 가래기[26]도 없었어 나무 다 으 박박 긁으 가 갖고.

이 낙엽도 없었어, 나무를 다 여기 박박 긁어 가서.

김 잔디 풀 뗴 뿌리 캐 가지구 말르스 불 땟는디 밥해 묵을라고.

잔디 풀, 잔디 뿌리를 캐서 말려서 불을 땠는데, 밥해 먹으려고.

---

24 '양재기'는 '안팎에 법랑을 올린 그릇'의 의미이다.

25 '두둑'은 '논이나 밭 가장자리에 경계를 이룰 수 있도록 두두룩하게 만든 것'의 의미이다.

26 '가랑잎'의 방언형. 여기서는 문맥상 '낙엽'을 의미한다.

김 아이고 그때 고생이야 누구나 다 고생햇지만은.

아이고, 그때 고생이야 누구나 다 고생했지만.

조 '가래기'가 뭐예요?

김 가래기 가래기라는 게 우리 여기두 가래기라구 안 하나?

가래기? 가래기라는 것이 우리, 여기도 가래기라고 안 하나?

김 요는 소나무 낙엽 쪈[27] 거 낙엽이 낙엽 쪈 것이 전부 다 가래기지.

요지는 소나무 낙엽 찐 거, 낙엽이, 낙엽을 찐 것이 전부 다 가래기지.

김 이거 머 불 땔 걸루 각지[28]루 긁으 가지고 망태기[29]다 너 가지우 와스 그 놈을 저이 나무로 햇으니까 가래기.

이거 뭐 불 땔 것으로, 갈퀴로 긁어서 망태기에다 넣어 와서 그것을 저 (땔)나무로 했으니까, 가래기로.

김 말하자믄 낙욥 나무에스 떨어지는 모든 낙엽이 아마 다 가래기루 셀 그야.

말하자면 낙엽, 나무에서 떨어지는 모든 낙엽이 아마 다 가래기라고 할 거야.

---

27 '찌다'는 '나무나 풀 따위를 베어 내다'는 의미이다. 여기에서는 문맥상 '(떨어진 낙엽을) 긁어 모으다'의 의미로 쓰였다.

28 '갈퀴'의 황해도 방언형.

29 '망태기'는 '물건을 담아 들거나 어깨에 메고 다닐 수 있도록 만든 그릇'을 의미한다.

김 그니깐 소나무 가래기 머 말하자믄 이 저 무야 이 그 나무가 품정 잇잖아 무슨 이름이 대추나무 이파리믄 대추나무 머 가래기.

그러니까 소나무 가래기, 뭐 말하자면 이 저 뭐야, 이 그 나무가 품종이 있잖아, 무슨 이름이 대추나무 잎이면 대추나무 뭐 가래기.

김 무 다 그르 식으로 그 작문에 이름을 표현하구 그 가래기라 그릿지 낙엽보구.

뭐 다 그런 식으로 그 작물의 이름을 표현하고 그 가래기라고 그랬지, 낙엽더러.

김 오리나무 가래기 머 그르게.

오리나무 가래기 뭐 그렇게.

김 그래두 젤 좋은 긋이 소나무 가래기가 젤 불땀[30]두 세고 송진이 잇으니까 으 불땀두 좋구 그릿지.

그래도 제일 좋은 것이 소나무 가래기가 제일 불땀도 세고, 송진이 있으니까 어 불땀도 좋고 그랬지.

조 오리나무라는 것도 있어요?

김 오리나무라는 기 잇지.

오리나무라는 것이 있지.

김 은 이놈 요롷게 똥글다만[31] 그 그긋으 오리나무.

그것은 이것이 이렇게 동그란 것, 그것이 오리나무(야).

30 '불땀'은 '화력이 세고 약한 정도'를 의미한다.

31 문맥상 '동그랗다'의 의미이다.

김 지금도 오리나무라구 할 글 그그보고.

지금도 오리나무라고 할 걸 그것더러.

김 그기 옛날이는 많앗으.

그것이 옛날에는 많았어.

김 소나무 아니면 그 오리나무가 많았으.

소나무 아니면 그 오리나무가 많았어.

김 개 쭉 올라와 가지구 그이 불땀으 읎지.

그래서 (나뭇잎이) 쭉 올라와서 그것이 불땀이 없지.

김 아 옛날에 땔 그 없으스 논두룩에 잇는 그그 무야 무리깔[32] 같이 이게 나오는 그그 머 평지 나오는 풀이 기게 뭐 말르믄 무어 땔 긋이 얼마 잇간이 훅 키므[33] 끝나지.

아 옛날에 땔 것이 없어서 논두렁에 있는 그게 뭐야, 머리카락처럼 이렇게 나오는 그것, 뭐 평지에서 나오는 풀이 그것이 뭐 마르면 뭐 땔 것이 얼마나 있겠어? (불을) 훅 지피면 끝나지.

김 논두룩두 깎구 또 갖고 자우는 그르 가주 다 말르 땟는데 것도 없어 가지고 여게 아 바라다 보믄 이게 지금 저이 저이 안떼나 셰운[34] 데 그그보고 머이지?

논두렁도 깎고 또 그래서 자운영 그것을 가지고 다 말려서 땠는데, 그것도 없어서 여기에서 아 바라보면 이게 지금 저기 저기 안테나 세 운 곳 거기더러 뭐라고 하지?

---

32 '머리카락'의 황해도 방언형.

33 '키- + -므'로 분석할 수 있다. '키-'는 '켜-[點火]'의 방언형이다.

34 1음절의 /ㅅ/이 구개음으로 실현되었다.

김 모악산 그 산에까지 지금 지게 지구 저 말하자믄 머야 기게 도토리 나무보고 머라고 하나?

모악산, 그 산에까지 지금 지게 지고 저 말하자면 뭐야 그게 도토리나무더러 뭐라고 하나?

조 상수리나무라고 하나요?

김 상수리나무는 큰 나무보고고 여 쪼끄마게 나오는 깃잖아[35] 잣나?

상수리나무는 큰 나무더러 (그렇게) 말하고 여 조그맣게 나오는 것이 있잖아, 잣나무?

김 고고 즈거 동슬[36]나 동슬 동슬 동슬은 쪼꼬만 소나모보오 동슬이라 고랜지.

그거 저거 동솔나무, 동솔, 동솔? 동솔은 조그만 소나무더러 동솔이라고 그랬지.

김 쪼꾸만 나무 있으.

조그만 나무가 있어.

김 그 나무 캐라 다녓다니까.

그 나무를 캐러 다녔다니까.

김 근 그읏도 없었어.

그런데 그것도 없었어.

---

35 '것이 있잖아'가 줄어든 것이다.

36 '동솔(童-)'의 방언형. '동솔'은 북한에서 '어린 소나무'를 의미한다.

김 그그 무어 한 이삼십 리가 데는데 그그서 지고 올래 봐.

그게 무거워, 한 이삼십 리가 되는데 거기에서 ㅈ 고 오려고 해봐.

김 을마나 무그믄 많이 욕심 나가지 많이 지고 오다가스 힘들믄 다 내부리고 오고 그릉햇는데 옛날에.

얼마나 무거우면 많이 욕심이 나서 많이 지고 오다가 힘들면 다 내버리고 오고 그렇게 했는데, 옛날에.

6. 무작정 전주 구경을 가다

한의숙 아 군산이 피란 나와 갖곤 저 나 이름두 안 잊어 먹네 저 OO 잇지?

아 군산에 피란 나와서, 저 내가 이름도 안 잊어 버리네, 저 OO 있지?

한 O 반장니 응 거 음 갸 큰딸 갸를 만났어.

O 반장네, 응, 거기 음 그 아이 큰딸, 그 아이를 만났어.

한 만나 갖고 야 우리 내가 그랫어.

만나서 "야, 우리" 내가 그랬어.

한 나 쪼구매두 대담하다고 했어.

내가 작아도 대담하다고 했어.

한 야 여그까지 왔으니까 여 남한이라는 디 우티가 왔으니까 살로 왔으니까 군산서 여기스 전주까지 차 타고 가믄 전주가 좋다는디 어디 우 가 보자 그랬어.

"야 여기까지 왔으니까, 여기 남한이라는 곳에 우리가 왔으니까, 살러 왔으니까 군산에서 여기에서 전주까지 차를 타고 가면 전주가 좋다는데 어디 우리 가 보자." 그랬어.

한 그랬더니 쪼끄매서 내가 그러니께 야 차비도 없잖냐.

그랬더니 어려서 내가 그렇게 말하니까 "얘, 차비도 없잖아."

한 차비해서 뭘 해 그양 타구 가지 그라니께.

"차비는 뭘 필요해. 그냥 타고 가지." 그러니까.

한 야 바라 배청[37] 큰[38] 소리한다.

"얘 봐라, 배짱 좋은 소리한다."

한 그케 해서 탈라고 해서 군산 역전이서 이제 나왔어 둘이가.

그렇게 해서 (차를) 타려고 해서 군산역에 이제 나왔어, 둘이서.

한 나오니께 거 못 가게 하는 그야.

나오니까 거기에서 (우리를) 못 가게 하는 거야.

한 이룧게 차 타지 말래 이거 없으니까.

이렇게 차를 타지 말래, 이것(차표)이 없으니까.

한 그래서 저 내가 아저씨 우리 이거 돈 없어서 못 사요 핸디 전주 구경 할라구래요 그러니께.

그래서 저 내가 "아저씨 우리 이거(차표) 돈이 없어서 못 사요. 그런데 전주 구경을 하려고 해요." 그러니까.

한 그 아저씨두 그때만 해두 거시기항게 그럼 타라 그러더라구 어린 아이들이라.

그 아저씨도, 그때만 해도 거시기하니까 "그럼 타라." 그러더라고, 어린 아이들이라서.

---

37 '배짱'의 방언형.

38 표준어에서는 '배짱'과 '좋다'가 연어 관계를 형성하는데, 여기에서는 '배청이 크다'로 사용되는 것이 특징적이다.

한 해서 둘이가 탓잖아.

그래서 둘이 탔잖아.

한 해서 군산역[39] 저 전주 역전이가 와서 내렸어.

그래서 저 전주역에 와서 내렸어.

한 내려 갖고 전주 시내를 둘이 손 손 잡고 구경 댕기는 거야.

내려서 전주 시내를 두 명이서 손, 손을 잡고 구경을 다니는 거야.

한 여기저기 다 댕겟는디 그때만 해두 정말 초라하댓지 전주.

여기저기 다 다녔는데 그때만 해도 정말 초라했지, 전주가.

한 아 초라한데 아 이롷게 댕기는디 거 저 엣날이는 거 무 저 그시기를 팔댔어 고구마.

아 초라한데, 아 이렇게 다니는데 그 저 옛날에는 그 뭐 저 저것을 팔았어, 고구마.

한 이롷게 여만씩하니 짤라서 덴프라[40]겉이 해 가지구 거 팔댔어.

이렇게 이만하게 잘라서 튀김같이 해서 그것을 팔았어.

한 노인들이 그걸 파는디 그글 먹고바 죽것는디 돈이 잇냔 말야.

노인들이 그것을 파는데 그것을 먹고 싶어 죽겠는데 돈이 있느냐는 말이야.

한 그걸 먹을 먹고버니 아무리 배가 고파도.

그것을 먹고 싶지만 아무리 배가 고파도 (돈이 없어서 못 먹어).

---

39 문맥상 전주역을 잘못 발화한 것이다.

40 '튀김'을 의미하는 일본어 'てんぷら[天麩羅]'를 발화한 것이다.

한 긍게 못 먹구 그냥 그냥 지나가는지 내 지금두 저 그 사람을 알먼 지금 신세라두 갚갓다구 했어 내가 오죽해야.

그러니까 (고구마를) 못 먹고 그냥 지나가는데, 내가 지금도 저 그 사람을 알면 지금 신세라도 갚겠다고 했어, 내가 오죽하면.

한 갸하구 손 저 댕일 때 어뜬 아즈씨가 이룧게 지나가드니 느이들 어디 완 그르냐 그래스 그른 얘기를 다 했어.

그 아이하고 손, 저 다닐 때 어떤 아저씨가 이렇게 지나가더니 "너희들 어디에서 왔는데 그러냐?" 그래서 그런 얘기를 다 했어.

한 군산스 왓는데 아즈씨 우리 배 고파요 그랫드니.

"군산에서 왔는데 아저씨 우리 배 고파요." 그랬더니.

한 느이들 배 고프냐 그러먼서 가드니 빵 찐빵 그 중기 사람들이 와스 팔두만 그때 찐빵 중국 음식이라구랬어 요만하가 하나쓱 주는 그야.

"너희들 배 고프냐?" 그러면서 가더니 빵, 찐빵, 그 중국 사람들이 와서 팔더구먼, 그때 찐빵은 중국 음식이라고 그랬어, 요만하게 하나씩 주는 거야.

한 이그라도 믁으라고.

이거라도 먹으라고.

한 그글 얻어목고 오머서 갸하구 OO하구 야 우리 이지 배 안 고프니께 차 타고 또 가자 그러닝께.

그것을 먹고 오면서 그 아이하고, OO하고 "야, 우리 이제 배 안 고프니까 차를 타고 또 가자." 그러니까.

한 구경했으니께 가자 이라믄서 구경을 하구 왔어.

"구경했으니까 가자." 이러면서 구경을 하고 왔어.

한 그랭께 갸가 낸중에 우리가 여그 피난 군산으루 왓다 여기를 처음 난중에 여그 오니까 여그스 사는 기야 OO가.

그러니까 그 아이가 나중에 우리가 여기에, 피란을 군산으로 왔다가 여기에 먼저, 나중에 여기에 오니까 OO가 여기 에 사는 거야.

한 하므서 야 너하구 나하군 인은이다 그랫그등 동갑인디.

그러면서 "야 너하고 나하고는 인연이다." 그랬거든, (우리가) 동갑인데.

한 개 걔를 만나 가지구 여기스 그시기함스 야 전주라는 디가 이룽구나 허니께.

그래서 그 아이를 만나서 여기에서 거시기하면서 "야, 전주라는 곳이 이렇구나." 하니까.

한 전주두 머 별것 없네 머 우리끼리 그랫그등.

"전주도 뭐 별것 없네. 뭐." 우리끼리 그랬거든.

03
살기 위해 자원입대하다

조 어르신은 이북에서 결혼하시고 오셨죠?

김성빈 네 고향이서 햇지요 고향이서.

네, 고향에서 했지요, 고향에서.

조 언제 결혼하셨어요?

김 그때 한 십오 세 정두나 뎄을 그야 열다슷.

그때가 한 15세 정도나 됐을 거야, 열다섯.

김 부 에 부모가 아 쩜 연세가 많구 그르니껜 내가 막뒹이니께 무.

부, 예, 부모님이 좀 연세가 많고 그러니까, 내가 막둥이니까 뭐 (일찍 했죠).

김 에 기 셩[41]두 말하자믄 이 일찍 결혼햇던 거여 형두.

예, 그 형도 말하자면 일찍 결혼했던 거야, 형도.

김 그래서 조 조카아이는 둘 둘이 잇는데 그 북이다 놔두고 저냥 나 혼자 한 피란이댓지요.

그래서 조카아이는 두 명, 두 명이 있는데 그 북한에 놓아두고 그냥 나 혼자만 한 피란이었지요.

김 핸디 낸중에 여기 저 (청취불가) 태고 남한으로 와 갖고 군산에 정착데게 뎃는디 그기가 배를 내리 노면 정착은 그기서 햇다가 이 피란민이 많으니께 다 갈라놨어요.

그런데 나중에 여기 저 (…) 타고 남한으로 와서 군산에 정착하게 됐는데, 거기에 배를 정박해 놓으면 (피란민들이) 정착을 거기에서 했다가 피란민이 많으니까 다 갈라놓았어요.

김 핸디 어 거기가 서서믄이라든가 거 군산 내려서 서서면으루 배치를 시크서 거기 가서 한 한 오 일이나 잇읏나?

그런데 거기가 서수면이라던가, 그 군산에 내려서 서수면으로 배치를 시켜서 거기에 가서 한, 한 오 일이나 있었나?

김 잘하믄 일주일이나 델 거여 아마 그 완 날 그

잘하면 일주일이나 될 거야 아마, 그 온 날(부터).

김 거이서 밥 그턴 거 알랑미 쌀이라고 그 워 월남데서 나오는 쌀 잇잖아요.

거기에서 밥 같은 것, 안남미 쌀이라고 그 워, 월남에서 나오는 쌀 있잖아요.

---

41 /ㅎ/구개음화가 실현되었다.

김 그거 육 협[42]얼 주 주는데 그때만 해도 부식은 없으니께 그 주민들 읏는 디 가서 건건이 일건지[43] 얻어다가서 먹고 하니.

그것을 6홉을 주는데 그때만 해도 부식은 없으니까 그 주민들이 있는 곳에 가서 근근이 일거리를 얻어다가 먹고 하니까.

김 난 식사도 할 줄 모르지 밥 질 줄 몰르지 학교 댕이다 그냥 나왔으니께.

나는 식사도 할 줄 모르지, 밥을 지을 줄 모르지, 학교에 다니다가 그냥 (피란) 나왔으니까.

김 그래 가지구 그냥 쌀만 갖구 잇으니까 옆에 사람이 거 먼저두 얘기 햇죠 쟁개비[44]라고 냄 냄비새끼 보구 쟁개비.

그래서 그냥 쌀만 가지고 있으니까 옆의 사람이, 그 먼저도 얘기했죠, '쟁개비'라고 냄, 작은 냄비더러 '쟁개비'(라고 해요).

김 걸 거기다 인제 식사를 해서 그 사람들 먹구 나무지 그 그릇이 나니까 인지 밥을 해 줘서 먹고.

그것을, 거기에다 이제 식사를 해서 그 사람들이 먹고 나머지 그릇이 남으니까 이제 밥을 해 줘서 (나도) 먹고.

---

42 '홉'의 방언형. '홉'은 '곡식, 가루, 액체 따위의 부피를 잴 때 쓰는 부피의 단위'의 의미이다.

43 '일거리'의 방언형.

44 '냄비'의 황해도 방언형.

김 고만이 내가 생각해 보니께 그 대한민국 와스 누구니 자식이 그 마하자믄 그 피란 생할이라두 아주 그 증말 머 거렁배이[45]라곤 할 수 없고 그케 난츠한 생할을 하구 잇다는 그른 그릏게 맘이 딱 들으요.

가만히 내가 생각해 보니까 대한민국에 와서 누구네 자식이, 말하자면 그 피란 생활이라도, 아주 그 정말 거지라고는 할 수 없지만, (거지처럼) 그렇게 난처한 생활을 하고 있다는 그런 마음이 그렇게 딱 들어요.

김 그래서 에이 안 데갓다.

그래서 '에이 안 되겠다.'

김 기 나무가 읎어서 소나무 큰 디 올라가믄 그 삭지[46] 죽은 거 그글 및 가닥 즈 인지 갖다 주믄 쪼꾸만 냄비 이룽게 홀딱 끓지 끓기는.

그 나무가 없어서, 큰 소나무에 올라가면 삭정이, 죽은 것, 그것을 몇 가닥 저 이제 가져다 주면 작은 냄비는 이렇게 빨리 끓지 끓기는.

김 핸디 그리해스 메칠 잇다 보니까 안 뎄으.

그런데 그렇게 해서 며칠을 있다 보니까 안 되겠어.

김 해서 노무자를 거기서 차출을 한다는 모야.

그래서 노무자를 거기에서 차출을 한다는 모양이야.

김 하니께 주민들이 잇는 사람은 돈 주구 안 갈라그 하는데.

그러니까 주민들 중에 (돈이) 있는 사람은 돈을 주고 안 가려고 하는데.

김 에 나는 그때 내가 대신 가께.

예, 나는 그때 "내가 대신 갈게."(라고 했어).

---

45 '거지'의 황해도 방언형.

46 '삭정이'의 황해도 방언형. '삭정이'는 '살아 있는 나무에 붙어 있는, 말라 죽은 가지'를 의미한다.

김 거이 우리 바로 딧집 사람여.

그것이 우리 바로 뒷집 사람이야.

김 그 이부자리 하나 갖구 나왓댄데 그걸 준 주고 양식을 내 양식을 걸로 돌려주라고 그라 가지우 그 같이 따라 나갓으에.

(내가) 이부자리 하나를 갖고 나왔었는데 그것을 (그 사람에게) 주고 양식을, 내 양식을 그쪽으로 돌려주라고 그렇게 하고는 그 (차출하는 데에) 같이 따라 나갔어요.

김 에 그래 가지구 노무자가 문지도 몰랏져.

예, 그래서 (그땐) 노무자가 무엇인지도 몰랐죠.

김 개 그그스 열찰 타고 갔는데 한창 갓는데 첨이라 대한민귀 어디가 어딘지 모르지.

그래서 거기에서 열차를 타고 갔는데, 한참을 갔는데 처음이라서 대한민국이 어디가 어딘지 모르지.

김 그땟 돈 천 언이믄 보뤼떡 하나가 천 언이요

그때 돈 천 원이면 보리떡 하나가 천 원이에요.

김 그 이승만 대퇴응 잇을 즉인디.

그 이승만 대통령 있을 적인데.

김 이 한참 가스 보니깐 무 대구라구려.

이 한참 가서 보니까 뭐 대구라고 그래.

김 한디 대구 국민학곤가 하이튼 상당히 학교가 커.

그런데 대구 국민학교인가 하여튼 학교가 상당히 커.

김 그때만 해도 나이가 인지 몇 살 안 므으니까.

그때만 해도 (내가) 나이를 이제 몇 살 안 먹었으니까.

김 핸디 이 마하자먼 인원을 한 디다 모아 가지구 마자믄 소대믄 소대 별루 이룽게 인운을 파악해서 집으눙는 거여.

그런데 이 말하자면 인원을 한 곳에다 모아서, 달하자면 소대면 소대별로 이렇게 인원을 파악해서 집어넣는 거야.

김 긴디 거기 가니까 즈 담요 담요 하나에다 메시께[47]라고 이룽게 땡글다만 저 납 납즉히 생긴 그 그르 잇잖어이 에에 그거 두 개 그라곤 수제 하나 그룽게 해서 주드라고.

그런데 거기에 가니까 저 담요, 담요 하나에 '메시께'라고 이렇게 동그란 저 납, 납작하게 생긴 그 그릇이 있잖아요, 예, 그것 두 개, 그리고 수저 하나 그렇게 해서 주더라고.

김 해서 그 타구서 그 인지 화장실이 학균지 어든지 그때 생각이 잘 안 나는디 그 화장실 갓다 오니까 여니 사람은 배식데안 밥을 다 먹엇구 한 그릇이 딱 남앗으.

그래서 그 (보급품을) 타고 이제 화장실에, 그때가 학교였는지 어디였는지 생각이 잘 안 나는데, 그 화장실에 갔다 오니까 다른 사람들은 배식된 밥을 다 먹었고 딱 한 그릇이 남았어.

김 그리 가지구 그 갓드니 아 어디 갓댓냐고 하.

그래서 거기에 갔더니 아 어디에 갔었냐고 해.

김 나 화장실 좀 갓댓다오 하니께 주길래 그그 먹구 연병자에 거기서 이틀찌, 이틀인가 거스 인지 대기하구 있으은디.

나 화장실에 좀 갔었다고 하니까 (밥을) 주길래 그것을 먹고 연병장에 거기에서 이틀째, 이틀인가 거기에서 이제 대기하고 있어야 하는데.

---

47 '밥'을 의미하는 일본어 'めし[飯]'와 '식기'를 의미하는 'しょっき[食器]'가 결합된 말이다. 자료 제공인에 따르면 '메시께'는 '식판'을 의미한다.

김 하루느 밤에 나오라구래.

하루는 밤에 나오라고 해.

김 해스 나갓드니 지에무시[48]라고 저 추럭 큰 그 잇잖어, 지에무시.

그래서 나갔더니 지엠시GMC라고 저 트럭 큰 것 있잖아, 지엠시 GMC.

김 거기 단 미군인데 껌둥이들이 지기르 잔떡 싫구서 왔어 지게 지게.

거이에 다 미군인데 흑인들이 지게를 잔뜩 싣고 왔어, 지게, 지게.

김 기 아마 공병대댓는가 몰르갔으.

그게 아마 공병대였는지 모르겠어.

김 그 이 그 우리두 지기는 내가 알고 잇는디 그 지기를 한 차 이빠이[49] 실웃어.

그, 이, 그 우리도 지게는 내가 알고 있는데 그 지게를 한 차에 가득 실었어.

김 그라구 나무지 인원은 거기 타는 사람 타구 나무지는 열차로 타라고 해서 열찰 타고 가는디 밤새두룩 가.

그리고 나머지 인원은, 그 차에 타는 사람은 타고, 나머지는 열차로 타라고 해서 열차를 타고 가는데 밤새도록 가.

김 개아지구 어디아 어딘지 모르지.

그래서 어디가 어딘지 모르지.

---

48 '지엠씨(GMC)'를 일본어 발음대로 발화한 것이다. '지엠씨(GMC)'는 당시 군대에서 사용하던 트럭의 상표이다.

49 '가득'을 의미하는 일본어 'いっぱい[一杯]'를 발화한 것이다.

김 핸디 일 이룽게 그 호룰[50] 씨운디 호룰 이룽게 제끼고 보문 얘 바다니께 아따 이놈에.

그런데 이렇게 그 포장을 씌웠는데 포장을 이렇게 젖히고 보면, 거기가 바다니까 와 이놈의.

김 우리겐 둠벙[51]이라 하지 이 저 여으겉이 방죽[52]이라고느 안 했으.

우리 쪽에서는 '둠벙'이라 하지, 저 여기같이 '방죽'이라고는 안 했어.

김 이 어이 거 쪼꼬만한 저 무야 국민학 요 저 아이 꼭 거 어 고룬 고룬주 연병장만 그리근 둠붕밖에 없엇지.

(이북 고향에는) 이 그 조그마한 저 뭐야 국민학교, 저 아니 꼭 그 어 그런, 그런 저 운동장만한 그런 웅덩이밖에 없었지.

김 방죽이라곤 그룽게 말을 안 했어여.

'방죽'이라고는 그렇게 말을 안 했어요.

김 핸디 아 기게 보니 그룽게 야 이그 상댕히 큰 디가 잇다 하구슨 낸중에 밝인 댐에 가서 딱 들으슷는데 보니까 기게 바다야 바다 동해 바다.

그런데 아 거기를 보니 그렇게 '야, 이거 상당히 큰 곳(웅덩이)이 있다'고 하고서는 나중에 밝은 다음에 가서 (그곳에) 딱 들어섰는데 보니까 그것이 바다야, 바다, 동해 바다.

---

50 '호루 + ㄹ'로 분석할 수 있다. '호루'는 '자동차에 치는 포장'의 의미를 가진 일본어 'ほろ[幌]'를 발화한 것이다.

51 '웅덩이'의 황해도 방언형.

52 '웅덩이'의 전북 방언형.

김 개 거게스 내리 갖고 그 배치해슨나리 인지 가는디 뭘 하나믄 다이아몬드뜩[53] 잇잖어 가방 연 거.

그래서 거기에서 내려서 그곳에 배치돼서 이제 가는데 뭘 하냐면 다이너마이트 있잖아, 가방에 넣은 것.

김 그거 메구서 공빙대 소속으루 해당디 가지구 양구 길 딱는디 양구 양구선 내 길 딱는데 글로 인제 그얼 지구 올라가.

그것을 메고서 공병대 소속으로 해당돼서 양구(에서) 길을 내는데, 양구, 양구에서 내가 길을 닦는데 거기로 이제 그것을 지고 올라가.

김 개 미군들얼 그 군인들 잇는 디루.

그래 미군들, 그 군인들이 있는 곳으로.

김 돌 지게 겉은 그 길 닦다 즈스끄리하먼[54] 그그이 다이나마이트로 터뜨리 가믄서 도자[55]로 밀으내고 하는데.

돌 지게 같은 것(으로) 길을 닦다가 장애물이 있으면 그것을 다이나마이트로 터트려 가면서 불도저로 밀어내고 하는데.

김 거게 좀 스 근머하는디 돈은 그땟 돈으로 아주 신품이지 큰 포대에 다 여 가지구 완디 그그.

기에 좀 (있으면서) 근무하는데, 돈은 그때 돈으로 아주 새 돈이지, 큰 포대에 넣어서 왔는데, 그것을.

김 개스 에 돈이 필유가 없어 나는 돈이.

그래서 나는 돈이 필요가 없어.

---

53 '다이너마이트(dynamite)'를 의미한다.

54 자료 제공인에 따르면 '즈스끄리하다'는 '장애물 따위로 인해 머뭇거리다'는 의미이다.

55 '불도저(bulldozer)'를 의미한다.

김 개 거 영감들은 갓다스 심드니까[56] 나이 많은 사람들이 많잖갔어 노무자니까.

그래서 그 영감들은 (작업) 갔다 와서 힘이 드니까, 나이가 많은 사람들이 많지 않겠어? 노무자니까.

김 화투를 치인 나보고 돈 잇으믄 달래.

(영감들이) 화투를 치는데 나에게 돈이 있으면 달라고 해.

김 에 필유 없으니까 다 줬어.

예, 필요가 없으니까 다 줬어.

김 그때는 내가 무 그 피요, 피요가 잇간디.

그때는 내가 뭐 그것이 필요가 있겠어.

김 먼 에 몸떼가 내는 왜냐믄 아까도 얘기햇지만 밥더 안 해 밧지 놈이 손에 그 이 그른 생활[57]을 안 하기 위해서 군인이나 그른 디 가믄 밥은 믁잖아 그래스 내가 글 지원하구 갓다는 그여.

무슨, 예, 몸뚱이가, 나는 왜냐하면 아까도 얘기했지만, (나는) 밥도 안 해 봤지, 남의 손에 그 이 그런 생활을 안 하기 위해서, 군대나 그런 곳에 가면 밥은 먹잖아, 그래서 내가 거기를 지원하고 간 거야.

김 핸디 그거 핸디 거기서 어니 정도 또 근마다 보니깐 방위군이라구 잇읏으.

그런데 그것을 하는데 거기에서 어느 정도 또 근무하다 보니까, 방위군이라고 있었어.

---

56 /ㅎ/구개음화가 실현되었다.

57 문맥상 '머슴살이'를 의미한다.

김 개 글루 가라구 해서 글루 갓드니 거게서 마하자믄 건마든 사람이 해치게 데믄서 어 카츄사루 가는디 그 미군 부대이 글루 가는 사람두 잇구.

그래서 거기로 가라고 해서 거기로 갔더니 거기에서 말하자면 근무하던 사람이 (방위군이) 해체되면서 카투사KATUSA로 가는데, 그 미군 부대에, 거기로 가는 사람도 있고.

김 또 한국군으르 가는 사람두 잇구 거기스 도망 와서 집으로 오는 사람두 잇구 해치데니께.

또 한국군으로 가는 사람도 있고, 거기에서 도망을 와서 집으로 가는 사람도 있고, 해체되니까.

김 그런데 거기서 점 거 미군 머 저 머야 그 장갑차 부대 거기 쪼끔 잇다가 슈가한다그[58] 군산 내려왔어요.

그런데 거기에서 좀 그 미군 뭐, 저 뭐야, 그 장갑차 부대 거기에서 조금 있다가 휴가 간다고 군산에 내려왔어요.

김 군산 내려왓드니 그 아는 사람이 그때 하나두 없어.

군산에 내려왔더니 그 아는 사람이 그때 하나도 없어.

김 그래 가지우 거기서 저 긋이 구암동인가 구암동이라는 데 그 이 거기가 한국군 부대가 잇드라고.

그래서 거기에서 저 그곳이 구암동인가, 구암동이라는 곳, 그, 이 거기에 한국군 부대가 있더라고.

---

58 /ㅎ/구개음화가 실현되었다.

김 핸디 거거 거기서 콩너물국 끓이는데 아 사헐을 굶엇드니 물만 먹구 어디 갈 데두 없구.

그런데 거기, 거기에서 콩나물국을 끓이는데 아 사흘을 굶었더니, 물만 먹고 어디 갈 데도 없고.

김 에 그래 가지우 그 이 그때가 오십이 년도야, 천구백오십이 닌도.

예, 그래서 그 이 그때가 52년도야, 1952년도.

김 그래 가지고 거기 가슨나리 지운을 하니까 오라하등이 신치검사 다 하드니 머 따 몸이 좀 바짝 말랏지.

그래서 거기에 가서 지원을 하니까 오라고 하더니 신체검사를 다 하더니 뭐 다 몸이 좀 비쩍 말랐지.

김 그래드니 그 저 저얼 위에 한번 올라시래.

그러더니 그 저 저울 위에 한번 올라서래.

김 아이 그 그 사흘 굶읏는데.

아니 그, 그 사흘을 굶었는데.

김 그래 가지오 아 그 왜 지운할라 하나 그리 그른 그 그른 그 한단 말야.

그래서 내가 "아 그 왜 지원하려고 하나." 그렇게 그런 것, 그런 것을 물어본단 말이야.

김 이부, 내 이북이라 하니까.

이북, 내 (고향이) 이북이라고 하니까.

김 그래서 난 머 가즉 나완 사람두 없구 나 혼잔데 거이 생활하기두 거시기하고 하니께 차라리 난 군인 가믄 고향에 가두 내가 즌방에 가믄 내가 먼저 갈리라 이른 생가을 먹구서 군인을 지운햇그드.

그래서 나는 뭐 가족이 나온 사람도 없고 나 혼자인데 거기에서 생활하기도 거시기하고 하니까 차라리 '나는 군인을 가면, 고향에 가도 내가 전방에 가면, 내가 먼저 가리라' 이런 생각을 하고서 군인을 지원했거든.

김 해서 그렇다구 얘길 했어.

그래서 그렇다고 이야기를 했어.

김 햇드니 아 그르냐구.

했더니 아 그러냐고 (그래).

김 그래 가지구 인지 부대가 인데 그기 일개 중대나 덴 모냥인데 거기서 밥얼 주는데 항고[59]이다가스 밥을 막 담아 주는디.

그래서 이제 부대가 있는데, 그것이 일개 중대나 되는 모양인데, 거기에서 밥을 주는데 반합에다가 밥을 막 담아 주는데.

김 아 그글 배 고픙게 먹을라 햇드이 한 반 먹었어.

아 그것을 배가 고프니까 먹으려고 했더니 한 반 정도 먹었어.

김 핸데 아 상사가 오더니 지 그땐 상사가 문지도 몰랏지 아 그 밥 갖다 주는 사람보고 욕을 하는데 아이 줘일라고 하냐고.

그런데 아 상사가 오더니 저, 그때는 상사가 뭔지도 몰랐지, 아 그 밥을 갖다 주는 사람에게 아이를 죽이려고 하느냐고.

김 그 굶으서 아무 읏도 없는 디다 그롷게 항곳 밥을 주므 어득하냐구.

그 굶어서 아무 것도 없는 데에다 그렇게 반합에 밥을 주면 어떻게 하냐고.

김 그래 가지 그그두 먹구 또 설살해 가지구 고생을 또 햇지.

그래서 그것도 먹고 또 설사를 해서 고생을 또 했지.

---

59 '반합(飯盒)'을 의미하는 일본어 'はんごう[飯盒]'를 발화한 것이다.

김 하믈서 잇읏드니 그 중대이서 어뜨에 못하구 별두러 떨어뜨리 놓드라우.

(설사를) 하면서 있었더니 그 중대에서 (나를) 어떻게 못하고 별도로 격리해 놓더라고.

김 그래 가지 가지구 그이서 한 그진 하마 일주일이나 되앗을 기야 햇드니 다 집합시키드라고.

그래서 거기에서 한 거의 아마 일주일이나 되었을 거야, 그랬더니 집합시키더라고.

김 개서 나갓드니 강온도 사람들이 많이 왓드라고 거이.

그래서 나갔더니 강원도 사람들이 많이 왔더라고, 거기에.

김 개 연병장에 딱 군산에서 군분을 줘 군뷘.

그래서 연병장에서 딱, 군산에서 군번을 줘, 군번.

김 군번이 문지도 몰랏지 첨 나간니까.

(나는) 군번이 뭔지도 몰랐지, 처음 나가니까.

김 흠, 긴데 그 사람들이 으 군문줄 잇잖아 왜 이 농과끈[60].

음, 그런데 그 사람들이 여기 군번줄 있잖아, 왜 이 운동화 끈.

김 그글 다 천 언씩 주고 하나가 천 언인데 천 언씩 주구서 이룹게 목에 다 걸드라구.

그것을 다들 천 원씩 주고, 하나가 천 원인데, 천 원씩 주고 이렇게 목에다 걸더라고.

---

60 자료 제공인에 따르면 '농과끈'은 '운동화를 맬 때 사용하는 끈'을 의미한다. 이와 유사하게 ≪한민족≫에는 '농, 농끈' 등이 '노끈'의 황해도 방언형으로 제시되어 있다.

김 기 난 돈이 아무 엇도 없으니꺄 그냥 들구 있읏지.

그런데 나는 돈이 아무 것도 없으니까 그냥 (군번을) 들고 있었지.

김 햇드니 그 강온돗 놈이 느느 왜 이그 들구 있어 그래.

그랬더니 그 강원도 사람이 "너는 왜 이것을 들고 있어?" 그래.

김 난 돈두 없구 아멋두 없는 사람이 몸땡이 하나뿐이라고 그랫드니 지가 하나 뜨 그 사다 줘.

나는 돈도 없고 아무것도 없는 사람이라고, 몸뚱이 하나뿐이라고 그랬더니 자기가 하나를 또 그것을 사다 줘.

김 개 목이 걸어스나리 잇읏지.

그래 목에 걸고서 있었지.

김 햇드니 딱 내 앞에서 다섯 명 딱 띠 가드니 그은 제주도로 보낸다고 하드라고.

그랬더니 딱 내 앞에서 다섯 명을 딱 떼어 가더니 그 사람들은 제주도로 보낸다고 하더라고.

김 개 나무지 인어은 대기하라고 햇어요.

그래 나머지 인원은 대기하라고 했어요.

김 잇엇드니 논산 훈린소 우리가 이 기여 이 기.

(대기하고) 있었더니, 논산 훈련소 우리가 2기야, 2기.

김 음 그리 가지고 노 논새 논산이 어딘지도 몰랏지 갖다 풀으노니께.

음 그래서 노, 논산, 논산이 어디인지도 몰랐지, 데려다 풀어놓으니까.

김 여기가 훈련소라고 하는데 즈 븍돌로 인지 포자 즈 천막을 쳣는데 벽덜 작읍장 인지 끝나믄 이 컨 거 석 장씩 메는디 거그 미머은 까꿀르지니까[61] 죽을 맛이야.

여기가 훈련소라고 하는데 저 벽돌로 이제, 포장, 저 천막을 쳤는데 벽돌 작업장, 이제 끝나면 이 큰 것을 3장씩 메는데 그것을 메면 거꾸러지니까 죽을 맛이야.

김 갓다가는 배가 곯아 가지구 키는 컹충하지 겨 머 멈 먹길 제대루 먹길 핫나.

(훈련소에) 가서는 배를 곯아서, 키는 껑충하지, 거 뭘 먹기를 제대로 먹기를 했나.

김 근데 으 한구[62] 속 따까리[63] 잇잖아 속 따까리 찔 찔기[64] 담는 거.

근데 그 반합 속에 뚜껑 있잖아, 속 뚜껑, 반찬 담는 것.

김 어 반참 담는 거 뚜꿍 말고 노란 거 거기다 밥하고 국하고 그냥 부으 줘.

그거 반찬 담는 것, 뚜껑 말고, 노란 것, 거기에다 밥하고 국하고 그냥 부어 줘.

---

61 '거꾸러지다'의 방언형.

62 '항고'의 변이형.

63 '뚜껑'의 방언형.

64 '반찬'의 황해도 방언형.

김 그땐 젓갈[65]도 읎이 그냥 해스 군분우루 먹구 그란디 을마 잇으니깐 나무젓그 야외 나가스 도시락 오면 나므즛갈로 먹그랜디.
그땐 젓가락도 없이 그냥 그래서 군번으로 먹고 그러는데 얼마 있으니까 나무 젓가, 야외에 나가서 도시락이 오면 나무젓가락으로 먹고 그랬는데.

김 수 수제[66]라고 또 낸중엔 하나 주드라고 대스 그그루 인지 퍼 뭉디.
수, 숫가락이라고 또 나중에는 하나 주더라고, 그래서 그것으로 이제 퍼 먹는데.

김 욧두 오 분 내로 머 십 분 내로 하니께 동장그리는[67] 놈은 그 다 먹지두 못하구 나오네.
이것도 5분 내로, 뭐 10분 내로 하니까 늑장을 부리는 사람은 그 (밥을) 다 먹지도 못하고 나오네.

김 왜 그르냐 하믄 정신을 자꾸 딴 디다 판다구 시간을 주므 안 덴디야.
왜 그러냐 하면, 정신을 자꾸 딴 곳에다 판다고 시간을 주면 안 된대.

김 그아구 그래스 나가믄 쪼끔 잇단 또 들어우기 하구 그르 그라드니[68] 거 끝나니깐 머 전반기 후반기 잇는디 걸로 갈 사람은 가라고 하드라구.
그러고, 그래서 나가면 조금 있다가 또 들어오게 하고 그러더니 그것이 끝나니까 뭐 전반기, 후반기가 있는데 거기로 갈 사람은 가라고 하더라고.

---

65 '젓가락'의 방언형.

66 '숫가락'의 방언형.

67 문맥상 '늑장을 부리다'의 의미이다.

68 '얼차려를 주는 모습'을 표현하는 것이다.

김 핸디 글루 걸루 가까 햇드니 그 나무짓 사람들은 벌쓰 다 띠어서 전방으루 다 냐 보냇으.

그런데 거기로 갈까 했더니 그 나머지 사람들은 벌써 다 떼서 전방으로 다 내 보냈어.

김 기애스 나 그기 쪼끔 잇다가슨나리 낸중에 어득하나 몰라드 후방으루 뜰어진 줄 알앗드니 또 타라구 햐서 탓드니 인자 마따나 그 먼저 갓든 강언도 걸루 또 갓 갓는 가드란 말이야.

그래서 나는 거기에 조금 있다가 나중에 어떨지 몰라도 후방으로 떨어질 줄 알았더니 또 타라고 해서 탔더니, 이제 말마따나 그 먼젓번에 갔던 강원도 거기로 또 가, 가는, 가더란 말이야.

김 아 이게 방죽인디 이그 또 여그 어디 또 갓다 내류놓나.

아, 이것이 방죽인데, 이거 또 여기 어디에 또 갔다 내려놓나.

김 그서 속으룬 어딘지 몰르지 강운도가 어딘지두 몰라.

그래서 속으로는 어디인지 모르지, 강원도가 어디인지도 몰라.

김 핸데 또 타구 갔으.

그런데 또 타고 갔어.

김 갓드니 게 알고 보니께 지금 알고머 속초야 속초.

갔더니 그게 알고 보니까 지금 알고 보면 속초야, 속초.

김 음 거기가 떨어뜨리 놘데 거기서 저 사단에스 부족한 인운 차출할라고 왓드라고.

음, 거기에 떨어뜨려 놨는데 거기에서 저 사단에서 부족한 인원을 차출하려고 왔더라고.

김 그니께 나이 그때 몇 살 안 묵읏으니가 므 키는 껑충하오 한참 잇드니 너 느 느 느 이룽게 뽑드라고 몇 명.

그러니까 (내가) 나이를 그때 몇 살 안 먹었으니까 뭐, 키는 껑충하고, 한참 있었더니 “너, 너, 너, 너.” 이렇게 뽑더라고 몇 명을.

김 개스 나오라 해스 나갓드니 그 신상멩이슬 씨는데 주술 대라는 그아.

그래서 나오라고 해서 나갔더니 그 신상명세서를 쓰는데 주소를 대라는 거야.

김 기런데 우 여그 주수르 아나?

그런데 우, 여기 주소를 아나?

김 군산 이 저 피란 나왓다가스 그 머 거주햇다는 올마 하지두 않고.

군산에 이 저 피란 나왔다가 그 뭐 (거기에서) 거주도 얼마 하지도 않고.

김 그 서숫면에 잇다가스 나 이 지운하고 왓다 햇드니 원 고향이 어디냐고 물어에.

그 서수면에 있다가 나 여기에 지원하고 왔다고 했더니 원래 고향이 어디냐고 물어요.

김 개스 이북 주설 대았어.

그래서 이북 주소를 댔어.

김 그릿드니 느 따라지[69]야 그네.

그랬더니 “너 따라지야?” 그러네.

---

69 ‘따라지’는 ‘삼팔선 이북에서 월남한 사람을 속되게 이르는 말’로, ‘삼팔따라지’라고도 한다.

김 따라지가 문지도 몰랐으이 에 이북스 완 따라지 삼팔따라지냐고.

따라지가 뭔지도 몰랐지, 예, 이북에서 온 따라지, 삼팔따라지냐고 (그래).

김 삼팔따라지야 그릉이 해서 네 그랫지 무주건 네 그랬으 햇드니.

"삼팔따라지야?" 그렇게 물어서 "네." 그랬지. 무조건 "네." 그랬어, 그랬더니.

김 그려 그러드니 학교 어디까장 나왔나 글 다 묻드라고.

"그래?" 그러더니 학교를 어디까지 나왔는지 그것을 다 묻더라고.

김 개 북한에스 으뚷게 뎃다고 하니께 아 그래 그르드니.

그래서 북한에서 어떻게 됐다고 하니까 "아, 그래?" 그러더니.

김 또 거 저 머야 반추륵[70] 잇잖아 거 군인들 반추륵 쪼끄만 거 잇지.

또 그 저 뭐야, 반트럭 있잖아, 그 군인들 (타는) 반트럭 조그만 것 있지.

김 추륵이라이 아주 큰 가 말 쪼끄만 그 또 어 그글 끌고 완디 그길 타라고래.

트럭이라고 아주 큰 것 말고, 조그만 것 또 어, (그 사람들이) 그것을 끌고 왔는데 거기에 타라고 해.

김 개스 그길 탓드니 그 뽑안 놈 다 그기 탓는디 사단오 들으가드니 그 다 풀으 냇지 으에스.

그래서 그것을 탔더니 그 뽑은 사람 모두 거기에 탔는데, 사단으로 들어가더니 거기에 내려 줬지, 거기에서.

---

70 '반트럭(半truck)'을 의미한다. '반트럭'은 '바퀴가 네 개 달리고, 뚜껑이 없는 적재함이 설치된 소형 트럭'을 의미한다.

김 개 사단 사령부댓으 사령부가 문지도 몰라 천 가서.

그래 (거기가) 사단 사령부였어, 사령부가 뭔지도 몰라, 처음 가서.

김 그래 가지군 거기 잇으니깐 거 천막에서 거 도시락 겉은 이밥 다 주구 그르해.

그래서 거기에 있으니까 그 천막에서 그 도시락 같은 쌀밥을 다 주고 그렇게 해.

김 핸디 그르드니 사단에 들으간데 의장대라구[71] 의장대 이기 처음 창슬하든 모양이야.

그런데 그러더니 사단에 들어갔는데, 의장대라고 의장대 이것을 처음 창설하던 모양이야.

김 근디 중위 하나가 잇고 그 댐엔 선임하사 향도[72]는 일등중사두만.

그런데 중위가 한 명 있고, 그 다음에는 선임하사, 향도嚮導는 일등중사더구먼.

김 으 일등중사 기때 갈매기 갈매기 세 개이다가스 짝대이 하나 그러 중사는 두 개.

어 일등중사 그때 갈매기 모양 계급장 세 개에다가 작대기 모양 계급장 하나, 그리고 중사는 (짝대기) 두 개.

김 텍무상사가 하나 또 잇기 잇드라구잉.

특무상사가 한 명 또 있기는 있더라고.

---

71 1음절의 '의'가 하향 이중 모음으로 실현되었다.

72 '향도(嚮導)'는 '군대에서 행진할 때 대오의 선두에서 방향과 속도를 조절하는 사람'을 의미한다.

김 은디 그 사람은 훈련한 딘 잘 안 나오고 그 이등중사하구 일등중사 하구 이룹게 나완디.

그런데 그 사람(특무상사)은 훈련하는 데에는 잘 안 나오고 그 이등 중사하고 일등중사하고 이렇게 나왔는데.

김 기 사십이 믕이드만 일개 소대가 게 의장대.

그 42명이더구먼, 일개 소대가, 거기 의장대.

김 개 인지 거길 들으가 가지구 옷이 작어.

그래서 이제 거기에 들어가서, 옷이 작아.

김 저 군 군인복하고 그 저 외출북 그 행사 나갈 때 복이 또 따르 잇드만.

저 군복하고 그 저 외출복, 그리고 행사에 나갈 때 복장이 또 따로 있더구먼.

김 아 고거 대르는디[73] 이고 오리미[74] 잘못 대리믄 빠따[75] 때리네.

아 그것을 다리는데, 이거 주름을 잘못 다리면 몽둥이질하네.

김 대리미질을 언제 해 봤나?

다리미질을 언제 해 봤나?

김 아 그래 가지구 선배들이 일케 하야, 하라감스 하믄 해주가 여게 완장 이게 다 하구.

아 그래서 선배들이 이렇게 해라, 하라고 하면서 하면, 해줘서 여기에 완장을 이렇게 다 하고.

---

73 '다리다'의 방언형.

74 '옷의 주름'을 의미하는 일본어 'おりめ[折り目]'를 발화한 것이다.

75 '몽둥이'를 의미하는 'bat'의 일본어 차용어 'バット'를 발화한 것이다.

김 철모드 이 백철무야, 하잉게 빼기칠해스.

철모도 이게 백철모야, 하얗게 페인트칠해서.

김 그래 가지군 한 달 동안 훈련을 받는데 이 엠왕 총이 이 무급잖어 칼빈 겉으므 갠찮은데.

그래서는 한 달 동안 훈련을 받는데 이 엠원M1총이 이 무겁잖아, 칼빈Carbine 같으면 괜찮은데.

김 이거 돌리믄 여기 깝데이 다 벳겨져.

이것을 돌리면 여기 껍질이 다 벗겨져.

김 기 이 잘못돼스 딱 뜰으즈 노믄 개므리판이 딱 뜨부러지어.

그 이것이 잘못돼서 딱 떨어져 버리면 개머리판이 딱 부려져.

김 그읏도 매 맞네.

그것도 매를 맞네.

김 왜냐믄 새 총을 받아 오믄 구리스가 많응게 그그 딲을라므 죽으나.

왜냐하면 새 총을 받아 오면 그리스grease가 많으니까 그것을 닦으려면 죽어나.

김 아 그래 가지구 부르 머 이따금 부르지 그릏게 많인 안 부르지는데.

아 그래서 부러, 뭐 이따금 부러져, 그렇게 많이는 안 부러지는데.

김 그리해서 어니 정도 훈련 받앗는데 그때는 국군이 날 겉으믄 행사여 다 오으든 각 부대에서.

그렇게 해서 어느 정도 훈련을 받았는데, 그때는 국군의 날 같으면 행사 여기에 다 오거든, 각 부대에서.

김 개 그거에 나가기 이해 대해선나리 훈련을 그릏게 열심히 받았엔디.

그래 그 행사에 나가기 위해서 훈련을 그렇게 열심히 받았었는데.

김 그 이 훈른 받느데도 이 사십 사십이 멩인데 원 인운 숫자는 사십 믕밖에 안 델 그야 인디 그 소대장 잇구 그 다 포훈데서.

그 이 훈련을 받는데도 이 (인원이) 사십, 사십이 명인데, 원래 인원수는 사십 명밖에 안 될 거야, 그런데 그 소대장도 있고 그게 다 포함돼서 (사십이 명이야).

김 자기 보수를 딱 그긋이 증해 주요.

자기 보수步數를 딱 그 사람이 정해 줘요.

김 이 키순으루 딱 시그든.

이렇게 키순으로 딱 서거든.

김 개 큰 사람은 사십이 보믄 사십이 사십삼 자기 보수가 딱 잇으.

그래서 큰 사람이 42보면, (다른 사람은) 42, 43(보), 자기 보수가 딱 있어.

김 그인디 엠왕 총 딱 서우스 저 소대장이 칼 이키 크지 칼루 이룽게 신후만 딱 하믄 자기 보스 아 엠왕 총 딱딱딱 서 븐마 하믄 자기 보수대루 하는데.

그런데 엠원 총을 딱 세워서 저 소대장이, 칼에 이렇게 크지, 칼로 이렇게 신호만 딱 하면 자기 보수, 아 엠원 총을 '딱, 딱, 딱.' 세 번만 하면 자기 보수대로 걷는데.

김 말하자믄 에 거 걸루두 실 수 잇구 태국기두 맹길구 그 그른 식으루 이 데 가지우 자기 보수마 해스 딱 더가 해스 하지.

말하자면 에, 그 글씨 모양으로 설 수 있고, 태극기도 만들고, 그런 식으로 이렇게 돼서 자기 보수만 해서 딱 들어가서 (모양을) 만들지.

김 한디 그래 가지군 지금 여기두 많이 나오잖에 이케 하 하구 이 이게 햇다슨 딱 시구 하는 그른 거 거 옛날부튼 근 잇었으.

그런데 그래서는 지금 여기에서도 많이 나오잖아, 이렇게 하, 하고, 이렇게 했다가는 딱 서고 하는 그런 것이 그 옛날부터 그것은 있었어.

김 그 이 의장대가 기에 훈륜 받기아 심들어[76].

그, 이 의장대가 그것이 훈련 받기가 힘들어.

김 그래 가지구 그 잇다가 그 이북 사람 하나 아는 사람이 있어 그래 가지구 사단이가.

그래서 거기에 있다가 그 이북 사람이 한 명 아는 사람이 있어, 그래서, 사단에.

김 개 너 얼 저 의장대 말구 군악대 갈래 그래 가지구.

그래 "너, 어, 저 의장대 말고 군악대에 갈래?" 그래서.

김 군악댄 나팔두 못 부는디 무라?

"군악대는 나팔도 못 부는데 뭐라고?"

김 아 배우문 데지 해드니.

"아 배우면 되지." 하더니.

김 개 글루 또 발릉 내 주갓대스 발릉을 냇는디 가 보니까 아 전부 상사구 이등상사 제일 하사가 저 제일 짝은 기 일등중사야.

그래 거기로 또 발령을 내주겠다고 해서 발령을 냈는데, (군악대에) 가 보니까 아 전부 상사고, 이등상사, 제일 하사가, 저 제일 낮은 (계급이) 일등중사야.

---

76 /ㅎ/구개음화가 실현되었다.

김 아 그르니 이기 무 쫄병이 가 가지구 나팔 불라간데 헛김만 나지 안 데.

아 그러니까 이것이 뭐 졸병이 가서 나팔을 불려고 하는데 헛김만 나지 안 돼.

김 아니 나 안 덴다 원대 복기해 달라구.

"아니 나 안 된다." 원대 복귀해 달라고 (그랬어).

김 그래 가지구 데루[77] 사단오 그 군악대 안 잇다깃드니, 그긴 원체 씨어스 깐다먼 빠따 맞구 그래.

그래서 도로 사단으로, 그 군악대에 안 있겠다고 했더니, 거기(군악대)는 워낙 (군기가) 세서 까딱하면 몽둥이 맞고 그래.

김 한디 도로 와 가지구 하기식할 지이두 의장대가 나아그든.

그런데 도로 와서, 하기식下旗式할 적에도 의장대가 나가거든.

김 아침 저 저녁여 저늑에 저 기 건을 즉이두 나가야 데구.

아침, 저 저녁에, 저녁에 저 기旗 걷을 적에도 나가야 되고.

김 근디 거기 조끔 잇다스 고마이 생각해 안 디갔으.

그런데 거기(의장대)에 조금 있다가 가만히 생각해 (보니까) 안 되겠어.

---

77 '도로'의 방언형. 같은 의미의 '되-'에 '로'가 결합하여 '되로 > 데로 > 데루'와 같이 활음 탈락, 고모음화가 일어났다.

김 나 차라리 전방에 나가갓다니까 그 사람이 본부 사령 사단에 본부 사려이믄 소릉이그드 그 사람이 말흐자믄 사다장 밑이 직속이야 근디 너 그러믄 본부 사령니 집이 가스 좀 있으라.

나 차라리 전방에 나가겠다고 하니까 그 사람이 본부 사령, 사단의 본부 사령이면 소령이거든, 그 사람이 말하자면 사단장 아래 직속이야, 그런데 "너 그러면 본부 사령네 집에 가서 좀 있어라."(고 해).

김 그 이 내가 시 저 그 사람 신세를 마이 즜어.

그, 이 내가 신, 저 그 사람의 신세를 많이 졌어.

김 내가 나이가 어리니까 그르라 했으.

내가 나이가 어리니까 그러라고 했어.

김 속초 거 어딘디 집도 몰라 거긴지 사복 입구 갓네.

속초 그 어디쯤인데 집도 몰라, 거기에 이제 사복을 입고 갔네.

김 근데 애가 요만하니 한 대얏 살 묵은 애 있어.

그런데 애가 요만하니 한 대여섯 살이나 먹은 아이가 있어.

김 거 애이만 보눈 그야 댕임서.

그 아이만 보는 거야, 다니면서.

김 어 애기만 봐 머 하는 그 읎어.

어, 아이만 봐, 뭐 하는 것이 없어.

김 하구 뚜 그 사마님이 므 맛잇는 그 머 여 여그 마이 약밥이지 그르긋도 잘해스 먹드라고.

그리고 또 그 사모님이 뭐 맛있는 그 뭐, 여기 말로 약밥이지, 그런 것도 잘 해서 먹더라고.

김 핸디 그른 긋두 주구.

그런데 그런 것도 주고.

김 해스 먹긴 잘 믁읏지.

그래서 먹기는 잘 먹었지.

김 데 고마이 또 생가 보니께 아이그 군인이란 늠이 넘에 애기만 보구 아이 노는 그 따라만 댕겨.

그런데 가만히 또 생각해 보니까, 아이고, 군인이라는 사람이 남의 아이만 보고, 아이가 노는 것을 따라만 다녀.

김 그 마자믄 차 많이 댕기고 하니께 위험하니께.

그 말하자면 차가 많이 다니고 하니까 위험하니까.

김 그으만 보다 안 되았으.

그 아이만 보다가는 안 되겠어.

김 해스 데루 그 이북 사람한데 왓지.

그래서 도로 그 이북 사람한테 왔지.

김 전화루 나 이거 애기 본다 편안하긴 한데 이 군인 생활이라구 이르스 내 고항에 가두 먼저 가야 데는디 이그 데갓냐구.

전화로 나 이거 아이 본다고 편안하긴 한데, 이 군인 생활이라고 이래서, 내가 고향에 가도 먼저 가야 되는데 이거 되겠냐고 (그랬어).

김 그랫드니 정 그르므 들오래.

그랬더니 정 그러면 들어오래.

김 개 들으와 가지구 보병 부대루 냐 보내네 소층수대루.

그래 들어와서 보병 부대로 내 보내네, 소총수 부대로.

김 그래 가지고 그때 계급이 작 이 저 마이자믄 이 지금은 작대기 세 개지만 이 갈매기 세 개, 중사, 중사댓그든.

그래서 그때 계급이 작대기, 저 말하자면 이 지금은 작대기 세 개지만, 이 갈매기 세 개, 중사, 중사였거든.

김 그랜디 들어가 가지구 갓드니 또 하사간 학괄 가래.

그런데 (소총수 부대에) 들어가서 갔더니 또 (나에게) 하사관 학교를 가래.

김 그래스 가자마자 하사간 학교를 갓으.

그래서 (부대에) 가자마자 하사관 학교를 갔어.

김 그 교육 받안데 거기스 이 등 맞앗으.

그 교육을 받았는데 거기에서 2등을 했어.

김 햇드니 므 으 훈장인가 문가 다 주드라구.

그랬더니 뭐 훈장인지 뭔지를 다 주더라고.

김 그래 아지우 들으와니까 인지 손임하사 하래 일등중사니께.

그래서 (부대에) 들어오니까 이제 선임하사를 하래, 일등중사니까.

김 이 갈매기 세 개에다가 작대기 하나 일등중사.

이 갈매기 모양 계급장 세 개에다 작대기 모양 계급장 한 개, 일등중사.

김 해스 그그 잇다가서 중하기 중대루 또 가라구러네.

그래서 거기에 있다가 중화기重火器 중대로 또 가라고 그러네.

김 중하기 중대 저 인운이 즈 티오가 모즈란다고 글루 가래.

중화기 중대에 저 인원이, 저 정원이 모자란다고 그리로 가래.

김 기래스 중 중대본부 거 중하기 중대 중대 본부르 갓드니 그이 소 저 중하기 중대 중대장이 대원데 그 사람이 이북 사람이야.

그래서 중대본부, 그 중화기 중대 중대 본부로 갔더니, 거기 소, 저 중화기 중대 중대장이 대위인데, 그 사람이 이북 사람이야.

김 OOO이야 나 아직도 안 잊으 먹어.

(이름이) OOO이야, 나 아직도 안 잊어 먹어.

김 거기서 인사겔 하라는 기야 나보고.

거기에서 인사계를 하라는 거야, 나더러.

김 에 제대가 인지 그이 그때부터 제대가 나오기 시작하는 그야.

예, 제대가 이제 그, 그때부터 제대 (제도)가 나오기 시작하는 거야.

김 이 다 가지구 내가 인지 고참이 데스 인사게트 하는데 거이 마자믄 각 소대 소대장들은 저 소이 하나씩 달앗잖아.

이렇게 되어 내가 이제 고참이 돼서 인사계를 하는데, 거기에 말하자면 각 소대 소대장들은 저 소위 계급을 하나씩 달았잖아.

김 이 사람은 갈매기 세 갠디 대대장이 소릉인디 이 사람하오부다 이 사람이 선배야 고참이야.

이 사람(중대장)은 갈매기 모양 계급장이 세 개인데, 대대장이소령인데 이 사람(대대장)보다 이 사람(중대장)이 선배야, 고참이야.

김 핸디 이 사고 쳐 가지구 강등 댕해스 대원데.

그런데 (중대장이) 이 사고를 쳐서 강등 당해서 대위인데.

김 그래 가지군 머 결재 맡으라 올라가고 아이들 슈가[78] 맡을라믄 중대장시이 상다이 높아.

그래서는 뭐 결재를 받으러 올라가고, 아이들 휴가 (허가를) 받으려면, 중대장실이 상당히 높아.

김 그 올라가슨나리 경리하구선 아 이 아이들 몇 명 저 슈가[79] 보내야가쎄요 허믄.

그 (중대장에게) 올라가서는 경례하고 "아 이 아이들 몇 명 저 휴가를 보내야겠어요." 하면.

김 아 그래? 무 두알두 않구 그냥 싸인해 줘.

"아, 그래?" (하면서) 뭐 두 말도 않고 그냥 사인해 줘.

김 근데 소대장두 무슨 볼일 있어 올라가믄.

그런데 소대장도 무슨 볼일이 있어서 올라가면.

김 얘 이 개새끼 험 꾸무리[80] 차구 아주 무습댓어.

"야 이 개새끼." 하면서 엉덩이를 차고 아주 무서웠어.

김 그링가 딴사람들리 장규들도 그냥 중대장이라믄 그룽댓으.

그러니까 다른 사람들이, 장교들도 그냥 (우리) 중대장이라고 하면 그런가 보다 했어.

---

78 /ㅎ/구개음화가 실현되었다.

79 /ㅎ/구개음화가 실현되었다.

80 자료 제공인은 '꾸무리'가 '꽁무니', 즉 '엉덩이'를 의미한다고 하였다.

김 핸디 그때 그 대대에스 하나 도망자가가 그땐 이 이가 많아스 디디티[81] 뿌리구 사는 도망자가 많아 갖구 그애 가지군 그 대애장이 그냥 딴 디루 전출하구 딴 사람이 왓는디.

그런데 그때 그 대대에 탈영병이 한 명, 그때는 이가 많아서 디디티DDT를 뿌리고 사는데 도망자가 많아서 그래서는 그 대대장이 그냥 다른 곳으로 전출하고 다른 사람이 (대대장으로) 왔는데.

김 그 눈이 많이 오구 하니까 대금으루 인지 산에 올라가스 싸리를 벼다가 빗자를 맹길이야 눈 씰잖아.

그 눈이 많이 오고 하니까 대검으로 이제 산에 올라가서 싸리를 베다가 빗자루를 만들어야 눈을 쓸잖아.

김 그러인데 이 그 각 중대에 나와서 그 연병장들 해야 데는디 나 나오라믄 중대쟁이 안 나가.

그런데 이 그 각 중대에 나와서 그 연병장 (제설 작업을) 해야 되는데 나오라고 하면 중대장이 안 나가.

김 안 나가오슨 중대앙한디 가스 보골 하믄 나가즈 마 그래.

안 나가고서는 중대장에게 가서 보고를 하면 ' 나가지 마." 그래.

김 딴 아이들 보구두 안 나가라고.

다른 아이들에게도 나가지 말라고 (그래).

81 '디디티(DDT)'는 '유기 염소 화합물의 무색 결정성의 방역용(防疫用), 농업용 살충제'이다. 인체의 지방 조직에 축적되어 잔류 독성을 나타내므로 현재 제조와 판매, 사용이 금지되었다.

김 아 그래 아지군 그 대대장이 와스얀 너 언지부튼 대대장 뎃냐 함슨 막 그라구.

아, 그래서는 그 대대장이 (중대장에게) 와서는 "네가 언제부터 대대장이 됐냐" 하면서 막 그러고.

김 개 그 사람 득도 많이 밧으.

그래서 그 사람(중대장) 덕도 많이 봤어.

김 핸데 그라다가서 안 되갔어.

그런데 그러다가 안 되겠어.

김 해서 에이 나두 이진 제대하구 말아야갓다.

그래서 '에이 나도 이제 제대해야겠다.' (생각했어).

김 겐디 이등중사 그그 신충하라고 하드라고 진급 신청을.

그런데 이등중사 그것을 신청하라고 하더라고, 진급 신청을.

김 그 나 그냥 제대하구 말앗지.

그런데 나는 그냥 제대하고 말았지.

04
장사로 생계를 유지하다

1. 잉끄리 장사를 하다

안옥봉 영감은 무 서울루 돈 벌라 간다믄스 가고 나 혼자스 그냥 그 잉끄리[82] 장사라두 해스 그냥 그 이구 댕김스 쪼끔씩 팔아 갖구 그냥 먹대 먹구 살앗지.

남편은 뭐 서울로 돈 벌러 간다고 하면서 가고, 나 혼자서 그냥 그 '잉꼬리 장사'라도 해서 그냥, 그것을 이고 다니면서 조금씩 팔아서 그냥 먹어, 먹고 살았지.

안 안 해 반 게 없으요 나는.

안 해 본 것이 없어요, 나는.

---

82 '잉꼬리'를 의미한다. '잉꼬리'는 '임+고리'의 합성어이다. 후행 어근 '고리'로 인한 조음 위치동화에 의해 '임'이 '잉'으로 바뀌었고, 어근 사이에 사이시옷이 첨가되어 '잉꼬리'가 되었다. '임'은 '머리 위에 인 물건. 또는 머리에 일 만한 정도의 짐'을 의미하고, '고리'는 '키버들의 가지나 대오리 따위로 엮어서 상자같이 만든 물건'으로 '고리짝'이라고도 한다. '잉꼬리'는 '머리에 이고 다니는 고리짝'을 의미하는 말이고, '잉꼬리 장사'는 '고리짝에 물건을 담아 이고 다니며 판매하는 일'을 의미한다.

안 계란 장사부터 젓 장사 머 생선 장사 뭐 빵 장사 과일 장사까지 다 해 봤으여.

계란 장사부터 젓갈 장사, 뭐 생선 장사, 뭐 빵 장사, 과일 장사까지 다 해 봤어요.

안 장사란 장사는 다 해 봤어요.

장사란 장사는 다 해 봤어요.

안 하다가 땅 좀 장만하기 시작하믄스보터 우리아 농사 지먼서 안 햇지.

그러다가 땅을 조금 장만하기 시작하면서부터, 우리가 농사를 지으면서 안 했지.

안 그룹게 살앗어요.

그렇게 살았어요.

안 그두 이지는 밥이나 먹구 살응게 갠찮으디 그때가 너무 고생[83] 많이 했으여 예.

그래도 이제는 밥이나 먹고 사니까 괜찮은데 그때 너무 고생을 많이 했어요, 예.

조 무슨 장사요? 젓 장사를 하셨다고요?

안 젓 장사도 하고 과일 장사도 하고 계란은 많이 했어요.

젓갈 장사도 하고 과일 장사도 하고 계란 (장사)는 많이 했어요.

---

83 2음절의 /ㅅ/이 구개음으로 실현되었다.

안 저 계란 장사 해 갖고 즈 시장에 가스 이제 가게마다 이케 넹겨[84] 주잖아요.

저 계란 장사를 해서 저 시장에 가서 이제 가게다다 이렇게 넘겨 주잖아요.

안 긍기 거그에 아자씨가 잘 봣댓는가 전매청에다 계란을 너라가드라구여.

그러니까 거기 아저씨가 잘 봤었는지 전매청에다가 계란을 넣으라고 하더라고요.

안 그스[85] 전주 그 전매청으다 계란을 또 멫 년 엿어요.

그래서 전주에 그 전매청에 계란을 또 몇 년 넣었어요.

안 옇다가스 배나무가 크니께 못 하갓디요 농살 지야 데니께.

넣다가 배나무가 크니까 못 하겠데요, 농사를 지어야 되니까.

안 그리스 안 하기 시작했으요.

그래서 안 하기 시작했어요.

조 어디에서 계란을 사 와요?

안 여기는 양기를 많이 햇잖아으 그전이는.

여기는 양계를 많이 했잖아요, 그전에는.

---

84 '넘기다'의 황해도 방언형.

85 2음절의 /ㅅ/이 구개음으로 실현되었다.

안 닥[86]을 많이 멕엤어요[87].

닭을 많이 길렀어요.

안 예 이 동네두.

예, 이 동네도 (많이 길렀어요).

안 하고 용지농언 잇잖아요.

그리고 용지농원이 있잖아요.

안 거기스 많이 해 가지구 거기 가스 많이 사다가 글로 갓다 줏댔으요.

거기에서 (양계를) 많이 해 가지고 거기에 가서 많이 사다가 그리로 (전주로) 갔다가 줬었어요.

안 거게스 많이 냈으요.

거기에서 (계란을) 많이 생산했어요.

안 근디 낭중[88]에는 그그 한 천 멫 개썩 여니까 내가 혼자스 갖구 갈 수가 없어요.

그런데 나중에는 거기에 한 천 몇 개씩 넣으니까 내가 혼자서 갖고 갈 수가 없어요.

안 그이스 우리 아들내미를 다 어드른 날은 데리구 갓지.

그래서 우리 아들내미를 다, 어떤 날은 데리고 갔지.

안 그 저매층 아자씨 참 좋댓는디 거기 양반들이 다.

그 전매청 아저씨가 참 좋았는데, 거기 사람들이 다.

---

86 '닭'의 방언형. 이 자료에서 '닭'은 '닥'으로만 실현된다.

87 '기르다'의 방언형.

88 '나중'의 방언형.

안 그룽게 잘해 주댓어요, 진짜 친형제간처럼.

그렇게 잘해 줬어요, 진짜 친형제지간처럼.

안 이지는 다 털렷죠[89] 머.

이제는 다 끝났죠 뭐.

조 계란은 어떻게 옮기셨어요? 리어카 같은 것으로 하셨나요?

안 아이 임으르 이구 와서 니아까루 끌구 가서 전주 가서 또 차 시내뿌스 가스 내려가지고는 에 시내뻐스이스 내르서는 또 그기스 니아까를 싫구 가댔어요.

아이고, 임으로 이고 와서 리어카로 끌고 가서 전주에 가서 또 차, 시내버스 (타고) 가서 내려서는, 시내버스에서 내려서는 또 거기에서 리어카에 싣고 갔어요.

안 거 이 껄구 댕이는 니아까 잇잖아요.

그 이 끌고 다니는 리어카가 있잖아요.

안 그글루 셰[90] 번 네 번 날릿댔으요 그 전매층까지.

그것으로 세 번, 네 번을 날랐었어요, 그 전매청까지.

안 그케 날르 주댔으요.

그렇게 날라 줬어요.

89 '틀리다'의 방언형.

90 /ㅅ/이 구개음으로 실현되었다.

안 그 양반들이 고생[91]한다구 밥 잠깐 먹구 가라우 많이 먹으라구 많이 먹으라구 자꾸 그랫댄디.

그분들이 고생한다고 밥 잠깐 먹고 가라고, 많이 먹으라고 많이 먹으라고 자꾸 그랬었는데.

안 그룽게 사람이 좋댔으요 거기 사람들도.

그렇게 사람이 좋았어요, 거기 사람들도.

안 안 헌다고 항게 그 마 서은해 하데요 그 양반들두.

안 한다고 하니까 그 막 서운해 하더라고요, 그 분들도.

안 아이구 새벽에 여게스 열두 시 반이나 데믄 열두 시 반두 못 데아스 나가댓으요.

아이고, 새벽에 여기에서 열두 시 반이나 되면, 열두 시 반도 못 되서 나갔어요.

안 이리까지 글어가고 전주까지 글어가고 하댔어여.

익산까지 걸어가고 전주까지 걸어가고 했어요.

안 고새으 젊으서 고생은 사스두 하간 해요.

고생은, 젊어서 고생은 사서도 한다고 안 해요?

조 짐을 머리에 이고 다녀요?

안 예 임으루여 전부 여 날랐어요.

예, 임으로요. 전부 (머리에) 이어서 날랐어요.

---

91 2음절의 /ㅅ/이 구개음으로 실현되었다.

안 그잉게 계란 스무 난자[92] 일라믄요 에 스무 난자 일라믄 나 장정들 이 둘이 서이쓱 달려들어서 이으줏댔어요.

그러니까 계란 스무 난좌(판)를 (머리에) 이려면요, 예, 스무 난좌를 이려면 나하고 장정들 두 명, 세 명씩 와서 이어 줬었어요.

안 허먼 시들 못해요 사람이 못 내려 주스.

그러면 쉬지를 못해요, 사람이 내려 주지 못하니까.

안 여자 둘이나 만나슨 못 내려 주요.

여자 두 명쯤 만나서는 못 내려 줘요.

안 그라믄 그냥 여기가 여 쏜지[93] 여기가 쏜지 기게 어트게 하덜을 못 하고 그럼스.

그러면 그냥 여기가 쑤시는지, 여기가 쑤시는지 그것을 어떻게 하지를 못하고 그러면서.

안 그릭히스 이구 댕깃으.

그렇게 해서 이고 다녔어.

안 에이, 진짜 남자들두 에지간한[94] 사람 들지두 못하댓으요.

에이, 진짜 남자들도 웬만한 사람은 들지도 못했어요.

---

92 '난좌'의 방언형. '난좌'는 본래 '어미가 알을 낳거나 알을 품는 자리'를 의미하는데, 계란판의 의미로 확장되어 사용되었다. 이와 더불어 과일을 담는 판도 난자로 부르는 것을 여러 자료에서 확인하였다.

93 '쏘- + -ㄴ지'로 분석할 수 있다. '쏘다'는 '쑤시다'의 황해도 방언형이다.

94 '어지간하다'의 방언형. 움라우트가 실현되었다. 움라우트는 개재자음의 제약을 받는 것이 일반적인데, 여기서는 개재자음이 /ㅈ/임에도 움라우트가 실현된 것이 특징적이다.

조 이고 다니다가 떨어뜨리면 어떻게 해요?

안 내쏴죠[95].

버리죠.

안 그 즈이 용지농언 OO네 집이 가 가지구 잊어먹지단[96] 해 오박삼십 개를 계란 오백 개 삼십 개를 삿는디.

그 저기 용지 농원 OO네 집에 가서, 잊어버리지도 않아, 계란 오백 삼십 개를 샀는데.

안 그때는 다라[97] 안이다가스 보재길 프그스는 다라이가 고붕데잖아요.

그때는 다라이 안에다 보자기를 펴고는 (계란을 담으면) 다라이가 고봉高捧이 되잖아요.

안 하니께 이케 실루 다 꿔맷으 구르 내리까바.

그러니까 이렇게 실로 다 꿰맸어, 굴러 내릴까 봐.

안 이케 꿔매 가지구스 마 그때만 해두 여게 길이 어디가 이렇게 생긴지 알아요.

이렇게 꿰매서, 그때만 해도 여기 길이 어디 지금처럼 생긴지 알아요?

안 장화 신구 댕깃지 고무신은 신구두 못 댕긌어요.

장화 신고 다녔지 고무신은 신고 다니지도 못했어요.

---

95 '버리다'의 방언형.

96 '잊어먹지도 안'이 줄어든 것이다.

97 '다라이'를 짧게 발화한 것이다. '다라이'는 '대야, 함지박'을 의미하는 일본어 'たらい[盥]'를 발화한 것이다.

안 거게서 그거 십 리나 한 데스 그글 이구 완 거여 집이까지.

거기에서 그 십 리쯤 되는 곳에서 그것(계란)을 이고 온 거야, 집데까지.

안 집이까지 온데 우리 집 두에가 와 가지구서 폭 둘렀엇네 기냥.

집까지 왔는데 우리 집 뒤에 와서 폭 뒤집어엎었네 그냥.

안 걸 장화 신고 애씨구서 와 가지고 우리 집 뒤에 내료다가 그냥 팍 자빠졋네.

그것을 장화를 신고 애써서 와서 우리 집 뒤에서 내려오다가 그냥 팍 넘어졌네.

안 아이으메 계란이 으냥 폭 둘르먼 다 깨졌어여.

아이고, 계란이 그냥 폭 뒤집어엎어지면서 다 깨졌어요.

안 아이고, 해 가지곤 어트게 햐.

아이고, 그래서 어떻게 해.

안 다라루 이케 꺼내 놓구는 거기스 픘으믄은 성한 그라두 하나 있을랑가 몰르는디 너머 속이가 속이 상하니께 보재기째 덜어스 그냥 콱 나 버릿드니 싹 깨짓드라오 웬거.

다라이에 이렇게 꺼내 놓고 거기에서 폈으면 멀쩡한 것이라도 하나 있었을지도 모르는데 너무 속이, 속이 상하니까 보자기째 들어서 그냥 콱 놔 버렸더니 (계란이) 다 깨졌더라고, 웬걸.

안 바께쭈로 알메이르케 긁어 담안 기 바끼추르 하나, 다라이로 한두 개, 요만한 다라이로 두 개.

양동이로, 알맹이를 이렇게 긁어서 담은 것이 양동이로 한 거, 다라이로 한두 개, 이만한 다라이로 두 개(나 됐어요.)

조 과일 장사는 어떻게 하셨어요?

안 저 무악산 아래까지 갓댔어요 에 그까지 가스.

저기 모악산 아래까지 (과일을 사러) 갔었어요, 예, 거기까지 가서.

안 여게는 거때는 과일이 없엇어요.

여기는 그때 과일이 없었어요.

안 배드 받아 오고 사과도 받아 오고 복숭아도 사 오고 이제 그르그스 팔앗지.

배도 받아 오고 사과도 받아 오고 복숭아도 사 오고, 이제 그렇게 해서 팔았지.

안 해 가지구 이리까지 걸으 댕임스 에 이리 가스 걸으가스 팔댓어요 거 가서.

그래서 익산까지 걸어 다니면서, 예, 익산에 가서, 걸어가서 팔았어요, 거기에 가서.

안 에 거기스 하루 사다가 그 담날 아침엔 또 밤에 인지 열한 시 반쯤 데믄 뜨나스 가기 시작하지.

예, 하루는 거기에서 사서 그 다음날 아침에는, 또 밤에는 이제 열한 시 반쯤 되면 (익산으로) 떠나서 가기 시작하지.

안 에, 그래야 아침에 들으가요 거게.

예, 그렇게 해야 아침에 들어가요, 거기(익산)에.

안 하믄 날 새믄 들으가요.

그러면 날이 새면 (익산에) 들어가요.

안 이글 쉬므스 가야 데니께 무그니께 쪼끔 가다 쉬구 쪼끔 가다 쉬구.

이것이 무거우니까 쉬면서 가야 하니까 조금 가다 쉬고, 조금 가다 쉬고.

안 걸으가믄스 댕깄어요.

걸어서 다녔어요.

안 가스 저기 가게마다 사라가믄[98] 다 받댔어여.

(익산에) 가서 사라고 하면 가게마다 다 샀어요.

안 걸으와슨 또 팔고 오먼은 그 점심 전이니까 그 때는 인자 또 사라 가는 거에요 걸루.

걸어와서는 또 팔고 오면 점심 전이니까 그때는 이제 또 사러 가는 거예요, 거기(모악산 아래)로.

조 젓 장사는 어떻게 하셨어요?

안 즌주 즛집에 가스 에 사다가 각자 이제 동네마다 댕기므서.

전주 젓갈 가게에 가서, 예, (젓을) 사다가 동네마다 다니면서 (했어요.)

조 전주 동네요?

안 아이 여그 여 일루 나와 갖고 에 시글마다 댕기므서 팔고 하므 도로 한 고개돼요 한 임데요 도로.

아니 여기 이쪽으로 나와서, 예, 시골마다 다니면서 팔면 도로 한 고개, 한 임이 돼요, 다시.

---

98 '사라고 하면'이 줄어든 것이다.

안 젓 한 다라 이구 가스 팔믄 쌀 주구 콩 나오 팟 나 그른 그 나오니까 도루 기냥 임이 무그져요 머리가 에.

젓갈 한 다라이를 이고 가서 팔면 쌀로 주고, 콩 내주고 팥 내주고 그런 것을 내주니까 도로 그냥 임이 무거워져요, 머리가, 예.

안 그릭히스 시방 그링게 영감 차 타고 댕이므스 그라고 나 여그까지 글어댕깃댓으여 영감보오.

그렇게 해서, 시방 그러니까 지금 남편 차를 타고 다니면서 그렇게 (말하고), "내가 여기까지 걸어다녔어요."(라고) 남편에게 (말했어요.)

안 군산 가다가 이제 거 시골 보구스 나 여까지 걸어댕깃댓으여.

군산에 가다가 이제 거기 시골을 보고는 "내가 여기까지 걸어다녔어요."(라고 말했어요.)

안 영감이 몰르쥬 인자.

남편이 이제 (내가 고생한 것을) 모르죠.

조 예전에는 여기까지 버스가 안 들어왔어요?

안 그때요? 없읏져.

그때요? (버스가) 없었죠.

안 그 미능밧등[99] 잇잖아요 미능밧 안심리 거기보고 미능밧등이라 하댔으요 그 전이는.

그 '미녕밭등' 있잖아요, '미녕밭', 안심리, 거기더러 '미녕밭등'이라고 했었어요, 그 전에는.

---

99 '완주군 이서면 안심리'의 옛 지명이다. 자료 제공인에 따르면, 당시 이 지역에 큰 무명밭이 있어서 이러한 지명이 붙여졌다고 한다.

안 그 안심리 거기까지 차 오믄 그까지 글어가댓어요.

그 안심리 거기까지 차가 오면 거기까지 걸어갔어요.

안 가다 거기 오다가 또 돌꾹지[100]라는 디까지 오구 예.

(거기까지) 가다가 (차가) 거기에 오다가 또 돌꾹지라는 곳까지 오고, 예.

안 그르다가스 이서루 왓지 차가.

그러다가 이서로 왔지, 차가.

안 에, 긍께 종새[101] 걸으댕기 전주두 순 걸으댕겼어요.

예, 그러니까 종일 걸어다녀, 전주도 오로지 걸어다녔어요.

안 그 계란 이미고[102] 사쩔 그양 새벽에 그냥 하튼 날 새기 전에가 거기 들으가야 데니께요.

그 계란을 이어 메고 사철 그냥 새벽에, 하여튼 날이 새기 전에 거기에 들어가야 되니까요.

안 하니께 열두 시 안에 걸어가 가야 데요.

그러니까 열두 시가 되기 전에 걸어가야 돼요.

안 가므스 쉬므스 갈라니께요.

가면서 쉬면서 가려니까요.

안 긍기 골붕두 들읏죠 머.

그러니까 골병도 들었죠 뭐.

---

100 '완주군 이서면 상개리'의 옛 지명이다.

101 '종일(終日)'과 '새(사이)'가 결합한 것으로 보인다.

102 '이- + 미- + -고'로 분석할 수 있다. '(머리에) 이다'와 '(어깨에) 메다'가 결합한 비통사적 합성어이다.

안 먹진 못하구.

먹지는 못하고.

안 하루 죙일 굶으 가므스 그냥 거 점심 한번이라두 사 먹을래두 점심 먹을 거 가지믄 식구가 반찬 사믄 다 먹는디 이 생각만 들으가니께 그른 긋두 못 믁구 그냥 댕기구 그랬으요.

하루 종일 굶어 가면서 그냥 그 점심을 한 번이라도 사 먹으려고 해도 '점심 먹을 것을 가지고 반찬을 사면 식구가 다 먹는데' 이 생각만 들어가니까 그런 것도 못 먹고 그냥 다니고 그랬어요.

2. 장사한 돈을 소매치기 당하다

김성빈 제대하 갖구 집이 와 보니까 내가 므 아는 사람 있어.

제대해서 집에 와 보니까 내가 뭐 아는 사람이 있어.

김 여기 므 피란민들두 몰루구 난 몸때이 혼자 나왔는데 이 처갓집 식구들이 으깃어서 일로 오기 데아서 왔는디 고만히 보니께 무 해 묵을 게 없어.

여기에 뭐 피란민들도 모르고, 난 몸뚱이 혼자 나왔는데 이 처가 식구들이 여기에 있어서 여기로 오게 돼서 왔는데, 가만히 보니까 뭘 해 먹을 것이 없어.

김 개스 첨에 겨란을 돈을 쪼끔 장만해 갖구 그 용짓면이라는 디 그기가 양계를 많이 했으요.

그래서 처음에 계란을, 돈을 조금 마련해서 그 용지면이라는 곳, 거기가 양계를 많이 했어요.

김 그기 가스 계란을 한 줄 두 줄 인제 일케 사 가지구 그 지푸락이다 엮으 엮으서 파는 사람두 잇구 그냥 주는 사람두 잇구 기래.

거기에 가서 계란을 한 줄, 두 줄 이제 이렇게 사 가지고, 그것을 지푸라기에다 엮어, 엮어서 파는 사람도 있고, 그냥 파는 사람도 있고 그래.

김 개 첨이는 그글 그기스 읆으 갖구 엮을 줄 모른 그 배와 갖구서 엮구서 지기다 지구서 한 대얏, 대얏 줄 살 때두 잇구 열 줄 살 때두.

그래 처음에는 그것을 거기에서 엮어서, 엮을 줄 모르는 것을 배워서 엮고 지게에다 지고 한 대여섯 줄 살 때도 있고, 열 줄 살 때도 (있고).

김 그래 가지군 전주까장 글으가는 거여 새빅에.

그래서는 전주까지 걸어가는 거야, 새벽에.

김 개스 글 파니께 쪼끔 쪼곰 그 이 돈이 좀 붙어, 그래 가지구 에 인진 안 데갓다.

그래서 그것을 파니까 조금씩 조금씩 그 이 돈이 좀 붙어, 그래서 이제는 안 되겠다.

김 그 낸중에 난자가 나왓지 그때는 난자가 없었어요.

그 나중에 난좌가 나왔지, 그때는 난좌가 없었어요.

김 여 사다가 그냥 집에서 그냥 게 싸 가지구는 해.

여기서 사다가 그냥 집에서 그냥 그것을 싸서 했지.

김 개 돈이 조곰 불으서 그대부튼 한국은행, 흔 돈들 많이 주잖아 농촌이라, 이넘을 으케야 새돈우 바꾸까 하므스 한국은행 직즙 찾아갓지.

그래서 돈이 조금 많아져서 그때부터는 한국은행, (계란을 팔면) 농촌이라서 헌 돈들을 많이 주잖아, 이것을 어떻게 해야 새 돈으로 바꿀까 하면서 한국은행을 직접 찾아갔지.

김 찾으가 앗고 헌 돈 잇는 글 싹 주엇어.

찾아가서 헌 돈 있는 것을 모두 줬어.

김 그러하구 나 이그 새 둔으루 줌 바꾸 주슈 햇드니 싹 바꾸 주, 두 말두 않구.

그렇게 하고 "나 이거 새 돈으로 좀 바꿔 주시오." 했더니 모두 바꿔 줘, 두 말도 안 하고.

김 아 이 그룽구나.

아, 이것이 그렇구나.

김 그이 차 돈[103] 여그서 여그믄 빳빳하지 이룽게.

그것이 새 돈이 여기에서 여기까지 있으면 빳빳하지 이렇게.

김 멫 분은 그그 잘 쓰믁읐어.

몇 번은 그것을 잘 써먹었어.

김 그린데 한분은 쓰릴[104] 맞았어.

그런데 한번은 소매치기를 당했어.

김 차 차 이케 타고 댕인디 이그 머 헛똑이지 그냥 빼 가지.

차, 차를 이렇게 타고 다니는데 이것은 뭐 헛똑똑이지, 그냥 빼 가지.

---

103 '새 돈'의 발화 실수로 보인다.

104 '소매치기'를 의미하는 일본어 'すり[掏摸]'를 발화한 것이다.

김 그랸데 그때 어딜 그 인지 처음에 내가 여 계란 장사르 해스 우리 농운에스두 많이 했으여 햇는데.

그런데 그때 어디를, 그 이제 처음에 내가 여기에서 계란 장사를 해서 우리 농원에서도 (계란 장사를) 많이 했어요, 했는데.

김 그릏하다아 이지 돈이 좀 생그스 저 므야, 자즌차르 하나 짐찰 사가지구 하니께 먹지 못하구 이끌구니게 심[105]이 부쳐 갖고 많이 신고[106] 오믄 은덕바지 같은 그 오다가스 그간디 못 견뎌서 쓰르져.

그렇게 하다가 이제 돈이 좀 생겨서 저 뭐야, 자전거를 하나 짐 (싣는) 자전거를 사서 하니까, 먹지는 못하고 (자전거를) 끌고 하니까 힘이 부쳐서, (계란을) 많이 싣고 오면 언덕바지 같은 곳에 오다가 그렇게 했는데 못 견뎌서 쓰러져.

김 쓰르지믄 기양 무 계라이 다 쓰아지.

(자전거가) 쓰러지면 그냥 뭐 계란이 다 쏟아지지.

김 긍 할 수 없이 그글 갖구 와서 집이서 저이 무야 이 이 저 그 바케치라 하나 머이나.

그러니까 할 수 없이 그것을 가지고 와서 집에서 저기 뭐야, 이 이 저 그 '바께쓰'라고 하나 뭐라고 하나.

김 그르이다 해스 끕데긴 다 버리고 그 노란자이만 해 가지우 이 놈을 으드럴징이 한 반 데믄 어떨지 몰라서 햇다가 안 데갓다구.

그릇에다가 껍데기는 다 버리고 그 노른자위만 해서 이것을 어떨 적에는 반 정도라도 (건질 수 있게) 되면 어떨지 몰라서 했는데 안 되겠더라고.

---

105 /ㅎ/구개음화가 실현되었다.

106 이 자료에서는 주로 '싫고[실코]'로 실현되는데 여기서는 '싣고[싣꼬]'로 실현되었다.

김 글 타구서 전주 가믄 다방이 잇잖아요.

그것(자전거)을 타고, 전주에 가면 다방이 있잖아요.

김 그르 모닝크피하는 데 주라고 으 싸게 줬어 첨에는.

그것을 모닝커피를 팔 때 (같이) 주라고, 어, 싸게 줬어, 처음에는.

김 아 그루니께이 깨진 그 잇으므 갖다 달래.

아 그러니까 (다방에서) 깨진 것이 있으면 갖다 달래.

김 난 손핸 보지만 그도 버리가 아까아스 그렇게 주구.

나는 손해는 보지만 그래도 버리기 아까워서 그렇게 주고.

김 그리 가지우 이 차차 해 가지구 하는디 호텔 겉은 디 인지 그긴지[107] 단골로 하 가지구 하는디.

그래서 이제 조금씩 해서 (계란을) 파는데 호텔 같은 곳에 이제, 거기를 이제 단골로 해서 (계란을) 파는데.

김 거게스 또 그 내가 싸니가 딴 사람한디 받다가 나한디 받으니까 자기네 저 자린데 받는다고 또 시비가 많아.

거기에서 또 내가 싸니까 다른 사람에게 받다가 나한테 받으니까 자기네 자리인데 (내 계란을) 받는다고 또 시비가 많아.

김 아 핸디 그 마허자믄 끌룽끌룽하는 사람끼 이그지.

아, 그런데 그 말하자면 껄렁껄렁한 사람의 이것(자리)이지.

김 핸디 낸중엔 불러.

그런데 나중에는 (깡패들이 나를) 불러.

---

107 '거기 이제'를 빠르게 발화한 것이다.

김 해서 갓드니 솔지흐니 머 얘길 하두만 나이가 곻구 그릉께.

그래서 갔더니 솔직하게 뭐 얘기를 하더구먼. 나이가 많고 그러니까.

김 아 이그 내, 내 자린데 당신이 읗는데 이제 고만 느쇼 좋게 얘기헐 적이 고만 느쇼 그르네.

"아 여기는 내 자리인데 당신이 (계란을) 넣는데 이제 그만 넣으시오. 좋게 얘기할 적에 그만 넣으시오." 그러네.

김 해서 고마이 생각하이께 내가 이그 생전[108] 허 묵을 것두 아니구 머 그 깡패들한테 그랫단 내 이게 머 어트게 델지도 모루고 해스 그라라구.

그래서 가만히 생각하니까 내가 이것을 평생 해 먹을 것도 아니고 뭐 그 깡패들에게 대들었다가는 내가 이거 뭐 어떻게 될지도 모르고 그래서 그러라고 (했어).

김 개 그 사람이 개두 거 왕초는 아주 점잖드라구 옷도 잘 입구.

그래 그 사람이, 그래도 그 왕초는 아주 점잖더라고, 옷도 잘 입고.

김 해스 그 그라라구 내 안 넣갓다구.

그래서 그러라고, 내가 안 넣겠다고 (했어).

김 그 머 거게가 아니구 머 많지.

그 뭐 거기가 아니어도 (계란 팔 곳은) 뭐 많지.

---

108 '생전(生前)'은 '살아 있는 동안'의 의미인데, 여기에서는 '죽을 때까지'의 의미로 확장되어 쓰였다.

김 핸디 옇는 디는 많아 핸디 고만이 봄 다 그 사람일 주루 다 옇든 자리야.

그런데, 넣는 데는 많아, 그런데 가만히 보면 다 그 사람(깡패)이 주로 다 넣던 자리야.

김 그래 가지우 그르 그래 가지구 어니 정도 큰 구찌[109]만 이지 주구서 이 쪼꾸만 그만 인제 갖구스 하는디.

그래서, 그래서 어느 정도 큰 지역만 이제 (깡패에게) 주고 이 조그만 것만 이제 갖고 하는데.

김 함 인제 말마따 이기 옷을 이룽게 해서 입읏는디 아이누 내릴랴구니께 흐전해.

한번은, 이제 말마따나 이 옷을 이렇게 해서 입었는데 아이구 (버스에서) 내리려고 하니까 허전해.

김 해스 이룽게 보니까 써리 맞앗네 한 뭉팅이[110]가.

그래서 이렇게 보니까 소매치기를 당했네, (돈) 한 뭉치가.

김 그잉께 아 이 유 씬뻥[111]이니께 머 빠딱해서 샌 주 알지.

그러니까 아 이거 새 돈이니까 뭐 빳빳해서 (주머니에서) 샌 줄 알았지.

---

109 '몫'이라는 뜻의 일본어 くち[口]를 발화한 것이다.

110 '뭉치'의 방언형.

111 '씬뻥'은 군대 용어 '신병(新兵)'에서 나온 속어인데, 여기에서는 '새 물건'의 의미로 확장되어 쓰였다.

김 갸스 데루 여게 뻐스를 여게 으 이스까장 오는 게 아녀 여 중간에 그 미릉밧덩인가 거기 오다가 낸중엔 여게 저 어디야 어거이 산 으 돌꼭지 그까장 왔으.

그래서 도로 여기에서 버스를, 여기에 여기 이서까지 (버스가) 오는 것이 아니야, 여기 중간에 그 '미녕밭등'인가 거기까지 오다가 나중에는 여기에 저 어디야 여기 산, 어 돌꼭지 거기까지 (버스가) 왔어.

김 그 돌꼭지 올 때 그때여.

(버스가) 그 돌꼭지까지 올 때 그때야.

김 핸디 데루 빠꾸[112]해 가지구 그이 전줄 또 갔으 가스.

그런데 도로 돌아가서 거기 전주에 또 갔어, 가서.

김 거 전주 전주 배차장이라구 있으여.

거기 전주에, 전주 배차장이라고 있어요.

김 핸디 지금은 어 그기 저 무슨 국장이드라 전즈 국장이든가 으 그 옆에가 잇엇어.

그런데 지금은 어 그것이 저 무슨 극장이더라, 전주 극장이던가, 어, 그 옆에 (배차장이) 있었어.

김 핸디 그 이 내가 대랑 딴 눔이 그 할 눔이 읎어 써리하는디.

그런데 그 이 내가 대략 (생각해 보니) 다른 사람이 그거 할 사람이 없어, 소매치기를 하는데.

112 '후진'을 의미하는 영어 'back'의 일본어 차용어 'バック'를 발화한 것이다.

김 개서 가 가지구 그땐 그 꼬 꼬마들 뫄 논 디가 있으 걔들 그 밑이 아이들.

그래서 (배차장에) 가서, 그때는 그 어린 아이들을 모아 놓은 곳이 있어, 그 사람들(깡패들) 밑에 (있는) 아이들.

김 안 나 사실 이거 겨란 장사하는데.

"아니 나는 사실 이 계란 장사를 하는데."

김 그 쟈들이 나 얼굴을 한 분 밧그든.

그 사람들이 내 얼굴을 한 번 봤거든.

김 아이 그 돈을 돈을 그 써릴 맞앗는디 이거 어득하믄 좋갓냐구 그 왕초 이름 댐스 좀 만나믄 좋갓다고 햇드니 아 그래요? 어 잠간 기다리라네.

"아니, 그 돈을, 돈을 소매치기를 당했는데 이것을 어떡하면 좋겠냐"고, 그 왕초 이름을 대면서 "좀 만나면 좋겠다"고 했더니 "아 그래요?" (하면서) 어 잠깐만 기다리라네.

김 어데스 한 돈으 한 그스길 갖다 주드라고.

어디에서 한 돈을, 한 거시기(뭉치)를 갖다 주더라고.

김 어데 지금 출장 가고 없으니까 이게라두 그므 갖구 가슈.

"(왕초가) 어디에 지금 출장을 가고 없으니까 이것이라도 그럼 가지고 가시오."

김 개 두 말두 않구 그냥 내 갖구 왓잖아.

그래서 두 말도 안 하고 그냥 내가 가지고 왔잖아.

김 그니께 그 그 사람으 득을 봔 그야 지금.

그러니까 (내가) 그, 그 사람의 덕을 본 거야, 지금.

김 왕초 이름 대니께 두 말두 않구 잠깐 기다리라구 내 이 저 잇나 보갓다오드니 출장 가구 없으니까 섭섭허니께 이그 흔 돈이라두 갖구 가람.

왕초 이름을 대니까 두 말도 안 하고 잠깐 기다리라고 내가 이 저 (왕초가) 있나 보겠다고 하더니, 출장을 가고 없으니까 섭섭하니까 이거 헌 돈이라도 갖고 가라면서.

김 그이스 그 그 댐이 뚜 한국은행 가스 바꾸다.

그래서 그, 그 다음에 또 한국은행에 가서 (새 돈으로) 바꿔다가 (집에 왔지).

조 계란은 한 난좌에 몇 개 들어가요?

김 으 열 개 열 개 이 열 개쓱 에.

여, 열 개, 열 개, 이 열 개씩 (들어가요), 예.

김 그리 난자 나왔을 즉엔 겨란을 인지 많이 줌 사 갖구 껄구서 언득까진 못 타니까 자은차라 이 밀고 오다 이 심[113]이 부치니께 저 겨란이 많 겨란이 그 그래 바두 상당히 무그요 이께 그그 멋 견뎌스 그냥 넘으짐스 알믄서두 안구 넘어지구 다 그래요.

그리고 난좌가 나왔을 적에는 계란을 이제 많이 좀 사서 끌고서, 언덕까지는 자전거라서 못 타니까, 이 (자전거를) 끌고 오다가 이 힘이 부치니까, 저 계란이 많, 계란이 그렇게 보여도 상당히 무거워요, 그러니까 그것을 못 견뎌서 그냥 넘어지는 것을 알면서도 안고 넘어지고 다 그래요.

113 /ㅎ/구개음화가 실현되었다.

김 에 그리께 머 어드럴 적 그게 넘어지믄 벌언 게 아이라 본전 까묵구 들으가니께 머.

예, 그러니까 뭐 어떨 때는 그것이 넘어지면 (돈을) 번 것이 아니라 본전을 잃고 들어가니까 뭐.

김 으 그때 이 지운[114]이 어 기 기운이 없으니께.

어, 그때는 이 기운이, 어, 기운이 없으니까.

김 아 그 계란 사라[115] 므 거이 이리두 갓댓구 머 하이튼 안 댕인 디두 없어요 낸중에는.

아 그 계란 팔러 뭐 거기 익산에도 갔었고, 뭐 하여튼 안 다닌 곳도 없어요, 나중에는.

김 에 그때는 예를 들으서 소난 가장 난 소난 그거 예를 드서 천 운 주우 가지 갓다 하믄 이천 언 받앗으.

에 그때는 예를 들어서, 소란小卵, 가장 좋은 소란, 그것을 예를 들어서 (도매로) 천 원 주고 가져가면 이천 원을 받았어.

김 그르껜 곱으라 줏지.

그러니까 배倍로 받았지.

김 그때는 그르쎄여 어수룩했어 그때만 해두 우리두 그룽지만 시내 사람들도.

그때는 그랬어요, 어수룩했어, 그때만 해도, 우리도 그렇지만 시내 사람들도.

---

114 /ㄱ/구개음화가 실현되었다.

115 '사-+-라'로 분석할 수 있다. '사-'는 문맥상 '팔다'의 의미이다.

김 깅께 그른 장사를 하지 말구 시내루 나가스 큰 장사를 햇으야 데.

그러니까 그런 장사를 하지 말고 시내로 나가서 큰 장사를 했어야 돼.

김 으 옷 장사 겉은 그 하든가 그래 햤으믄 돈 좀 벌었을 텐데.

어 옷 장사 같은 것을 하든지, 그렇게 했으면 돈을 좀 벌었을 텐데.

3. 빵 장사를 시작하다

김성빈 그 장사 그륵즈륵 하다가 무 별 하루는 콘티빵[116]이라구 옛날에 있읎어요 콘티빵 콘 콘티.

그 장사를 그럭저럭하다가 뭐 별, 하루는 '콘티빵'이라고 옛날에 있었어요, 콘티빵, 콘, 콘티.

김 근데 그 그기 뚜 이북 사람여, 이북 사람이 거 사장인데.

그런데 그 그게 또 이북 사람이야, 이북 사람이 그 (회사) 사장인데.

김 새루 인제 개업을 해스 그때 삼립빵마 오댓는데 그 양반이 또 그 해슨나리 모집을 하드라구.

새로 이제 개업을 해서, 그때 '삼립빵'만 나왔는데 그 양반이 또 그 (개업을) 해서 (직원을) 모집하더라고.

김 그랴스 아이 그름 나도 한분 가 보얏다고슨나리 에 모집하냐니까 그룷다 햇드이.

그래서 아니 그럼 나도 한번 가 봐야겠다고 허서, 어 (직원을) 모집하냐고 하니까 그렇다고 하더라고.

116 1970년대 시판되었던 제빵 업체의 상표이다.

김 그 알구 보니께 이북 사람이라구 해스 거기 들으가서 빵 장사 좀 하긴 햇죠.

그 알고 보니까 (사장이) 이북 사람이라고 해서 거기에 들어가서 빵 장사를 좀 하기는 했죠.

김 그 하 햇는데 그 양반두 여 얼마 전에 돌아가쎄요.

그 하기는 했는데, 그 양반도 이 얼마 전에 돌아가셨어요.

김 음 그런디 기게 알구 보니까 동스지간에 밀가루 공장을 저 서울스 크게 햇드마.

음, 그런데 그것이 알고 보니까 동서지간에 밀가루 공장을 저 서울에서 크게 했더구먼.

김 그니께 삼립빵하고 콘티빵하고 이게 다 연결이 데 그 집안끼리 했어.

그러니까 삼립빵하고 콘티빵하고 이게 다 연결이 돼, 그 집안끼리 했어.

김 그리 가지구 인지 빵이 인지 부패가 나믄 옛날에 안 바꾸 주는데 걸 바꾸서 올려 보내믄 처분하고.

그래서 이제 빵이 이제 부패하면 옛날에 안 바꿔 주는데 그것을 바꿔서 올려 보내면 처분하고.

김 그롷게 가지구 인지 우리 거 그때 빵집은 이 열 열 열두 멩인가 열다숫 멩인가 전주 시내 전부 하는 그 거게스 좀 근마하다가 말앗지요.

그렇게 해서 이제 우리 그 그때 빵집은 이 열두 명인가, 열다섯 명인가 전주 시내를 전부 (담당)하는 곳, 거기에서 좀 근무하다가 말았지요.

김 핸디 이 아 구 첨엔 나와스 머 할 긋두 없구 장사도 안 해 보구 첨이라 게 이케 지구 댕깄어요, 지구.

그런데 이, 아 그 처음에는 (군대에서) 나와서 뭐 할 것도 없고, 장사도 안 해 보고 처음이라, 그러니까 이렇게 지고 다녔어요, 지고.

김 첨에는 학구짝[117]에다 기 학구짝은 무슨 말 쓰나 씨유레이숀[118] 박스 잇잖아 그이 그기 탄탄하그든[119] 거기다 여 가지구 첨이 시작핸 그여.

처음에는 '학구짝'(상자)에다가, 그 '학구짝'은 무슨 말이냐면 '시-레이션' 박스 있잖아, 그것이, 그것이 탄탄하거든, 거기에 (빵을) 넣어서 처음에 시작한 거야.

김 그 씨유레이숀 내가 어퉇게 아냐믄 저 월남 갓다 온 사람들 잇잖아.

그 시-레이션을 내가 어떻게 아느냐 하면, 저 월남에 다녀 온 사람들이 있잖아.

김 내가 저 부대가 있읏기 때문에 쎄컨드 베이숑[120]이라구 미 이 사단.

내가 저 부대에 있었기 때문에, '세컨드 디비전'이라고, 미군 2사단.

김 그래스 그 씨유레이숑을 내가 먹어 먹어 보고.

그래서 그 시-레이션을 내가 먹어, 먹어 보았고.

---

117 '상자'를 의미하는 일본어 'はこ[箱]'에 접미사 '-짝'이 결합한 파생어이다.

118 미군 전투 식량 '시-레이션(C-Ration)'을 의미한다.

119 '탄탄하다'는 '무르거나 느슨하지 않고 아주 야무지고 굳세다'는 의미이다.

120 문맥상 '미군 제2 보병 사단'인 '세컨드 디비전(Second Division)'을 의미한다. '베이숑'은 '디비전(Division)'의 잘못으로 보인다.

김 또 거 아까두 이야기햇지만 의장대 근무할 즉에 비가 많이 와 가지구 다리가 그냥 절단데 가지구 보급 보급선이 와 가지구 쌀하구 씨유레이숑하구 소금하고.

또 그 아까도 이야기했지만 의장대에 근무할 적에 비가 많이 와서 다리가 그냥 절단돼서, 보급, 보급선이 와서 쌀하고 시-레이션하고 소금하고 (갖다 줬어).

김 기때 한참은 쌀하고 소금하고 소음국이다 먹다가 낸중엔 씨유레이숀이 미군이 오믄서 그 고문관이 오니까 씨유레이승 갖다 주서.

그때 한참 동안은 쌀하고 소금하고 (해서) 소금국에 (밥을) 먹다가 나중에는 시-레이션이, 미군이 오면서, 그 (미군) 고문관顧問官이 오니까 시-레이션을 갖다 줘서 (먹었지).

김 한 사라 앞에 이 한 박쯔믄 머 머 미칠 먹지도 못해.

한 사람 앞에 이거 한 박스면 뭐, 뭐 며칠 먹지도 못해.

김 그이 낸중에 또 쌀이 또 갖다 주그래서 쌀하구 소금하구 갖 갖다 주스.

그래서 나중에 또 쌀을 또 갖다 주고 그래서, 쌀하고 소금하고 갖다 줘서.

김 머 딴 그 부식두 읎구 그땐.

뭐 다른 그 부식도 없고 그때는.

김 그때 군대 생활하는 사람들이 고생 많앗지.

그때 군대 생활하는 사람들이 고생 많았지.

4. 장사에 소질을 보이다

한영숙 직읍이 너머 많아 갖고 첨이는 동양 미장원이라고 미장원을 해다가 또 미장언 하다 그 담이 또 저기르 잔사핸데 집은 하나 또 져 갖고 하숙을 치루다가 하숙 치르다가.

직업이 너무 많아서 처음에는 동양 미장원이라고 미장원을 하다가 또 미장원을 하다 그 다음에 또 저것 장사했는데, 집을 하나 또 지어서 하숙을 치다가, 하숙을 치다가.

한 그 암이 또 영감이 또 망해즈가, 망해 믁으 갖구 이승만 박슬 땐디 그 대하 양식장 만든다고 그 정부에스 융자해준대는디 공사한다구 맨 어질러만 낳구서 융자를 못 받았어.

그 다음에 또 영감이 또 망해서 망해 먹어서, 이승만 박사일 때인데 그 대하 양식장을 만든다고 그 정부에서 융자를 해 준다는데 공사한다고 맨 어질러만 놓고 융자를 못 받았어.

한 그 이승만 대통 있을 때 못 받구스는 부도가 난 거여.

그 이승만 대통령 있을 때 (융자를) 못 받고서는 부도가 난 거야.

한 그릉께 집을 다 팔게 생겼어.

그러니까 집을 다 팔게 생겼어.

한 그리서 영감 몰루게 내가 집 새루 징언 집을 말야 팔았어.

그래서 남편 모르게 내가 집을 새로 지은 집을 말이야, 팔았어.

한 팔아가서 인자 빗을 싹 갚아 버리고 점포를 하나 얻었어.

팔아서 이제 빚을 모두 갚아 버리고 점포를 하나 얻었어.

한 담뱃 가게도 하고 요새 그 이서 수퍼가 고만 정도 데는 가게를 하나 또 만들었어.

담배 가게도 하고, 요새 그 이서에 (있는) 슈퍼 그만한 정도 되는 가게를 하나 또 만들었어.

한 만들고 장사해 가주구 계를 들읏는디 곗돈을 탔어.

만들고 장사를 해서 계를 들었는데 곗돈을 탔어.

한 또 곗돈 타 가지구 이자 그 이 시청 지금 현재 익산이 시청 잇는 디 거기 시청 지나 땅을 막 사구 그를 땐디 거 곗돈 탄 그 갖구 거이 옆이다가 땅들을 샀으 내가.

또 곗돈을 타서 이제 그 이 시청, 지금 현재 익산에 시청 있는 데 거기에 시청 지나서 땅을 막 사고 그럴 때인데, 그 곗돈 탄 것을 가지고 거기 옆에다 땅들을 샀어, 내가.

한 근디 그 땅이 많이 올랐어.

그런데 그 땅이 (값이) 많이 올랐어.

한 그스 집 짛어 가지고 집 짛어서 그르게 팔앗는디 우리 OO가 그 돈을 갖고 OOO라고 또 OO가 미국으로 도망갔어 또 돈 갖고.

그래서 집을 지어서 집 지어서, 그렇게 팔았는데, 우리 OO가 그 돈을 가지고, OOO라고 또 OO가 미국으로 도망갔어 또, 돈을 가지고.

한 나두 별 사연이 다 있어 하이튼 그룹게 살았어.

나도 별 사연이 다 있어 하여튼, 그렇게 살았어.

한 살구 여기 왓는디 여가 땅 사구스는 땅금[121] 많이 올랏지.

살고 여기에 왔는데 여기에 땅을 사고는 땅값이 많이 올랐지.

한 그때 칠천 언인가 주구 샀을 기야, 우리 땅 샀을 대 우리 이사 왔을 때.

그때 칠천 원인가 주고 샀을 거야, 우리가 땅을 샀을 때, 우리가 이사 왔을 때.

안옥봉 우리는 시방 그 연수언 잇는 디 그 땅 있을 때 그그 이천 평 살 때는 고고 살 둔두 읎댓으.

우리는 지금 그 (행정) 연수원 있는 곳, 그 땅이 있을 때, 거기 이천 평을 살 때는, 그것을 살 돈도 없었어.

안 삼십오 은인가 삼십 삼십오 은인가 샀을 기야.

삼십오 원인가, 삼십, 삼십오 원인가에 샀을 거야.

안 고롷게 샂댓어요.

그렇게 샀었어요.

안 그때야 므 땅들 팔고 사는 글 알앗나으.

그때야 뭐 땅을 팔고 사는 것을 알았나요.

한 그른 나는 거기 소질이 있으 아이튼.

그런데 나는 거기(장사)에 소질이 있어 하여튼.

안 무즈근 땅을 산만 있으믄 그냥 삽으루 일우갖고

무조건 땅을, 산만 있으면 그냥 삽으로 일궈서.

---

121 '땅 + -금'으로 분석할 수 있다. '-금(金)'은 '돈'의 뜻을 더하는 접미사이다.

안 우리 그것드 영감이 멫 달을 일웃는가 몰라

우리 그것(밭)도 남편이 몇 달을 일궜는지 몰라.

안 삽으루 일어스 자리 잡아 갖고 빈 땅 있으니께.

삽으로 일궈서 자리를 잡아서, 빈 땅이 있으니까.

안 일우 갖구스 그그 맨날 가스 떼 뿌리 뜰었으 그그 방죽밧 있을 때는.

일궈서, 거기에 매일 가서 떼 뿌리 뜯어냈어, 거기 방죽밭 있을 때는.

조 떼 뿌리를 떨어내야 해요?

안 떼 뿌릴 캬 내야 물 곡식을 심을 그 아네 에 그그 헉을 털어야.

떼 뿌리를 캐 내야 뭐, 곡식을 심을 거 아니에요, 예, 그거 흙을 털어 내야.

안 맨날 거거만 하댓는디.

매일 그것만 했는데.

05
농사를 짓다

1. 보리 농사

조 보리는 언제 심어요?

최창섭 봄에 뭐 가올, 늦가올에 심엇다 겨울 나서 봄에 또 싹 올라오잖아요.

봄에 뭐, 가을, 늦가을에 심었다가 겨울 지나고 봄에 또 싹이 올라오잖아요.

최 하먼 한 싹 올라오먼 그담 말허자먼 보릴 다 베서 쌂아 먹었어요.

그러면 싹이 한 번 올라오면, 그 다음에 말하자면 보리를 다 베서 삶아 먹었어요.

조 보리를 베서 삶아 드셨다고요?

최 나물 겸 쌂아서 먹엇다네.

나물 겸 삶아서 먹었다니까.

최 보리쌀알 먹나요.

보리쌀알을 먹나요.

최 거때만 해도 보리 기냥 어멍 지거 이렇게 올라온 거 베서 기양 다 쌂아서 기냥 다.

그때만 해도 보리를 그냥 어먼 지거[122] 이렇게 올라온 것을 베서 그냥 다 삶아서 그냥 다 (먹었어요).

조 보리가 여물기도 전에 먹어요?

최 그렇죠, 아 싹 나기 전에.

그렇죠, 아 싹이 나기 전에.

최 아 그라믄서 살안 게 이 지금 이릏게 살죠.

아 그러면서 산 것이 지금 이렇게 살죠.

최 여게 주민들 돈도 많이 받고 정부 도움 많이 받으면서 이렇게까지 살죠 지금.

여기 주민들 돈도 많이 받고 정부 도움을 많이 받으면서 지금 이렇게까지 살죠.

조 근데 그거 베 버리면 나중에 보리쌀은 못 먹는 거잖아요.

최 나주 곁가지 또 올라오죠 중간 지즘이야죠 중간.

나중에 곁가지가 또 올라오죠, (자르는 것은) 중간 지점이어야죠, 중간.

---

122 의미 불명.

조 중간을 베면 싹이 또 나와요?

최 예, 거 중간에서.

예, 거기 중간에서 (싹이 나와요).

최 중간 빗으니까 속이 속은 살아 잇응게 주 또 올라오죠.

중간을 베었으니까 속이, 속은 살아 있으니까 저 또 (싹이) 올라오죠.

최 거기서 싹이 올라와서 보리가 되구.

거기에서 싹이 올라와서 보리가 되고.

조 그럼 그것은 이제 타작을 하는 거예요?

최 타작 낫으로 베어다가서 말류서.

타작은 낫으로 베어다가 말려서 (해요).

최 말하자믄 지팽이 겉은 막, 막대기로 쳐서.

말하자면 지팡이 같은 막, 막대기로 쳐서 (타작해요).

조 지팡이 같은 막대기로 쳐요?

최 예.

예.

조 타작하는 그 막대기도 이름이 있나요? 도리깨라고 하나요?

최 처음에야 뭐 또리깨나 잇읏나 이 막대로 기냥 쳇지.

처음에야 뭐 도리깨나 있었나? 막대기로 그냥 쳤지.

최 그르 지팡이겉이 막 쳐서.

그럼, 지팡이같이 (생긴 것으로) 막 쳐서.

최 하다 나중엔 홀태라고 이게 생긴 거 그게 생겨가주구 거그서 홀태로 훑구 다 그러먼서 살앗죠.

그러다가 나중에는 벼훑이라고 이렇게 생긴 것, 그것이 생겨서 거기에서 벼훑이로 훑고 다 그러면서 살았죠.

최 그렇게 정부 도움도 많에 받고 지금까지 살안 게 다 다 정부 도움 받아서 살죠 뭐.

그렇게 정부의 도움도 많이 받고, 지금까지 산 것이 다 정부의 도움을 받아서 산 것이죠, 뭐.

최 그때 생각하먼 말도 말로 이루 못해요.

그때를 생각하면 말로 이루 (다) 못해요.

최 지금 즘 많이 괜앟아졌으니까 얘기라도 하지.

지금은 좀 많이 괜찮아졌으니까 얘기라도 하지.

2. 호밀, 고구마 농사

조 여기 오셔서는 농사 지으면서 사신 거예요?

배심연 그게 농사 질 줄 몰리닝께 첨에는 무 진짜 애 많이 먹엇지.

그것이 농사를 지을 줄 모르니까 처음에는 뭐 진짜 애를 많이 먹었지.

배 하고 어른들 계시니께 무 그릏게 머 시아부님 계시고 어른들 계시니께 그릏게 그때는 므이 일 그릏게는 안 햇지.

그리고 어른들이 계시니까 뭐 그렇게, 뭐 시아버님 계시고 어른들이 계시니까 그렇게 그때는 뭐 일을 그렇게는 안 했지.

배 그른데 이 나중인 무 배고우니께 해야지 뭐 어뜷게 여그스 사니께 해야지.

그런데 이 나중에는 뭐 배고프니까 해야지 뭐 어떻게, 여기에서 사니까 해야지.

배 그때는 여기 호밀 호밀하고 고고마.

그때는 여기에 호밀, 호밀하고 고구마.

조 호밀하고 고구마를 심으셨어요?

배 그럼 호밀하고 고고마 그때 심을 때야.

그럼, 호밀하고 고구마를 그때가 (한참) 심을 대야.

배 안 므 딴 거 데지도 않댔으.

안, 뭐 다른 것은 되지도 않았어.

배 에 나중이는 인제 보리두 심구 므 스숙[123]두 심구 다 그릏게 햇지.

에, 나중에는 이제 보리도 심고 뭐 조도 심고 다 그렇게 했지.

---

123 '조'의 방언형. 자료 제공인에 따르면, '서숙'은 전라도 방언형이고, 황해도에서는 '조'라고 부른다.

배 음, 땅이 무 거때만 해두 머 거름 잡구[124] 사스 다 주구 해대는디 머 그른 그 못하니께 땅이 안 조니께 이지 안 데이까 호밀은 잘 데잖아.

음, 땅이 뭐 그때만 해도 뭐 거름을 내고 사서 다 주고 해야 되는데 뭐 그런 것을 못하니까, 땅이 안 좋으니까 이제 안 되는데, 호밀은 잘 되잖아.

배 그링게 호밀 심구 고구마 심고.

그러니까 호밀 심고 고구마 심고 (그랬지).

3. 배 농사

(조) 이제 지금은 농사 안 하시고 사세요?

배심연 농사 쫌 하지.

농사 조금 짓지.

배 배 밧으 긍게 배 밧 그거 하고 제 좀 큰 그는 남 부치라구 주구 쪼꼼 이제 장년[125]삼아 하지 하는 그지.

배 밭에, 그러니까 배 밭 그거 (짓지), 그리고 저 좀 큰 것은 남에게 지으라고 주고 조금 이제 장난삼아 하지, 하는 거지.

배 고구마드 쪼끔 심으 먹고 꼬추드 즘 심고 콩두 즘 심구 다 할라구.

고구마도 조금 심어 먹고 고추도 좀 심고 콩도 좀 심고 다 하려고.

---

124 표준어에서는 '거름'과 '주다, 내다'가 연어 관계를 형성하는데, 여기에서는 '거름을 잡다'로 사용되는 것이 특징적이다.

125 '장난'의 방언형. ≪한민족≫에는 '장난'의 황해도 방언형으로 '장냥'이 보고되어 있다.

배 무 쪼끔씩 즈기하니께 머 놀아 가므스 이제는.

뭐 조금씩 저기하니까 뭐 놀아 가면서 이제는 (하지).

배 거 이 작년부틈, 나두 이 배 싸라 많이 다늤으, 배 솎오고 머 싸고 고롷게 당겼는데 작는부틈 고만둤으.

그 이 작년부터, 나도 이 배 싸러 많이 다녔어, 배도 솎고 뭐 싸고 그렇게 다녔는데, 작년부터 그만뒀어.

배 작년부트 아 요제 편안히 먹고 살자.

작년부터 '아 이제 편안히 먹고 살자.' (생각하고 그만뒀지).

배 나두 지금 우리 아저씨가 지금 한 이십 년 넘엇네 이십 년 이십오 년 넘엇나.

나도 지금 우리 아저씨가 지금 한 이십 년 넘었네, 이십 년, 이십오년이 넘었나.

배 오도바이 사고 거 거 배나무 전지하라 다닌다고 오도바이 사고 나갖고서는 죽는다고 그 햇는디 구두 살아나서 일을 못해.

오토바이 사고, 그 배나무 가지치기하러 다닌다고 (가다가) 오토바이 사고가 나서는 죽는다고 그랬는데 그래도 살아나서, 일을 못해.

배 그때부틈 내가 논농사두 내가 짛구 비료 다 뿌리고 과수원두 내가 이제 저기 그 배나문 많지 않으니까 거저 내가 전지도 하구, 음, 전지 다 하구.

그때부터 내가 논농사도 내가 짓고 비료도 다 뿌리고, 과수원도 내가 이제 저 그 배나무는 많지 않으니까 그저 내가 가지치기도 하고, 음, 가지치기 다 하고.

배 사람 사스 하, 할라고 핫드니 모 또 거 멀리들 댕기는 사람들 사스 하기도 그렇고 해스 그냥 올해도 내가 그냥 하구 말아.

사람을 사서 하려고 했더니 뭐 또 그 멀리에서들 다니는 사람들을 사서 하기도 그렇고 해서 그냥 올해도 그냥 내가 하고 말아.

배 좀 해 달라구 햇다가 그그 나가기 시작해서 내가 그냥 아이 짤르고 말자.

좀 해 달라고 했다가 거기에 나가기 시작해서 내가 그냥 아이고 자르고 말자.

조 그렇게 하시면 몸이 아프고 그러지는 않으세요?

배 아이 그렇지는 않는데 하기 시작흐믄 또 재밌어.

아니 그렇지는 않은데, 하기 시작하면 또 재미있어.

배 하나 둘 이제 끊기 시작하므 또 재미가 나스 하는 그지.

한 개, 두 개 이제 자르기 시작하면 또 재미가 있어서 하는 거지.

조 나무가 몇 주나 되시는데요?

배 복숭나무하구 배나무하구 한, 배나무는 크구, 배나무가 스물여슷 나문가 데나?

복숭아나무하고 배나무하고 한, 배나무는 크고, 배나무가 스물여섯 나무 정도 되나?

배 하고 복숭나무 잇고.

그리고 복숭아나무 있고.

조 그럼 언제쯤 가지치기를 시작해요?

배 이 배 따구 이제 시한[126]에들 많이들 하지.

이 배를 따고 이제 겨울에들 많이들 하지.

배 배 따구 이제 이 머 십일울달부트 하는 사람두 잇고 개 봄 내동[127] 하 해.

배를 따고 이제, 뭐 11월부터 하는 사람도 있고 그래 봄 내내 해.

배 요좀 날까장두 댕기는 사람들은 댕겨.

요즘까지도 (가지치기하러) 다니는 사람들은 (하러) 다녀.

조 지금[128] 가지치기를 하면 너무 늦은 거 아니에요?

배 거 넞지 요즘날 하는 그는 저 너 너머 늦지.

그 늦지, 요즘 하는 것은 저, 너무 늦지.

배 그 전지해고 이젠 나모가지 이르게 샛가지 놔두믄 그놈을 또 잡아다 쉬어서 묶구.

그 가지치기하고 이제는 나뭇가지 이렇게 핫가지를 놔두면 그것을 또 잡아다가 휘어서 묶고.

조 가지를 왜 묶어요?

---

126 '겨울'의 방언형.

127 '내내'의 방언형.

128 조사 시기는 '7월 경' 이었다.

배 어 그그 묶으야 배나무가 헌덜리지두 않구 고루 이제.

어, 그것을 묶어야 배나무가 흔들리지도 않고 (햇볕이) 골고루 이제 (들어와).

배 아 이룽게 햇가지를 이제 새로 이제 이룽게 큰 놈을 하나씩 이제 쓸 만한 거 이제 놔 두 갖고 고놈을 묶읏다가스는 그놈을 키워.

아 이렇게 햇가지를 이제 새로 이제 이렇게 큰 것을 하나씩 이제 쓸만한 것을 이제 놔 두고 그것을 묶어서는 그것을 키워.

배 그늠 키우 갖고 고놈으로 또 배가 달리믄으 이제 저기하고 그리지.

그것을 키워서 그것에 또 배가 달리면 이제 저기하고 그러지.

(조) 바람에 흔들리지 말라고 묶는 거예요?

배 그, 그럼, 이룽게 서 잇는 넘을 이룽게 배나무는 이룽게 다 쉬어스 다 묶잖아.

그럼, 이렇게 서 있는 것을 이렇게, 배나무는 이렇게 다 휘어서 다 묶잖아.

배 해니게 그룽게 배나무 다 그릏게 쉬어서 묶지.

그러니까 그렇게 배나무를 다 그렇게 휘어서 묶지.

배 지검 저기하니께 이제 솎으고 싸는 그는 인제 어니 정도 이룽게 좀 큰 댐에 요 종도 데믄은 이제 싸지.

지금 저기하니까 이제 솎고 (종이 봉투로) 싸는 것은 이제 어느 정도 이렇게 조금 큰 다음에 이 정도 되면 이제 싸지.

배 쇆는 그는 이제 여만해스부텀 쇆우고.

쇆는 것은 이제 이만해서부터 쇆고.

배 쪼꾼해스부틈 이지 쇆으고.

조그마할 때부터 이제 쇆고.

배 잉게 이지 일 댕기는 사람들은 한 집 두 집 다 그르 그 할라니게 좀 일찌가니 하는 사람도 잇구 쪼금 느 크기 전 큰 댐에 쇆으는 사람두 잇구 고러지.

그러니까 이제 (남의) 일을 다니는 사람들은 한 집 두 집 다 그렇게 그 하려니까 좀 일찌감치 하는 사람도 있고, 조금 늦, 크기 전, 큰 다음에 쇆는 사람도 있고 그러지.

조 6월까지 쇆아요?

배 그르지 늦게 쇆으는 근 이제 칠 얼달까장 쇆오지.

그렇지, 늦게 쇆는 것은 이제 7월까지 쇆지.

배 유 얼달에 대개 다 많이 쇆아.

6월에 대개 다 많이 쇆아.

배 그른 때 그때 쇆고스 이지 싸기 시작하지.

그런 때 그때 쇆고 이제 싸기 시작하지.

조 7월에 쇆으면 알이 너무 커서 쇆기 아깝겠네요.

배 그래두 둘 만큼 두야지 배는 너머 배게[129] 두믄 못 쓰.

그래도 남길 만큼만 남겨야지 배는 너무 배게 남기면 못 써.

배 개서 어니 정도 요 종도들 놔두고 자기 자기로 이뤄제.

그래서 어느 정도 이 정도를 놔두고 잘게 잘게 이렇게 하지.

배 이 정도는 놔둬.

이 정도씩은 놔둬.

배 지 아까와스 저기한 사람들은 배기 놔두는데 못 쓰 배게 나두믄 배 짝아서.

이제 아까워서 저기한 사람들은 배게 놔두는데 못 써, 배게 놔두면 배가 작아서.

조 배는 거의 추석이 대목이죠?

배 추석에 많이 따서 팔지.

추석에 많이 따서 팔지.

배 해스 추석이 파는 그넌 예 약을 꼭대기다가 약을 발라.

그래서 추석에 파는 것은 여기에 약을 꼭지에다 약을 발라.

배 그르믄 그놈이 그 크는 거 응.

그러면 그것이(배가) 그 크는 것, 응.

배 개 추석이 따스 파는 근 이제 약을 발르지.

그래 추석에 따서 파는 것은 이제 약을 바르지.

---

129 '배다'는 '물건의 사이가 비좁거나 촘촘하다'는 의미이다.

조 그럼 추석 후에도 배가 많이 나와요?

배 추서 후에는 이제 대개 또 그때는 저장시켜 으.
추석 후에는 이제 대개 또 그때는 저장시켜, 어.

배 파는 사람들은 팔고 이지 약간[130]으루 이제 나가고 그르지.
파는 사람들은 팔고 이제 공판장으로 이제 나가고 그러지.

배 하구 므 소매들 하는 사람들도 하구 그러는데 대개 추슥에 팔구는 이지 저장 배로 저갸는데[131] 약간으루 그때는 약간으루 많이 머 추석 전에도 따스 파는 그 약간으루 많이 나가지.
그리고 뭐 소매들을 하는 사람들도 하고 그러는데 대개는 추석에 팔고 이제 저장 배로 저기하는데 공판장으로, 그대는 공판장으로 많이, 뭐 추석 전에도 따서 파는 것은 공판장으로 많다 나가지.

배 약간으로 많이 나가오 다 배는 약간으루 많이 나가니께.
공판장으로 많이 나가고 다, 배는 공판장으로 많이 나가니까.

조 공판장으로 안 나가고 소매로도 팔고요?

배 소매르도 하는 사람들이 잇고.
소매로도 하는 사람들이 있고.

배 시장에 가스 소매르.
시장에 가서 소매로.

---

130 문맥상 '공판장'을 의미한다.

131 '저기하는데'의 줄임말이다.

조 시장은 여기서 가면 어디로 가는 거예요?

배 전주 남부시장에들 여기스 여그는 남부시장 가.
전주 남부시장에들 여기서, 여기는 남부시장에 가.

조 남부시장에 깔아 놓고 파세요?

배 거 남부시장에 다리에 근너가는 데 거기들도 많이 앉구 팔고 쩌 이 그케 거 그 저기 잇잖아 그 다리 밑이로 물가에 옆우로 걸루들 또 놓고들 거 밑이로 내리가서 골로 놓구 파는 사람들두 많고 그래.
그 남부시장에 다리 건너가는 데 거기에서도 많이 앉아서 팔고, 저 이 그렇게 거 그 저기 있잖아, 그 다리 밑으로 물가 옆으로 거기에들 또 놓고들, 그 밑으로 내려가서 거기에 놓고 파는 사람들도 많고 그래.

배 거가믄 머 장사꾼들이 머 겁나.
거기에 가면 뭐 장사꾼들이 뭐 많아.

배 나두 요 존날 호박 큰 놈 두 개 따 놘 그 잇는데 머 거거 먹지두 못하고 버리자니 아까웁고래스 거눔을 갖구 갔어.
나도 이 전날에 호박 큰 것 두 개 따 놓은 것이 있는데 뭐 그거 먹지도 못하고 버리자니 아깝고 그래서 그것을 가지고 갔어.

배 가서 가니께 장사꾼들이 찾아와서 시내이선 저 시내뻐쓰 내링께서 얼마 주냐 해 만 언씩 주라구 햇드니 두 개 만우천 언 준대.
가서 가니까 장사꾼들이 찾아와서 시내에서, 저 시내버스에서 내리니까 거기에서 얼마냐고 해서 만 원씩 달라고 했더니 두 개에 만오천 원 준대.

배 개서 아이 그르라구 만우천 원 두 개 만우천 원 받아 갖구 왔지 에 넑은 호박.

그래서 아이 그러라고, 만오천 원 두 개에 만오천 원 받아서 왔지, 예, 늙은 호박을.

조 무거운데 어떻게 들고 가셨어요.

배 아 그 이기 지 시장에 댕기는 그 구르마[132] 있어.

아 그 이게 저 시장에 다닐 때 (쓰는) 수레가 있어.

배 껄구 댕이는 거기다 싣구서는 이제 갓지.

끌고 다니는 거기에다 싣고서 이제 갔지.

조 여기 처음 오셨을 때부터 남부시장으로 다니셨어요?

배 그에 남부시장 여게는 남부시장밖에 몰라.

거기 남부시장, 여기는 남부시장밖에 몰라.

조 여기 효자동에도 무슨 시장이 있잖아요.

배 거으 걸룬 잘 안 가 남부시장이 가지.

거기 거기로는 잘 안 가, 남부시장에 가지.

---

132 '수레'를 의미하는 일본어 'くるま[荷車]'를 발화한 것이다.

배 아이 여이 효자동에 잇어두 가차와두 걸룬 잘 안 가 남부시장으루 가지.

아니 여기 효자동에 (시장이) 있어도 가까워도 거기로는 잘 안가, 남부시장으로 가지.

배 남부, 그름 거기 더 커 얼데[133].

남부, 그럼 거기가 더 커 훨씬.

배 여기는 별루 시장 짝아.

여기(효자동 시장)은 별로 시장이 안 커.

배 하구 걸루 가야 또 팔아묵기두 좋고.

그리고 거기(남부시장)으로 가야 또 팔아먹기도 좋고.

조 처음 이 마을 생겼을 때도 장 같은 거 보려면 남부시장까지 가셨어요?

배 걸루 가 남부시장어로.

거기로 가, 남부시장으로.

배 장 보라 가두 다 남부시장으루 다녀.

장 보러 가도 다 남부시장으로 다녀.

배 첨에는 그땐 차 없응께 그때 걸어 다녓지만은 그 돔에 또 차가 생김서부터 시내뻐서.

처음에는 그때는 차가 없으니까 그때는 걸어 다녔지만 그 다음에 또 차가 생기면서부터 시내버스.

---

133 '월등히>얼등히>얼덩히>얼뎅히>얼뎅이>얼데'와 같이 활음 탈락, 중모음화, 움라우트, /ㅎ/탈락, 비모음화가 일어났다.

배 긍게 여기스 어데 가냐믄 저 돌꼭지라는 데 거게 가서 걸어가서 거기스 타고 가고 거까장 오고 그래서 또 이케 맪이 걸어 다니고 햇는데 이지는 여긔[134]까장 오니까.

그러니까 여기에서 어디에 가냐면, 저 돌꼭지라는 곳 거기에 가서, 걸어서 가서 거기에서 (버스를) 타고 가고, 거기(들꼭지)까지 오고 그래서 또 이렇게 많이 걸어 다니고 했는데 이제는 여기까지 (버스가) 오니까.

조 여기서 남부시장까지 걸어가려면 얼마나 걸려요?

배 걸으갈라믄 진짜 저게야 물제.

걸어가려면 진짜 거기야 멀지.

배 그래도 어뜩해 그때는 차가 없을 때니께 글어 다느야지.

그래도 어떡해, 그때는 차가 없을 때니까 걸어 다녀야지.

134 하향 이중 모음으로 실현되었다.

06 식모살이를 하다

1. 군산에서 식모살이를 하다

안옥봉 이그 군산으루 와 가지구스는 군산서도 기 살 때라 그른가 군산 와 가지구 그 담날 그 동네 이장이 오라가대요 나를 왜.

여기 군산으로 와 가지고서는, 군산에서도 그렇게 살 때라 그런가, 군산에 와 가지고 그 다음날 그 동네 이장이 오라고 하대요, 나를 왜.

안 기스 갓드니 저이 집스 애기 봐 주구 살으래요.

그래서 갔더니 자기 집에서 아기를 봐 주고 살래요.

안 밥 먹구 인자.

밥도 먹고, 이제.

안 그때야 머 돈들 주엇어요?

그때야 무슨 돈들을 줬어요?

안 내 모 입만 살믄 데지.

내 뭐 입만 살면 되지.

안 이 그룹게 살다가 열아홉 열야달 살 먹으서 그집이스 그룹게 오래 살앗에요 식무를.

이, 그렇게 살다가 열아홉, 열여덟 살 먹어서, 그 집에서 그렇게 오래 살았어요, 식모로.

안 살다가 그 집이스 비 오는 날 저 장엘 갔어요.

그 집에서 살다가 비가 오는 날에 저 시장에 갔어요.

안 모 반찬그리 사라 간다므스 갓는디 아이 우리 사춘 언니가 보이네 거기서 큰옴마네 딸이.

무슨 반찬거리를 사러 간다고 하면서 갔는데, 아니 우리 사촌 언니가 보이네 거기에서, 큰엄마네 딸이.

안 장드 못 보고 언니만 만나서 너머 반가워서 그냥 얘기하다가는 큰엄마이가 왓다네 또.

장도 못 보고 언니만 만나서 너무 반가워서 그냥 얘기하다 보니 또 큰어머니가 왔다네.

안 큰엄마이는 고향스 또 피란 안 나왓댓어요.

큰어머니는 고향에서 또 피란을 안 나왔었어요.

안 게래 가지구스 큰음마이 마 즈 언니랑 만나 가지군 큰엄만네 집 갓다가서 저녁 때 오니께 쥔 아줌마가 넌 어데까지 갓다 오냐고 함스.

그래서 큰어머니 만, 저 언니랑 만나가지고는 큰어머니네 집에 갔다가 저녁 때 오니까 주인 아주머니가 넌 어데까지 갔다 오냐고 하면서.

안 개스 그 얘기 죽 햇드니 너이 엄마랑은 안 왓다디 그래.

그래서 그 얘기를 쭉 했더니 "너희 엄마는 안 왔다고 하대?" 그래.

안 안 왓다고 그랫드니 그래 가지우 큰음마하구 살다가 시집 왓지유 머.

안 왔다고 그랬더니, 그래서 큰엄마하고 살다가 시집을 왔지요 뭐.

안 시즙 와 가지구.

시집 와 가지고.

안 긍게 어려스는 넘에 집만 살앗으니까 고생은 많이 햇쥬.

그러니까 어려서는 남의 집에만 살았으니까 고생은 많이 했죠.

안 그 집이스 살므서 긍에 애기 봐 주고 밭이[135] 일할 그 있으믄 같이 가 아줌마하고 돕도 해주고 빨래하고 집 청소하고 그그는 햇죠.

그 집에서 살면서 그러니까 아기 봐 주고 밭에 일할 것이 있으면 같이 가서 아주머니를 돕기도 하고, 빨래하고 집 청소하고 그것은 했죠.

안 그때만 해두 므 나이가 좀 열다슷 열여슷이니께 그른 그나 해 즈그 살다가.

그때만 해도 뭐 나이가 좀 열다섯, 열여섯 살이니까 그런 것이나 해 주고 살다가.

안 또 거기 잇다가스두 또 안 데게 생기싱게 그 군산으루 와 가지그 그 쥔아저씨가 군산 시내루 가먼 서울 피란민이 있으니까 그 집에가 식몰 구할라구 하는디 저희 딸츠럼 키울 사람을 구한대요.

또 거기에 있다가 또 안 되게 생겼으니까 그 군산으로 와서, 그 주인 아저씨가 군산 시내로 가면 서울 피란민이 있으니까 그 집에서 식모를 구하려고 하는데 당신네 딸처럼 키울 사람을 구한대요.

---

135 [바티]. 이 자료에서 '밭'은 모두 '밧'으로 실현되는데, 여기에서는 '밭'으로 실현되었다.

안 그래 갖구 나를 굴로 보내드라고요.

그래서 나를 그리로 보내더라고요.

안 핸디 아들만 넷인디 진짜 가니께 저이 딸처럼 그냥 그룹게 잘해 주댓으요.

그런데 (그 집에) 아들만 네 명인데, 진짜 가니까 자기 딸처럼 그냥 그렇게 (나에게) 잘해 줬어요.

안 친음마도 그룹게 못해요.

친엄마도 그렇게 못해요.

안 그룹게 잘해 주댓으여.

그렇게 잘해 줬어요.

안 내가 안간디 그 집이스 사는디 그 문패를 그 시내는 문패하잖아요.

내가 (성이) '안'가인데, 그 집에서 사는데, 그 문패를, 그 시내는 문패하잖아요.

안 문패에다가서 단다 하길래 나가스 쳐다 보니께 내가 안간디 이억봉[136]이라고 써 붙읎어요.

문패에다가, (문패를) 단다고 하기에 나가서 쳐다 보니까 내가 (성이) 안가인데 이옥봉이라고 써 붙였어요.

안 성을 갈았어여 내 성을.

성을 갈았어요, 내 성을.

136 자료 제공인의 이름이다.

안 개스 아니 성 갈암 어특한대 하구스 있다 큰음마한티 가스 이만즈 만해스 그릿다니께.

그래서 '아니, 성을 갈면 어떡하지.' 하고 있다가 큰엄마에게 가서 이만저만해서 그랬다고 하니까.

안 "야 그근 안 덴다." 거먼서 나오라가네.

"야 그것은 안 된다." 그러면서 (그 집에서) 나오라고 하네.

안 이 집이스 놓아주야 오죠.

이 집에서 놓아줘야 오죠.

안 안 나 주 못 나가게 하니께 큰엄마이가 그때는 거짓말을 했어요 나를 빼바낼라니까.

안 놓아 주, 못 나가게 하니까 큰어머니가 그때는 거짓말을 했어요, 나를 빼내려니까.

안 우리 친정엄마이가 목포가 왓는데 딸 보구 싶으다니께 좀 데리꼬 가갓다니께 그룽게 가주마가[137] 갓다가 온다가는디도 내아다보므스 울드라고요.

우리 친정어머니가 목포에 왔는데 딸을 보고 싶다고 하니까 좀 데리고 가겠다니까 그렇게 그 아주머니가 갔다가 온다고 하는데도 내다보면서 울더라고요.

안 가 가지구스는 큰옴마가 딴 집이다 보낸 거예요.

가서는 큰엄마가 다른 집에다가 보낸 거예요.

안 당신이 디리구두 못 잇고.

(큰엄마) 당신이 데리고 있지도 못하고.

---

137 '그 아줌마'가 줄어든 것이다.

안 그래 가지오 그 집이스 그글 숨으 댕겻어요.

그래서 (새로 온) 그 집에서 그것(예전 집)을 (피해) 숨어 다녔어요.

안 군산스도 그 사람 나 보까봐.

군산에서도 그 (예전 집) 사람이 나를 볼까봐.

안 보믄 잽흐갈 그 아네요.

나를 보면 잡혀갈 거 아녜요.

안 그래 가지그 석 달을 숨으 댕겼어요.

그래서 석 달을 숨어 다녔어요.

안 낮에는 바깥출입을 일절 못하고.

낮에는 바깥출입을 전혀 못하고.

안 거 아덜들한티라두 뵈까바.

그 (예전 집) 아들들에게라도 보일까봐.

안 그래 가지구슨 댕기다가스 비는 한 낮이 오길래 이 시장 보러 가는데 우산 씨면 몰루갓지 하구선 우산 씨고 갓다 왓드니 아 학생이 봔 모냥이에여.

그렇게 다니다가, 비가 대낮에 오기에 이 시장을 보러 가는데, '우산을 쓰면 모르겠지.'하고서는 우산을 쓰고 (장에) 갔다 왔더니, 아 학생(아들)이 (나를) 본 모양이에요.

안 악 쫓아완 거여 나를.

막 쫓아온 거야, 나를.

안 쫓아와 가지고 "느 어째 여그 와 잇냐?"

쫓아와서 "너 어째서 여기에 와 있냐?"

안 나보곤 암말또 안 하구 "느이 큰음마한티 가자."

나에게는 아무 말도 안 하고 "너희 큰엄마에게 가자."

안 그이 큰음마한티 갓드니 아 컨엄마보고 간츱이라고 배겁도 못 타 먹게 했어요 그 쥔아줌마가.

그래서 큰엄마에게 갔더니, 큰엄마를 간첩이라고 (신고해서) 배급도 못 타 먹게 했어요, 그 주인아주머니가.

안 잘 잇는 그 그르게 뽑아다 고생시긴다고.

잘 있는 사람을 그렇게 데려다 고생시킨다고.

안 에 너무 부애[138] 낭게.

예, 너무 화가 나니까.

안 큰엄마이가 "그럼 도루 가 살아라 살아라."

큰어머니가 "그럼 도로 가서 살아라, 살아라."

안 자꾸 그릉하드래인디 그 집이스 열여섯 살 먹으서 맹장 걸르 갖고 맹장 수술을 했어여 그때.

자꾸 그렇게 했는데, 그 집에서 열여섯 살 먹어서 맹장염에 걸려서 맹장 수술을 했어요, 그때.

안 하니께 그 쥔아줌마가 "너 너무 수술하고 나와스 일 많이 하믄 안 데니께 큰엄마이한테 우슨 가 있어라." 그래 가지고 고때 큰엄만디가 잇다가스 시즙 오구 말앗죠.

그러니까 그 주인아주머니가 "너 수술하고 나와서 일을 너무 많이 하면 안 되니까 큰어머니에게 우선 가 있어라." 그래서 그때 큰엄마에게 가 있다가 시집을 오고 말았죠.

---

138 '부아'의 방언형.

안 그렇게 되앗댔으요 나는.

나는 그렇게 됐어요.

조 이후에 주인집에 또 가 보셨어요?

안 그 못 밨어요, 어드가 잇는지.

그 못 봤어요, 어디에 있는지.

안 아 큰엄마한티 그룽게 햇는디 또 내가 도루 가면 큰음만 좋다구 하갓어요?

아, 큰엄마에게 그렇게 했는데 또 내가 도로 가면 큰엄마는 좋다고 하겠어요?

안 긍게 못 가구 나 혼자 잇다가스 큰음마하구 잇다가 가라는 디루 가야지 어뚱게 혀 하라는 대로 해얘지.

그러니까 (주인집에) 못 가고 나 혼자 있다가, 큰엄마하고 있다가 (큰엄마가) 가라는 데로 가야지 어떻게 해, 하라는 대로 해야지.

안 역사가 많죠 머 피란 나온 사람들이야.

역사가 많죠, 뭐 피란 나온 사람들이야.

2. 아이들을 두고 서울로 떠나다

서인녀 하이고 그때 그 세월에 우리 사 남매 굶그 안 죽인 게 나가 시방 생각허먼 나가 어둥게 그래드 멕여 살렷나 생각이 들어가.

아이고, 그때 그 세월에 우리 4남매 굶겨 죽이지 않은 것이 내가 지금 생각하면 '내가 어떻게 그래도 먹여 살렸나.' (하는) 생각이 들어.

서 그 애쓴 말을 어따가 다 하갓어.

그 애쓴 이야기를 어디에 다 하겠어.

조 그럼 사 남매 다 키우시려고 여기에 와서 뭐 하셨어요?

서 아 므 별의별 거 다 햐 보그.

아 뭐 별의별 것을 다 해 보고.

서 기낭 혼자 드눕구[139] 가마히 곰곰 생각햐 보믄 내가 놈가 같이 아들두 낫지 딸두 낫지 내가 이 이글 놈가 같이 기냥 눈을 떼워 주야 델 거 아냐요.

그냥 혼자 들어 누워서 가만히, 곰곰이 생각해 보면 내가 남과 같이 아들도 낳았지, 딸도 낳았지, 내가 이 아이들을 남과 같이 그냥 눈을 틔워 줘야 될 거 아니에요.

서 개 그기 항상 걱정데 갖고 군산에 시엄마가 잇지만은 내가 나가갓다고 하믄 나가라고 하갔어?

그래 그것이 항상 걱정돼서, 군산에 시어머니가 있지만, 내가 (돈 벌러) 나가겠다고 하면 나가라고 하겠어?

서 고때가 서른네 살 데았으니 아 한창 각신디?

그때 (내가) 34살 됐으니 아 한창 새색시인데?

서 메누리 안 내보낼라고 안 운다고 할 긋이고.

며느리를 안 내보내려고 (시어머니는) 안 온다고 할 것이고.

---

139 '드- + 눕- + -고'로 분석할 수 있다. '들다'와 '눕다'가 결합한 비통사적 합성어이다.

서 잠자코 아이들보구서 저녁 다 햐스 솥 안에 다 여서 덮어 놓구슨.

가만히 아이들에게, 저녁 다 해서 솥 안에 다 넣어서 덮어 놓고서는

서 OO아 나 저 서울 가서 돈 벌어 갖고 오께 너 저 감나무골 아 저 준 할마이 집에 가 가지고 엄마이 서울로 돈 벌러 갓다고 군산 할마이 모셔다 달라고 해라 그륵하구 내가 나간 거여.

"OO아, 내가 저기 서울에 가서 돈 벌어서 올게. 너는 저 감나무골 주인 할머니 집에 가서 엄마 서울로 돈 벌러 갔다고 군산 할머니를 모셔다 달라고 해라." 그렇게 하고 내가 (돈 벌러) 나간 거야.

서 나 배짱두 증말 대단햤어.

내가 배짱도 정말 대단했어.

서 그륵해 가지구 이리 가스 밤차 타구 저그스 영등포 가스 내릿드니 새벽에 내릿드이 어든 컴컴한디 그 대합실이가 우두가니 혼자 밝두룩 잇었어.

그렇게 해서 익산에 가서 밤차를 타고 저기에, 영등포에 가서 내렸더니, 새벽에 내렸더니 어두컴컴한데 그 대합실에 우두커니 혼자 (날이) 밝도록 있었어.

서 개 우리 딸을 먼자 보냐 놓고 어데 잇을 자리 연락 받아 가지구 나간 거여 이.

그래 우리 딸을 먼저 보내 놓고 어디에 있을 자리(가 있다는) 연락을 받아서 (내가) 나간 거야, 응.

서 갯드니 인자 훤하케 밝으니께 우리 OO가 기냥 즈 택시이서 홀딱 내르.

그랬더니 이제 훤하게 (날이) 밝으니까 우리 OO가 그냥 저 택시에서 딱 내려.

서 그 쥔 남자가 태와 갖구 나왔드라구.

그 (일할 곳의) 주인 남자가 태워서 나왔더라고.

서 그륵해스 같이 들으가 가지구 나 이썰 데 지시햐 줘서 그륵해스 서울 생활했어요.

그렇게 해서 같이 들어가서 내가 있을 곳을 (주인 남자가) 지시해 줘서 그렇게 해서 서울 생활을 했어요.

박순심 그땐 OO가 몇 살 먹었었어요?

그때는 OO가 몇 살이었어요?

서 고땐 OO가 열여슷 살 낫댓나?

그땐 OO가 열여섯 살 먹었었나?

서 먼저 보냇지 OO하구 통햐 가지구 음.

(OO를) 먼저 보냈지, OO를 통해서, 음.

서 여 보냐 가지구서 하이고 그 잇을 자리 좀 구햐 바라 그랴 갖고.

여기 보내서 아이고 그 있을 자리를 좀 구해 봐라고 해서.

서 여그 잇어믄 너이 동생덜 국민학교도 못 보내 보고 말갓으니 이걸 어덕하면 좋으냐 함슨 그랫드니 엄마 어덕하나 어덕하나 하므슨 저 자꾸 울어.

"(내가) 여기(시골)에 있으면 너희 동생들은 초등학교도 못 보내겠으니 이것을 어떻게 하면 좋냐?"고 하면서 말했더니 "엄마, 어떡해, 어떡해" 하면서 자꾸 울어.

서 나 가니께 마자 마주 앉구선 동생들 어럭하냐고 하므슨 인자 의자에가 인자 앉구 잇응게[140] 쥔 남자가 가자.

내가 (서울에) 가니까 마주, 마주 앉고서 동생들은 어떠냐고 하면서 이제 의자에 이제 앉아 있으니까 주인 남자가 가자(고 해).

서 개슨느 우리 OO 있는 집으루 가 가지구스 그륵하군 그기스 또 저 부평 부평 양담 짜는 공장 그기스 밥햐 일자릴 나를 뱌 가지구 날 데리오라구 햔 그야.

그렇게 해서는 우리 OO가 있는 집으로 가서, 그렇게 하고는 거기에서 또 저 부평, 부평에 양단 짜는 공장 거기에서 밥하는 일자리를 나에게 소개해서 나를 데려오라고 한 거야.

서 응 그륵해 가주 부평 가스 돈 벌어 갖구 잇읐더.

응, 그렇게 해서 부평에 가서 돈 벌고 있었어.

---

140 '-고 있다'가 '상태 지속'의 의미로 쓰였다.

VI.
기타

01
음식

1. 은반

김성빈(이하 김1) 아 그때만 해두 닥고기 한 번 먹을라믄 심[1]들지.

아, 그때만 해도 닭고기 한 번 먹으려면 힘들지.

김성호(이하 김2) 제사 때나 이 결혼식 때에나 결혼식 때 말허잠.

제사 때나 이 결혼식 때에나, 결혼식 때 말하자면 (그때나 먹을 수 있지.)

김1 하고 우리 고향이스두 닥을 멫 마리씩 길러두 이지 무슨 머 으 나락 곹은 거 인지 마당질[2]하믄 사람 많이 사스 하잖아.

그리고 우리 고향에서도 닭을 몇 마리씩 길러도 이제 무슨 뭐 벼 같은 것을 이제 타작하면 사람을 많이 사서 하잖아.

---

1 /ㅎ/구개음화가 실현되었다.

2 '마당질'은 '곡식을 떨어 알곡을 거두는 일'을 의미한다.

김1 거 호롱기다 발로 눌르스 하는 그 잇잖우.

그 탈곡기에다 발로 눌러서 하는 것 있잖아요.

김1 그른 그 할라믄 자기 식구 가지구는 안 데니께 부락에 인제 한 대이슷 명 인지 인운을 와서 일 좀 도와주쇼 해스 와.

그런 것을 하려면 자기 식구만 가지고는 안 되니까 마을에 이제 한 대여섯 명, 이제 인원을 (불러)와서 "일 좀 도와 주시오." 해서 와.

김1 하믄 닥은반[3]이라고 국을 끓여 닥을 은반.

그러면 닭고기온반溫飯이라고 국을 끓여 닭을, 온반.

김1 닥을 잡아 갖고 여그겉이 뭐 조리해서 주는 게 아니라 저 잡아 갖구서 쓸어 갖구 국을 끓여서 그 거기다 이제 말아.

닭을 잡아서 여기같이 뭐 조리를 해서 주는 것이 아니라, 저 (닭을) 잡아서 썰어서 국을 끓여서 거기에다 이제 (밥을) 말아.

김1 웅께 인원은 많구 닥은 예를 들어서 인원이 열 명이라믄 닥은 한 서너 마리 허믄 그거 갖고 국을 해서 그냥 그래.

그러니까 인원은 많고 닭은 (적으니까), 예를 들어서 인원이 열 명이라면 닭은 한 서너 마리만 (요리)하면 그것을 가지고 국을 끓여서 그냥, 그렇게 해.

김2 아 그렁게 그릉게 그릉게 사람 봐 갖구 물을 부어.

아 그러니까, 그러니까, 그러니까 사람 (숫자를) 봐서 물을 부어.

---

3 '닭고기온반(-溫飯)'을 의미한다. '닭고기온반'은 '삶은 닭고기를 잘게 찢어 양념에 무쳐서 버섯과 함께 밥 위에 얹고 파를 뿌린 다음 뜨거운 닭고기 국물을 붓고, 실고추 · 후춧가루 · 깻가루를 뿌린 장국밥'을 의미한다.

조 닭고기는 더 넣지 않고요?

김2 거럼.

그럼.

김1 옛날에는 그랬지.

옛날에는 그랬지.

김1 그것도 그렇게 큰 행사나 잇으야 닥고기도 덕어 보지 못 무으.

그것도 그렇게 큰 행사나 있어야 닭고기도 먹어 보지 (평소에는) 못 먹어.

2. 강태죽

조 수수는 어떻게 먹어요?

한영숙 수수두 껍디기 벳겨내 거 똑같이.

수수도 껍데기를 벗겨내, 그 똑같이.

배심연 우리 이북이스는 어 이지 저거 벳겨 내고 방아이다가슨 저게스 벳기 내구는.

우리 이북에서는 어, 이제 저것을 벗겨 내고 방아에다가 저기해서 (껍질을) 벗겨 내고는.

한 예 쌀 같이 막 이게 저게 해서.

예, 쌀 같이 막 이렇게 저렇게 해서.

배 저 갈아 갖고 수수 부치기[4]두 해 먹고 수수죽두 죽두 끓여 먹기두 하고.

저것을 갈아서 수수 부침개도 해 먹고, 수수죽도, 죽도 끓여 먹기도 하고,

한 수수 에 밥두 해머 죽두 끓여 먹고 밥두 또 섞어서 해 먹고 밥두 해 먹어요.

수수, 에, 밥도 해 먹, 죽도 끓여 먹고 밥에도 또 섞어서 해 먹고, 밥도 해 먹어요.

배 그럼. 수수밥도 해 먹고 어.

그럼. 수수밥도 해 먹고 어.

김경휘 거인 머인 죽이라그는지 알아요?

그것은 무슨 죽이라고 하는지 알아요?

배 강태죽[5] 강태죽.

강태죽, 강태죽.

---

4 '부침개'의 황해도 방언형.

5 '수수죽'의 황해도 방언형.

한 에 아 그그보구 강태죽이라 그래?

예, 아 그거보고 강태죽이라고 그래?

배 그럼 강태죽 수수는 강태죽이라댔어 강태죽.

그럼 강태죽, 수수는 강태죽이라고 했어, 강태죽.

한 맞아 근디 이북 사람만 감 강태죽이라 그지 항해도 사람만.

맞아, 그런데 이북 사람만 강태죽이라고 그러지, 황해도 사람만.

한 여기슨 강태죽 덜어본 적이 없어.

여기에서는 강태죽을 들어본 적이 없어.

한 그 이북 말여 강태죽이.

그 이북 말이야, 강태죽이.

한 예 수수죽보고 강태죽이라고래요.

예, 수수죽보고 강태죽이라고 그래요.

한 예 맞아 사둔이 잘 아시네 음.

예 맞아 사돈이 잘 아시네 음.

한 이전 생각나네 강태죽이라구.

옛날 생각나네, 강태죽이라고(했지.)

조 왜 수수죽이라고 안 해요?

한 그그 불 때 강태죽이라 그렀어.

그것을 부를 때 강태죽이라고 그랬어.

배 그르 강태죽 거기는 멧돌로 많이 다 갈러서 해 먹어요 멧돌로.

그래, 강태죽, 거기는 멧돌로 다 많이 갈아서 해 먹어요, 멧돌로.

3. 반대기와 부치기

김경휘 웂을 때니까 옛나이 보리 푸떼죽[6]도 없으스 못 묵을 때 잇날에 쌀겨 다 먹고 살았으요 쌀겨.

없을 때니까 옛날에는 보리 풀떼기도 없어서 못 먹을 때 옛날에는 쌀겨도 다 먹고 살았어요, 쌀겨.

김 그 이 지금은 거것이 없두만.

그, 이 지금은 그것이 없더구먼.

김 논에 거름 데라고 길릇던 그 자우영이라는 그 지금두 그 길르는 그 모 윲데.

논에 거름 되라고 길렀던 그 자운영이라는 것 지금도 그것을 기르는 데가 뭐 없데.

김 자우융이 말하자믄 기게 음 말흐자믄 거름으루 심든 음 풀이거덩.

자운영이, 말하자면 그것이 음, 말하자면 거름으로 심던, 음, 풀이거든.

김 데 거것이 이 이룧게 벼다가 삶아 갖고 무쳐 먹으면은 갠찮았어 맛이.

그런데 그것이 이 이렇게 베어서 삶아서 무쳐 먹으면 괜찮았어 맛이.

---

6 '풀떼기'의 방언형. '풀떼기'는 '잡곡의 가루로 풀처럼 쑨 죽'을 의미한다.

김 옛날에 피난 와 가즈구 그거 옛날엔 많이 심엇어요 논에다가 고름 하느라고.

옛날에 피란 와서 그것을 옛날에는 많이 심었더요, 논에 거름하느라고.

김 그거 그름 낫으루 비어다가 그거 저이 끓여 가지고 시골루 다니면서 어머니들은 그 꼬추장 덴장 어뚷게 구걸하다시피 좀 얻으 가지구 그래가 이 먹읏잖아 버브 버므려.

그것을 그러면 낫으로 베다가 그것을 저기 끓여서 시골로 다니면서 어머니들은 고추장, 된장 어떻게 구걸하다시피 좀 얻어서 그렇게 해서 이것을 먹었잖아, 버무, 버무려서.

김 순 그냥 곡식은 하나도 안 들으가고 그긋만 먹든 시즐이 많 잇읐을 그야 아마.

순수한 그냥 곡식은 하나도 안 들어가고 그것만 먹던 시절이 많이 있었을 거야 아마.

김 모두가 다 그때 당시 이 멫 년돈지는 모르지만 그때 여게도 아마 흉년 들으 가지고 뜨 이 농사가 참 살기 힘들 땔 그야 아마 그때.

모두가 다 그때 당시에, 이 몇 년도인지는 모르지만, 그때 여기에도 아마 흉년이 들어서 또 이 농사가 참, 살기 힘들 대일 거야 아마 그때가.

김 에 피란 나와 가지고 으느 정도 멫 년 동안 흔 들었어요.

예, 피란 나와서 어느 정도 몇 년 동안은 힘들었어요.

김 그래 가지군 이 쌀겨를 다 묵엇다니 쌀겨 쓰스 어뚷게 먹어여.

그래서 이 쌀겨를 다 먹었다니까 쌀겨, 써서 어떻게 먹어요.

김 그그 해 가지고 반대기[7]해 가지우.

그것을 해서, '반대기'해서.

김 여그 보고 므라고 하나.

여기는 그것더러 뭐라고 하나.

김 이롷게 똥글다맣게 해 가지구 하는 그보고 머 무슨 뜩이라고 하는가 무라고 하나.

이렇게 동그랗게 해서 만드는 것더러 뭐 무슨 떡이라고 하는가, 뭐라고 하나.

김 우리는 반대기라고 해 반대기.

우리는 반대기라고 해, 반대기.

김 어 사투릴 그여.

어 사투리일 거야.

김 그게 반대기 쑥 반대기 머 어.

그게 반대기야, 쑥 반대기 뭐, 어.

김 그리 그 똥골다맣게 해 가지구스 잇잖아.

그리고 그 동그랗게 해서 있잖아.

김 지금으루 말흐 말 마 저 그 저이 므 시장이 가믄 므 이 똥골다맣게 해 가즈 파는 그 잇더마.

지금으로 말하, 말하자면 저 그 저기 뭐 시장에 가면 뭐 이 동그랗게 해서 파는 것이 있더구먼.

---

7 '반대기'는 '가루를 반죽한 것이나 삶은 푸성귀 따위를 평평하고 둥글넓적하게 만든 조각'을 의미한다.

김 지금은 기름으르 해 가즈 이롷게 눌루 가지구 하는 거.

지금은 기름으로 해서 이렇게 눌러서 하는 거.

조 호떡이요? 빈대떡이요?

김 므 혼독 빈대떡 그른 식으루.

뭐 호떡, 빈대떡 그런 식으로.

김 그이 부치는 거보고 이게는 부끼미[8]라고 하든가?

그것을 부치는 것더러 여기에서는 '부끼미'라고 하든가?

김 어 아이 근데 부치, 부치기라고 해.

어 아니 그런데 (우리 고향에서는) '부치기'라고 해.

김 부치기라, 부끼미라 안 허고 부치기라고 해.

부치기라고, 부끼미라고 안 하고 부치기라고 해.

조 아, 어르신이 사시던 이북 지역에서는 '부치기'라고 했어요?

김 부치기 어.

부치기, 어.

김 김치 부치기 머 그른 그른 식으루 감자 부치기 어.

'김치 부치기', 뭐 그런 식으로, '감자 부치기', 어.

김 이 부친다구 해 가지구 아마 이 기름에 부친다 그래.

이 부친다고 해서 아마 이 기름에 부친다고 그래서.

---

8 '부침개'의 방언형.

김 허이튼 부치기 그에가 사투리요 부치기예요.

하여튼 부치기 그것이 사투리예요, 부치기예요.

김 으 이그는 부끼미라구 많이 하는 그 같두만은.

어, 여기에서는 부끼미라구 많이 하는 것 같더구먼.

김 여그는 인지 부치기 부친다 그래.

여기(본인 고향)에서는 이제 부치기, 부친다고 그래서.

김 대개 필 약간 부짜는 그하구 부끼미하구 같은데 만이 끄트리[9]가 쪼꼼씩 여 좀.

대개 필, 약간, '부'자는 그것(부치기)하고 '부끼미'하고 같은데 말의 끝이 조금씩 여기가 좀 (달라요).

김 사투리 그른 긋이 많드라구요.

사투리에 그런 것이 많더라고요.

김 이쪽하고 저쪽흐고 어두는 피산데 끄트리가 생소하게 홱 틀려즈는 그이 그른 사투리가 잇드라고.

이쪽하고 저쪽하고 어두語頭는 비슷한데 끝이 생소하게 확 달라지는 것이, 그런 사투리가 있더라고.

9 '끄트머리'의 방언형.

02
속설

1. 성성거미가 돌아다니면 돈이 들어온다

이연옥 시방은 나 돈 없어두 살아.

지금은 내가 돈이 없어도 살아.

박순심 헌금 맨날 잘하시는 거 봐 하나님이 다 주시는가 바.

헌금 맨날 잘하시는 거 봐, 하나님이 다 주시나 봐.

이 하나님이 대아 줘.

하나님이 대 줘.

이 없으먼은 없으믄은 오니께 읎으먼 돈이 오니께.

없으면 없으면 오니까, 없으면 돈이 오니까.

박 꼭 성성거미[10]가 돌아댕기면 돈이 들어옵디다 그날에.

꼭 성성거미가 돌아다니면 돈이 들어옵디다, 그날에.

이 그려 우리 누이[11]가 똑같여.

그래, 우리 누이가 똑같이 말했어.

박 이상하대.

이상하대.

이 그게 그게 들어오면은 돈 들와.

그것이, 그것이 들어오면 돈이 들어와.

이 항께 우리 누이가 쥑이지 말라 그려 그거.

그러니까 우리 누이가 죽이지 말라고 그래, 그거.

박 예 나도 그건 안 죽여요 다른 건 죽여도.

예, 나도 그것은 안 죽여요, 다른 것은 죽여도.

---

10 '그리마'의 방언형. '그리마'는 지네와 가까운 종류로 다리가 여러 쌍이며 머리에 긴 더듬이가 있다. 이 벌레가 나오면 돈이 들어온다고 하여 '돈벌레'라는 별명이 있다. 이 자료에서는 '성성거미' 또는 '성성부럭지'로 실현된다. ≪한민족≫에는 '그리마'의 황해도 방언형으로 '설레바리, 설설바리, 설설이' 등이 제시되어 있다.

11 '누이'는 '남자가 여자 형제를 이르는 말'인데, 여기에서는 여성인 자료 제공인이 자신의 여동생을 '누이'로 지칭하고 있는 것이 특징적이다. 황대화·양오진(2009)에는 황해도 인접 지역인 평안 남도에서 자매간 여동생을 지칭하는 말로 '아우' 혹은 '적은아'만이 보고되어 있다.

박 성성거미라고 이룽게 발 많이 달린 거.

성성거미라고 이렇게 발이 많이 달린 거 (있어요).

이 으, 거미 모냥으로 생겼는데 거미보단 어 그 발도 해쓱해쓱[12]해.

어, 거미 모양으로 생겼는데 거미보다 어, 그 발도 하얘.

이 그거 쥑이지 말아여 돈 들우오.

그거 죽이지 말아요 돈이 들어와요.

박 근데 하다못해 목욕탕이나 화장실에만 있어도 단돈 오마 운이라도 들우와요.

그런데 하다못해 목욕탕이나 화장실에만 있어도 단돈 오만 원이라도 들어와요.

이 아이 돈 들우와요 진짜루.

아이, 돈이 들어와요, 진짜로.

박 긍게 돌아댕기믄 어이 너 들으왔냐 이제 그르지 그르고 나둬.

그러니까 (성성거미가) 돌아다니면 "아이구, 너 들어왔냐." 이제 그러지, 그러고 (그냥) 놓아둬.

박 그르믄 메칠 내루다가 단돈 오만 원이라도 도지.

그러면 며칠 내로 단돈 오만 원이라도 생기지

---

12 '해쓱해쓱'은 북한에서 '드문드문 매우 하얀 모양'의 의미이다.

이 아니 우리 누이가 그릉하드라구.

아니 우리 누이가 그렇게 말하더라고.

이 우리 누이가 나보고 셩[13] 그거 선 성성부럭지 그 거미 그그 거미 들오믄 쥑이지 말라 그래.

우리 누이가 나더러 "언니 그거 성성 벌레, 그 거미 그 거미 들어오면 죽이지 마." 그래.

이 왜?

"왜?"

이 그그 들오믄 돈 들온다.

"그거 들어오면 돈 들어온다."

이 에이 거짓말 내가 기랫그든.

"에이 거짓말." 내가 그랬거든.

이 에이 그짓말 그라니께.

"에이 거짓말." 그러니까.

이 진짜여 거 쥐이지 마 셩[14]니 짐에 들오므 그 쥑이지 마 그래.

"진짜야, 그거 죽이지마. 언니네 집에 들어오면 그거 죽이지 마." 그래.

이 알았어.

"알았어."

---

13 /ㅎ/구개음화가 실현되었다. 서북 방언에서는 '언니'를 주로 '형'이라고 부른다(황대화·양오진 2009).

14 /ㅎ/구개음화가 실현되었다.

이 한분에 볼 부게 되이게 돈 부쳣다고 기블 오드타구.

한번은 (그 벌레를) 볼, 보게 되니까 돈 부쳤다고 연락이 오더라고.

2. 아침부터 돈을 빌리러 오면 재수가 없다

이연옥 아 OO네 옴머이가 젤여 OO넴메.

아 OO이네 어머니가 제일이야, OO이네 엄마.

이 아이딜은 꼭 색교 갈라믄 돈 달라갑니다.

아이들은 꼭 학교 가려고 하면 돈을 달라고 합니다.

이 넘으이 야들두 그려?

남의 아이들도 그래?

이 아니 핵교 갈라 문턱에스 엄마 돈 주어 차비.

아니 학교에 가려는 문턱에서 "엄마 돈 줘. 차비."

이 야 돈 없으믄 미이 달라그 해야지 아침이 식저이 누 어디 가스 꾸냐.

"야, 돈 없으면 미리 달라고 해야지. 아침에 식전에 누구, 어디에 가서 (돈을) 빌리냐."

이 OO니 집에 꾸르로 가는 그야.

OO네 집으로 빌리러 가는 거야.

이 아주마이 돈 줌 꾸주요.

"아주머니 돈 좀 빌려 줘요."

이 그래 가지가 으 즈그.

"그래, 가져가. 어 저기."

이 우리 OO네 집이 한분 가니께요 없디야.

우리 OO네 집에 한 번 가니까요, 없대.

이 없 돈 없어요 그르길래.

"없, 돈 없어요." 그러기에.

이 아이고 내가 갠히 왓구나.

'아이고 내가 괜히 왔구나.'

박순심 그 돈을 꾸는 것두요 갈 만한 집이 있어요.

그 돈을 빌리는 것도요 갈 만한 집이 있어요.

이 긍게 하디 나 난 몰랐어.

그러니까, 그런데 나는 몰랐어.

이 한디 OO이길래 돈 줌 주씨요 흐믄 줄 중 알았어.

그런데 OO이니까 "돈 좀 주세요." 하면 줄 줄 알았어.

이 내 맘 겉으나?

내 마음 같나?

이 돈 읎으요 그리스.

"돈 없어요." 그래서.

이 아 새수넌[15] 집이구나.

'아, 미신을 믿는 집이구나.'(라고 생각했어.)

---

15 '새수나다'의 방언형. '새수나다'는 '갑자기 좋은 수가 생기다, 뜻밖에 재물이 생기다'는 의미이다. 여기에서는 문맥상 '돈과 관련된 미신을 믿는다'는 의미로 확장되어 쓰였다.

이 OO넘마가 젤 좋댓으.

OO네 엄마가 제일 좋았어.

이 나 이스 그 아줌마 죽으니께 서운하드라구.

내가 그래서 그 아줌마 죽으니까 서운하더라고

(조) 세수넌다가 뭐예요?

'세수넌다'가 뭐예요?

이 가린다구.

가린다고.

이 아침이 식전이 가믄 안 좋거든요.

아침에, 식전에 가서 (돈을 빌리면 재수가) 안 좋거든요.

이 예 이 예 재수가 있다 읎다잖아요.

예, 이, 예, 재수가 있다 없다 그러잖아요.

이 개 재수 잇구 무 그릏게 그르 집에는 미신을 갈 지키댓그든.

그래 재수가 있고 뭐 그러니까 그런 집에서는 미신을 잘 지켰거든.

이 음 하이께 내 츰에 한 분 몰루고 갓다가 다신 안 가 그 집이.

음 그러니까 내가 처음에 한 번 모르고 갔다가 다시는 안 가, 그 집에.

이 한데 하따 내가 쩌 기가 깍 멕히데.

그런데 아따 내가 저 기가 탁 막히더라고.

이 OO끼리 어떻게 거렇게 딱 떼냐.

OO끼리 어떻게 그렇게 딱 (잡아)떼냐.

이 으 내가 머 못덴 사람이냐?

어, 내가 뭐 못된 사람이냐?

이 아이게 OO넘매가 젤이드라구.

아이 그러니까 OO네 엄마가 제일이더라고.

이 으 그 할매는 식전이나 므 아무 띠나 가머 꾸어 징게

어 그 할머니는 식전이나 뭐 아무 때나 가면 빌려 주니까.

이 난 뚜 돈 생기믄 냉큼 갖다 주그든.

나는 또 돈이 생기면 바로 갖다 주거든.

이 사람 사람이 좋댓으.

사람, 사람이 좋았어.

이 개 좋은 양반은 뜨 냉큼 돌아가드라구.

그래 좋은 양반은 또 일찍 돌아가시더라고.

03
방언

1. 방언에 대한 생각

김경휘 사투리가 많이 지방마다 이제 틀리지는 긋이 이지 단오가 잇잖아.

사투리가 많이 지방마다 이제 달라지는 것이, 이제 단어가 있잖아.

김 같은 단어는 황해도나 여게나 경상도나 가 단오가 같어.

같은 단어는 황해도나 여기나 경상도나 다 단어가 같아.

김 음 옥양만 이제 이지 틀리지.

음, 억양만 이제, 이제 다르지.

김 전라도는 전라도이 옥양으로 경상도는 옥양으로 이룧게 하는 거뿐이지.

전라도는 전라도의 억양으로 경상도는 (경상도의) 억양으로 이렇게 하는 것뿐이지.

김 거르 걸은 딱같단 말야.

그러는 것은 똑같다는 말이야.

김 그리지, 그른 단어가 많잖아.

그렇지, 그런 단어가 많잖아.

김 음, 근디 게 모루는 것은 대개 이 사투리로 이룽게 덴 것은 대 공통적인 긋이 많드라니까.

음, 그런데 그게 모르는 것은, 대개 이 사투리로 이렇게 된 것은 대개 공통적인 것이 많더라니까.

(조) 사실은 공통적인 것이 많죠. 그러니까 지역이 달라도 서로 알죠.

김 그니까 대개 그른 거를 알 거 아니야.

그러니까 (자네는) 대개 그런 것을 알 것 아니야.

(조) 알지요. 그런데 말은 언제나 똑같은 것이 아니라 변화하는 거니까요.

김 아니 사투리가 이게 언지부터 이렇게 내려오는지 모루지만은 새롭게 사투리가 만들으지는 긋은 지금 근래에는 읎을 거 아냐.

아니 사투리가 이것이 언제부터 이렇게 내려오는지 모르지만 새롭게 사투리가 만들어지는 것은 지금 근래에는 없을 거 아니야.

김 왜 그른 얘기를 하냐면은 옛날에는 걸어 다니고 말 타고 다니고 여기서 사는 사람들이 어덯게 제주도 가고 으 저기 부산을 갓겠어.

왜 그런 얘기를 하느냐면 옛날에는 걸어 다니고 말을 타고 다니고, 여기에서 사는 사람들이 어떻게 제주도에 가고 어 저기 부산을 갔겠어.

김 대애 농사 짛는 사람 여그에서 그냥 가고 장돌배기[16] 장사하는 사람들이나 쪼꼼 좀 가차운[17] 데나 가지.

대개 농사 짓는 사람은 여기에 그냥 있고, 장돌뱅이 장사하는 사람들이나 조금 좀 가까운 곳이나 가지.

김 게나리보땀[18] 지고 어뎋게 부산까지 갓겟냐고.

괴나리봇짐 지고 어떻게 부산까지 갔겠냐고

김 그래서 사투리라는 게 만들어젓을 텐데 이제는 사투리가 만들으지지 않을 것이다라는.

그래서 사투리라는 것이 만들어졌을 텐데 이제는 사투리가 만들어지지 않을 것이라는 (생각이 들어).

김 그그는 왜냐해면은 이제는 무 한 시간건 내에 전부 다 전국이 그래뻐려서 새로운 사투리가 머 산골짜깃 사람들야 아녜이지만 시내나 뭐 이젠 뭐 다 같이 통하니까.

그것은 왜냐하면, 이제는 뭐 한 시간권 내에 전부 다 전국이 그렇게 돼서 새로운 사투리가, 뭐 산골짜기 사람들이야 아니지만 시내나 뭐 이제는 뭐 다 같이 통하니까.

---

16 '장돌뱅이'의 방언형.

17 '가깝다'의 황해도 방언형.

18 '괴나리봇짐'의 방언형.

김 더군다나 그전엔 머 라디오두 없엇고 음 이제는 텔레비전 다 테레비 보게 데언 무 다 거기서 다 즈이 수집하고 배워고 다 그로니까 사투리가 새롭게 발견데는 건 윲을 걸로 알아 나는, 그룽지?

더군다나 그전에는 뭐 라디오도 없었고 음 이제는 텔레비전 다 텔레비전을 보게 되면 뭐 다 거기서 다 저기 수집하고 배우고 다 그러니까 사투리가 새롭게 발견되는 것은 없을 것으로 알아 나는, 그렇지?

김 그를 거 같애.

그럴 것 같아.

김 옛날에 교통수단도 없고 오 발달도 윲 그를 때 이깃이 옛날 할아버지가 내려오는 거 그룽게 말햇더라고 그거 이제 답습하고 답슥하고 배워오고 이렇게이 머라 해 전설적으로 이케 이어져 내려온다고루나?

옛날에는 교통수단도 없고, 어, 발달도 없고 그럴 때 이것이 옛날 할아버지가 내려오는 것을 그렇게 말했다고 그것을 이제 답습하고 답습하고 배워오고 이렇게 뭐라고 하나, 전승되어 이렇게 이어져 내려온다고 그러나?

김 그른 식으로 해가지구 이지 사투리가 이케 유래돼 가지우 이룽게 저 이 왓단 말야.

그런 식으로 해서 이제 사투리가 이렇게 유래돼서 이렇게 저 이 (내려)왔단 말이야.

김 경상도 사댄 경상도이서 어.

경상도에 살면 경상도에서, 어.

김 이제는 무오 일일곤 내에 정부두 데 버리구 말구 머 매스콤을 통해 전부 다 이룽게 데 뿌리고 말아 가지구.

이제는 뭐 일일(생활)권 내에 정부도 돼 버리고 말고, 뭐 매스컴을 통해 전부 다 이렇게 돼 버리고 말아서.

김 글쎄 몰라 나는 그 이제 경상도 사람이 옥양을 바꿀 수 웂다는 것은 그거이 불가능이라는 기 웂다라고 생각하는데 원래 그냥 무으식 중에 내가 그룽게 발움하고 그랬으니까 그룽게 발움하는가.

글쎄, 몰라 나는 그 이제 경상도 사람이 억양을 바꿀 수 없다는 것은 그것이 불가능이라는 것이 없다고 생각하는데, 원래 그냥 무의식 중에 내가 그렇게 발음하고 그랬으니까 그렇게 발음하는가.

김 내가 서울 말씨로 이런 거를 좀 개타랑하겠다라고 사는 디 지장 없구 무 그루니까는 간게가 웂지만은 그그 하면은 충분히 고칠 수 잇을 텐데 라는 생각이 들드라구 아니나?

내가 서울 말씨로 이런 것을 좀 수정하겠다고 (해도) 사는 데 지장이 없고 뭐 그러니까 관계가 없지만, 그거 하면 충분히 고칠 수 있을 텐데 하는 생각이 들더라고, 아닌가?

조 자기 사투리를 완전히 고친 사람들도 많이 잇어요.

김 많지 그그 머 고치기 쉬울 튼데.

많지, 그거 뭐 고치기 쉬울 텐데.

조 그런데 고치기가 쉽지는 않아요.

김 쉽지는 않아?
쉽지는 않아?

조 왜냐하면 자기가 쓰던 말이 있으니까요.

김 아 무으식 중에 하니까.
아, 무의식 중에 하니까.

김 아이 징어서라도 그게 어 이따금 하게 데민 버릇으루 이룧게 만들면은 그긋이 시정이 델 걸로 아는데.
아니 지어서라도 그것이 어 이따금 하게 되면 버릇으로 이렇게 만들면 그것이 시정이 될 것으로 아는데.

조 지어서 하다가도 부모님이라든지 고향 사람들과 대화를 하다 보면 자기도 모르게 고향 사투리가 나오거든요.

김 아아.
아아.

조 그런데 그런 지역 사투리는 많이 없어졌어요. 없어졌는데 다른 사투리가 많이 생겼어요.

김 다른 사투리라는 게?
다른 사투리라는 것이 (뭐야)?

조 학생들, 중학생들이 쓰는 말, 초등학생들 쓰는 말, 고등학생 쓰는 말 그렇게 세대별로 쓰는 말이 달라지는 경우가 많죠.

김 아니 그 사투리가 사투리라고 하는 거보다도 으드러는 건 머 아주 생수한 말인데 그긋이 국으산전에 그른 것이 과연 잇는가 라는 생각이 들어.

아니, 그 사투리가, 사투리라고 하는 것보다도 어떤 것은 뭐 아주 생소한 말인데 그것이 국어사전에 그런 것이 과연 있는가 하는 생각이 들어.

김 애들 고 놀 때 보게 데먼 모 이상하게[19] 모 그 오 새룹게 융 용어를 만든다고 하나 오 오.

아이들 그 놀 때 보면 뭐 이상하게 뭐 그, 어 서롭게 용, 용어를 만든다고 하나, 어, 어.

김 그리가 자긔[20]들끼리 통하는 말.

그래서 자기들끼리 통하는 말.

김 그 오른들이 보먼딘 지 시긴 무슨 얘긴 즈룽게 하지 아님 모루갓드라고 오.

그 어른들이 보면 저 놈은 무슨 얘기를 저렇게 하지, 아니 모르겠더라고, 어.

---

19 2음절의 /ㅅ/이 구개음으로 실현되었다.

20 하향 이중 모음으로 실현되었다.

2. 방언 차이로 인한 일화

여화순 아니 피란 와스두 즈사니 목포로 가니께 그기서 저 해나으 강게 젓갈이라 우리슨 하지만 여슨 저분이라고 하고.

아니, 피란 와서도 저기 목포로 가니까 거기에서 저 해남에 가니까 '젓갈'이라고 우리 쪽에서는 하지만 여기에서는 '저분'이라고 하고.

여 머 아궁을 우리 아궁이그든요 한디 거 여기슨 부숙이라가두만.

뭐 '아궁'을, 우리는 '아궁'이거든요, 그런데 그것을 여기에서는 '부숙'이라고 하더구먼.

여 에 부숙이라가드라고요.

예, '부숙'이라고 하더라고요.

여 아궁이 불 때는 데 우리느 아궁이라가는데.

'아궁이' 불 때는 곳을 우리는 '아궁'이라고 하는데.

여 아이 거 가스 물, 자네라[21] 무 가쥬라그믄 알아들을 수가 이씨야지.

아니 거기에 가서 뭘, "자네가 뭘 가져오라."고 하면 알아들을 수가 있어야지.

여 부석이다가는데 우리기서으 아궁이라갓지 부슥이라고 안 하고.

'부석'이라고 하는데 우리 쪽에서는 '아궁'이라고 했지, '부슥'이라고 안 하고.

여 그리고 우리 손주가 나 말하는 글 보고 할머이 그이 문 소리나?

그리고 우리 손자가 내 말하는 것을 보고 "할머니 그것이 무슨 말이에요?"

---

21 '자네 + 라'로 분석할 수 있다. '라'는 황해도 방언의 주격 조사이다.

여 인지 하구슨 또 내가 그라믄 아 쯔사네 딲아 줄라? 그랫나 나 뭬라 가나.

이제 그리고는 또 내가 그러면 “아 거시기 닦이 줄까?” 그랬나 내가 뭐라고 했나.

여 할마이 그 문 소리야 할라.

“할머니. 그게 무슨 말이에요.” 해.

여 그 씾 싳으 줄라 그랫나?

“‘그거 씻어, 씻어 줄까?’라고 그랬나요?”

여 싳으 준다 하니께 그러느데 딲아 줄라 한다 그라믄서 우리 손주들이 그려 나 말하.

씻어 준다고 하니까 그러는데 “닦아 줄까?” 한다고 그러면서 우리 손자들이 그래, 내가 말하면.[22]

---

22 ‘씻어 줄까?’라고 해야 하는데 ‘닦아 줄까’라고 말하는 할머니에게 손자들이 핀잔을 준다는 내용이다.

04
술, 담배에 대한 생각

조 약주는 한 잔씩 하세요?

김경휘 그르잉까 내가 살아본 겸에 그즌에는 술두 안 묵고 담배도 젊어스는 군인 갈 때까지는 술두 안 마시고 담배도 안 피우고 그랬어.

그러니까 내가 살아본 경험에, 그전에는 술도 안 먹고 담배도 젊어서는 군대 갈 때까지는 술도 안 마시고 담배도 안 피우고 그랬어.

김 근디 그긋이 몸에가 안 맞기도 하기 때문에 안 피우고 안 먹엇겟지.

그런데 그것이 몸에 안 맞기도 하기 때문에 안 피우고 안 먹었겠지.

김 왜냐해면은 별로 호기심도 안 갓고.

왜냐하면 별로 호기심도 안 갔고.

김 거 머 남들 피우고 멋있어 보이지두 않고 그래스 아마 안 피우구 안 믁은 그 같애.

그 뭐 남들이 피우고 (있어도) 멋있어 보이지도 않고 그래서 아마 안 피우고 안 먹은 것 같아.

김 인데 군인 가 가지고 그 으뚷게 믁다 보니까 술두 츰에는 몸에 안 맞든 긋이 한잔 두잔 하믄 적응이 덴다고 하나.

그런데 군대에 가서 그 어떻게 먹다 보니까 술도 처음에는 몸에 안 맞던 것이 한잔, 두잔 하면 적응이 된다고 하나?

김 맞대 갠찮아.

맞더라고, 괜찮아.

김 그냥 한 잔 먹으먼 그냥 아 빨개 가즈구 그냥 최해 가지고 그랬는데 그두 어 면역성이 생기는가 몰라 술에.

그냥 한 잔 먹으면 그냥 아 빨개서 그냥 취하고 그랬는데 그것도 어 면역이 생기는지 몰라 술에.

김 음 괘찮아지더라구.

음 괜찮아지더라고.

김 그래서 술도 먹고 담배도 피우고 다 햇지.

그래서 술도 먹고 담배도 피우고 다 했지.

김 핸디 여 근래 와 갖고는 살다 보니까 백해무윽 무익한 긋이 머 어트게 쫌 아파 가지구 병언에 가두 의사두 자꾸 극지 말라 그르구.

그런데 이 근래에 와서는 살다 보니까 백해무익, 무익한 것, 뭐 어떻게 좀 아파서 병원에 가도 의사도 자꾸 먹지 말라고 그러고.

김 또 내가 느끼는 바도 그 많이 피으는 사람들 옆에 오믄 니코 냄새아 차 역하게 나고 마.

또 내가 느끼는 바도 그 (담배) 많이 피우는 사람들 옆에 오면 니코틴 냄새가 참 역하게 나고 막.

김 담배가 이게 간접적으로 솔직히 다 남한데 상당히 피해 주는 긋이고 으 머 의사 말대루 나쁜 긋이구나.

담배가 이것이 간접적으로 솔직히 다 남에게 상당히 피해를 주는 것이고, 어 뭐 의사 말대로 나쁜 것이구나.

김 이그 무 백해무익하드라구.

이거 뭐 백해무익하더라고.

김 내가 도 고마이 생객이 보니게 이 철들면서 젊으스야 므 호기심에 머 퓨고 또 재미로 퓨고 그랬으니까 몰릿지만 나이 믁다 보니까 이른 근 끊어야겟다 근강을 위해스도 그래야 남한데드 피 안 주고 나드 건강 챙기는 데 도움이 데겟다 래고 생각해 가지고 담배.

내가 또 가만히 생각해 보니까 이 철들면서, 젊어서야 뭐 호기심에 뭐 피우고 또 재미로 피우고 그랬으니까 몰랐지만 나이를 먹다 보니까 '이런 것은 끊어야겠다. 건강을 위해서도 그래야 남한테도 피해를 안 주고 나도 건강을 챙기는 데 도움이 되겠다.' 라고 생각해서 담배 (끊었어).

김 내가 결단성이 쫌 다른 사람보다 높아.

내가 결단력이 다른 사람보다 좀 높아.

김 담배 두 갑씩 피구 막 그랬어 한 삼십 년 동안.

담배를 두 갑씩 피우고 막 그랬어, 한 삼십 년 동안.

김 군대 갓다 와스 계 피웠으니까 한 육십데두룩.

군대에 다녀와서 계속 피웠으니까, 한 육십 되도록.

김 근디 그게 한분 끊갓다고 하니까 집사람이 놀리드라고.

그런데 그것이 한번 끊겠다고 하니까 집사람이 놀리더라고.

김 흠 당신이 멀 끊냐고 한번 어디 어디 한 달이나 끊나 한번 두그 바 픽 웃드라고.

"흠 당신이 뭘 끊냐고. 한번 어디, 어디 한 달이나 끊나 한번 두고 봐." 픽 웃더라고.

김 그른 데 반발심에 저 저이 참을서이 내가 상다이 강한 사람이거든.

그런 것에 반발심이, 저 저기 참을성이 내가 상당히 강하느 사람이거든.

김 그 다음에 그 담배 피우는 그 사 왓든 그 다 그냥 불에 느 뻐리고 라이타도 다 내버리고 말았어.

그 다음에 그 담배 피우는 거 사 왔던 것을 다 그냥 불에 넣어 버리고 라이터도 다 내버렸어.

김 근디 게 한 삼십 피웃으니까 피우구 싶지.

그런데 그것이 한 삼십 년 피웠으니까 피우고 싶지.

김 돈은 잇겟다 가고 싶지.

돈은 있겠다, (사러) 가고 싶지.

김 디 그글 안 사는 지추[23].

그런데 그것을 안 사는 지조.

김 차으 그 므 지추라는 소리 알지 모르나?

참을, 그 뭐 '지추'라는 말을 알지? 모르나?

김 참는 근딜성 사람으로 그어 지추라 구래 지추.

사람으로서의 참고 견디는 성질, 그것을 '지추'라고 그래, '지추'.

김 그 지추가 강한진 모르지만은.

(내가) 그 지조가 강한지는 모르지만은.

---

23 문맥상 '지조'의 의미이다.

김 갈 생개이 굴뚝가지 피우구 싶은디 당장.

(피우러) 갈 생각이 굴뚝같지, 피우고 싶은데 당장.

김 어뎄으믄 이기 이게 찾아스 피우고 싶은데 그거를 한 번 두 분 안 하고 그긋이 한 달 가니까 농도가 약해져[24] 짙지를 안 해.

어디에 있으면 이것을 찾아서 피우고 싶은데, 그것을 한 번 두 번 안 하고 그것이 한 달 가니까 농도가 약해져, 짙지 않아.

김 피우갓다는 그 말하자믄 거 이 속에스 이 말하자믄 이기 하는 긋이 이 높지를 못하, 약해져.

피우겠다는 거, 말하자면 그 이 속에서, 이 말하자면 이렇게 하는 것이 이 높지를 못해, 약해져.

김 그르다 띠 한 달 가니까 가고 싶은 생각도 안 나고 피고 생각두 안 나드라고.

그러다 딱 한 달되니까 (담배 가게에) 가고 싶은 생각도 안 나고 피우고 싶은 생각도 안 나더라고.

김 당자 끊으 뿌리고 말으.

당장 끊어 버리고 말았어.

김 한분에 그냥 끊는다그 그냥 끊으 뿌리고 말앗으.

한번에 그냥 끊는다고 그냥 끊어 버리고 말았어.

김 안 피구 말았어 아주.

안 피우고 말았어, 아주.

---

24 [야캐져]. 이 자료에서는 접미사 '-하-'의 'ㅎ'이 탈락하는 것이 일반적인데, 여기에서는 'ㅎ'이 탈락하지 않고 유기음화가 실현되었다.

김 데 술은 왜 안 내가 먹어.

그런데 술은 왜 안, 내가 먹어.

김 옛날부터 먹지만은 내가 인생살일 지금까지 하면서 술은 끊지 말아야겟다는 긋을 느끼는 긋이 이 나이에 술까지 끊으믄 친구아 담배는 별꺼 없는데 술까지 끊으믄 친구가 없어져.

옛날부터 먹었지만, 내가 인생살이를 지금까지 하면서 술은 끊지 말아야겠다는 것을 느끼는 것이 이 나이에, 술까지 끊으면 친구가, 담배는 별거 없는데, 술까지 끊으면 친구가 없어져.

김 트 놓고 얘기할 그래도 술 한 잔 먹고 덴 소리 안 덴 소리 할 새 할 얘기 못핼 얘기 그냥 아주 으 거싯말두 하구 그리야 사람 사는 맛이 술루 인해 가지우 나드란 얘기여 술 먹어 버니까.

터 놓고 얘기할 (때), 그래도 술 한 잔 먹고 되는 소리 안 되는 소리 할 때, 할 얘기 못할 얘기, 그냥 아주 어 거짓말도 하고 그래야 사람 사는 맛이 술로 인해서 나더라는 이야기야, 술을 먹어 보니까.

김 그리서 술을 끊으라구는 해야.

그래서 술을 끊으라고는 해.

김 이 즈 병원에 가스 당신 술 즘 끊으 주야 덴디.

이 저 병원에 가면 "당신 술 좀 끊어 주셔야 하는데."

김 몇 잔이 많인 안 믁어요 믁을 때는 쫌 많이 믁는데.

몇 잔이나, 많이는 안 먹어요, 먹을 때는 좀 많이 먹는데.

김 그 즈 먹고 싶어 믁는 술이 아니고, 요는 대인관계이서 인생살이하니께 재미나서 술이 없으믄 재미가 덜하겟다 사람이 재미나기 위해스 사는데 그르믄은 재미읎지 않냐 더 재미나게 하기 위해서 먹는다 그이 한두 잔밖에 안 먹는다.

그 저 먹고 싶어서 먹는 술이 아니고, 요약하면 대인관계에서 인생살이를 하니까 재미가 있어서 '술이 없으면 재미가 덜하겠다. 사람이 재미있기 위해서 사는데 그러면 재미가 없지 않느냐. 더 재미있게 하기 위해서 먹는다. 그래서 한두 잔밖에 안 먹는다.'

김 그이 어드를 땐 또 짝짜꿍데면은 그릏잖아.

그것이 어떨 때는 또 마음이 맞으면 그렇잖아.

김 으 이 관광 가 가지구 기분이 째지게 좋은데 한 잔 먹으믄은 한 잔 믁은 만큼 째지고 두 잔 믁으 두 잔 믁은 만큼 기부이 드 좋아진단 말야.

어 이 관광 가서 기분이 매우 좋은데 한 잔 먹으면 한 잔 먹은 만큼 기분이 좋고, 두 잔 먹으면 두 잔 먹은 만큼 기분이 더 좋아진다는 말이야.

김 글게 많이 마실 수밖에.

그러니까 많이 마실 수밖에 (없지).

김 누구나마 술은 그래서 많이 먹게 델 거야.

누구나 아마 술은 그래서 많이 먹게 될 거야.

김 나중엔 술이 술 묵니까[25] 자기도 모르게 술 취핸지도 모르고 먹지.

나중에는 술이 술을 먹으니까, 자기도 모르게 술에 취한지도 모르고 먹지.

25 '-니까'에 매개모음이 없이 실현된다. 이 화자에게서만 독특하게 나타난다.

김 디 그긋은 으뚷게 혹간 가다가 그른 일이 잇는데 나는 아직 술 취해 가지구 삐뜩삐뜩하고 말이 실수로 홋놓고[26] 집에 와 가지우 자구서 내 어즈께 아무 생각이 안 나. 그룽게는 먹어 본 적이 없어.

그런데 그것은 어떻게 간혹 가다가 그런 일이 있는데, 나는 아직 술 취해서 삐딱삐딱하고, 말을 실수로 헛놓고 집에 와서 자고서 "내가 어제 (어쨌는지) 아무 생각이 안 나." 그렇게는 먹어 본 적이 없어.

김 왜 먹구도 그룽겐 안 묵을라고 하니까.

왜? 먹고도 그렇게는 안 먹으려고 하니까.

김 이 사람으로 살면서 남한데 저 놈 술 취해 가지 하 그룽게 찡그리면스 손꾸락질 받기는 세상[27] 싫드라구 안 하고 싶드라구 세상 살면서 고그만은.

이 사람으로 살면서 남한테 "저 놈이 술 취해서. 하." 그렇게 찡그리면서 손가락질 받기는 조금도 싫더라고, 안 하고 싶더라고, 세상 살면서 그것만은 (안 하고 싶더라고).

김 그 이 고골 버릇처럼 해 내니까 말하자믄 스돕하기가 십드라고.

그 이 그것을 버릇처럼 (생각)하니까 말하자면 멈추기가 쉽더라고.

---

26 '헛놓다'의 방언형. '헛놓다'는 '아무렇게나 되는대로 놓다'는 의미이다.

27 1음절 /ㅅ/이 구개음으로 실현되었다.

참고자료

강순경. 1999. 황해 방언의 모음체계. 언어 24-3.

고현철. 1992. 황해도 방언의 시칭 범주에서 나타나는 특성. 조선어문 85.

곽충구. 1992. 황해도 방언의 연구에 대한 회고와 전망. 남북한의 방언연구. 서울: 경운출판사.

김병제. 1959. 조선어 방언학 개요(상). 평양: 과학원출판사.

김영배. 1975. 방언 접촉의 한 고찰. 국어학 4.

김영배. 1981. 황해도 지역 방언 연구-음운체계를 중심으로. 국어국문학논문집 11.

김영황. 1982. 조선어 방언학. 평양: 김일성종합대학출판사.

방언연구회. 2001. 방언학 사전. 서울: 태학사.

소강춘. 1989. 방언분화의 음운론적 연구. 서울: 한신문화사.

양원화. 1937. 시골말(14): 황해도 송화 · 은율 지방. 한글 5-4.

완주군청(https://www.wanju.go.kr).

우리말샘. 국립국어원(https://opendict.korean.go.kr).

이기갑. 2003. 국어 방언 문법. 서울: 태학사.

이태영. 2011. 전라북도 방언 연구. 서울: 역락.

장승익. 2018. 황해도 방언의 변이 양상 연구. 전북대학교 박사 학위 논문.

정원수. 2002. 황해도 방언 어휘의 몇 가지 특성. 인문학연구 29-2.

정인호. 2016. 평북방언의 선어말어미 고찰. 방언학 24.

최전승. 2004. 한국어 방언의 공시적 구조와 통시적 변화. 서울: 역락.

표준국어대사전. 국립국어원(http://stdweb2.korean.go.kr).

황대화. 2007. 황해도 방언 연구. 서울: 한국문화사.

황대화 · 양오진. 서북방언의 친족어 연구. 서울: 제이앤씨.

한민족 언어 정보화 통합 검색 프로그램. 2007. 21세기 세종계획 한민족 언어 정보화 분과.

한영순. 1967. 조선어 방언학. 평양: 김일성종합대학출판사.

고동호

전북대학교 인문대학 국어국문학과 교수

· 주요 논저

『The life and rituals of the Nanai people』(2015, 서울대 출판문화원, 공저)
『알타이학의 어제와 오늘』(2015, 서울대 출판문화원, 공저)
『제줏말의 이해』(2015, 제주학연구센터, 공저)
『제줏말 소멸위기 실증적 진단과 대응 방안 연구』(2015, 제주학연구센터, 공저)
『제주방언 연구의 어제와 오늘』(2014, 민속원, 공저)
「漢淸文鑑의 構成에 대한 分析的 考察」(2014, 『조선학보』 231)
『제주어 표기법』(2013, 제주특별자치도, 공저)
『A description of Najkhin Nanai』(2013, 서울대 출판문화원, 공저)
「동문류해(同文類解) 만주어의 한글 표기」(2013, 『알타이학보』 23)
『사라져 가는 알타이언어를 찾아서』(2008, 태학사, 공저)
「만주어 문어 자료의 데이터베이스 구축을 위하여」(2012, 『건지인문학』 8, 공저)
「고려말의 파찰음과 파찰음화 : 경원 출신 자료 제공인의 발화 분석 결과」(2011, 『한글』 292)
「제주 방언 "·"의 세대별 변화 양상」(2008, 『한국언어문학』 65)

장승익

전북대학교 한국어학당 강의전담교수

· 주요 논저

「황해도 방언의 변이 양상 연구」(2018, 전북대 박사)
「파찰음의 조음 위치에 대한 음향음성학적 연구(1)」(2015, 『방언학』 22, 공저)
「전북방언의 핵억양 특징 연구」(2012, 『한국언어문학』 83)
「전주지역어의 음장 변별에 대한 연구」(2010, 『방언학』 12)
「김제지역어 '어' 생략 현상의 원인에 대한 연구」(2008, 『국어문학』 45)
「김제방언의 모음 변화 연구」(2008, 전북대 석사)

건지학술총서 ⑭

전라도 속의 작은 황해도

정농 마을의 언어와 문화

지은이 고동호 · 장승익
펴낸이 이남호
펴낸곳 전북대학교출판문화원

초판 1쇄 인쇄 2018. 7. 25
초판 1쇄 발행 2018. 7. 31

전북대학교출판문화원 전라북도 전주시 완산구 어진길 32 (풍남동2가)
전화 (063) 219-5321~2
FAX (063) 219-5323
출판등록 2012년 8월 20일 제465-2012-000021호

값 32,000원

ISBN 979-11-87892-83-0 94700
ISBN 978-89-98534-66-0(세트) 94080

이 도서의 국립중앙도서관 출판예정도서목록(CIP)은 서지정보유통지원시스템 홈페이지(http://seoji.nl.go.kr)와 국가자료공동목록시스템(http://www.nl.go.kr/kolisnet)에서 이용하실 수 있습니다. (CIP제어번호 : CIP2018011280)